#내신 대비서
#고특점 예약하기

영어전략

Chunjae
Makes
Chunjae

▼

[영어전략] 중학 2 구문

편집개발	김보영, 권새봄, 정혜숙, 김미혜
영문 교열	Matthew D. Gunderman
제작	황성진, 조규영
디자인총괄	김희정
표지디자인	윤순미, 장미
내지디자인	디자인 톡톡

발행일	2022년 7월 15일 초판 2022년 7월 15일 1쇄
발행인	(주)천재교육
주소	서울시 금천구 가산로9길 54
신고번호	제2001-000018호
고객센터	1577-0902
교재 내용문의	(02)3282-1708

고득점을 예약하는 내신 대비서

구문

영어전략

중학2

시험에 잘 나오는

개념BOOK 1

천재교육

구문

영어전략
중학 2

시험에 잘 나오는
개념BOOK1

차례

개념BOOK 하나면
영어 공부 끝!

개념 01 분사의 종류와 형태

>> 정답 p. 42

- 분사란 동사의 형태를 바꾸어 형용사처럼 사용하는 말이며, 현재분사와 과거분사가 있다.
- 현재분사는 「동사원형+❶⬚」의 형태이다.
- ❷⬚는 규칙동사의 경우 「동사원형+-ed」, 불규칙동사의 경우 동사에 따라 불규칙 과거분사형의 형태이다.

Don't wake up the **sleeping** cat on the **broken** sofa.

현재분사: 「동사원형+-ing」   과거분사: 불규칙변화형

(부서진 소파 위에서 잠자는 고양이를 깨우지 마.)

답 ❶ -ing ❷ 과거분사

바로 확인

다음 문장에서 분사에 밑줄 치시오.

❶ History class is very interesting.

❷ Look at the spider hanging under the roof.

❸ Sandra found the map hidden under the bed.

불규칙동사의 과거분사

>> 정답 p. 42

● 규칙동사는 동사원형에 -ed를 붙여 과거분사형을 만들지만 **❶**   동사의 경우에는 형태가 달라진다.

현재	break	build	fall	speak	write
과거	broke	built	fell	spoke	wrote
과거분사	**❷**	built	fallen	spoken	written

The boy with a **broken** leg is Minsu.
　　　　　　　　 과거분사 (break-broke-broken)

(다리가 부러진 소년은 민수이다.)

The book **written** in English is difficult
　　　　　　　 과거분사 (write-wrote-written)

to read.

(영어로 쓰인 책은 읽기 어렵다.)

🔒 **❶** 불규칙 **❷** broken

로 확인

다음 괄호 안의 동사를 알맞은 과거분사 형태로 변형하여 쓰시오.

❶ It is an old house _____ in 1994. (build)

❷ Spanish is _____ in Argentina. (speak)

❸ Many insects live under _____ leaves. (fall)

03 분사의 한정적 용법

>> 정답 p. 42

- 한정적 용법: 명사의 앞이나 뒤에서 **❶** 처럼 명사를 수식한다.
- 분사가 단독으로 쓰일 때는 명사를 **❷** 에서 수식하고, 다른 어구와 함께 쓰일 때는 명사를 뒤에서 수식하는 역할을 한다.

The brave firefighter went into the burning house.
현재분사 ↝ 명사 수식

(용감한 소방관이 불타고 있는 집으로 진입했다.)

답 **❶** 형용사 **❷** 앞

바로 **확인**

다음 밑줄 친 분사(구)가 꾸미는 명사에 동그라미 하시오.

❶ The man fixed his broken car in the garage.

❷ They followed the map to find the hidden treasure.

❸ The girl giving a speech is my best friend.

분사의 서술적 용법

>> 정답 p. 42

- 서술적 용법: 문장에서 주어를 ❶ [   ] 설명하는 주격 보어나, 목적어를 보충 설명하는 ❷ [   ] 역할을 한다.

She heard her baby crying.
주어　동사　목적어　목적격 보어 – baby를 보충 설명

(그녀는 그녀의 아기가 울고 있는 소리를 들었다.)

답 ❶ 보충 ❷ 목적격 보어

바로 확인

다음 밑줄 친 분사가 한정적 용법으로 쓰였으면 '한', 서술적 용법으로 쓰였으면 '서'를 쓰시오.

❶ The player was <u>counting</u> the cards.　(　　)

❷ Look at the <u>sleeping</u> baby.　(　　)

❸ I saw the baker <u>making</u> bread.　(　　)

- 현재분사는 「동사원형+-ing」의 형태로 '～하는'의 **❶**[   ]이나 '～하고 있는' 의 **❷**[   ]의 의미로 쓰인다.

I saw a snail **crawling** on the window.

￢ 현재분사 – 진행: 기어가고 있는

(나는 창문 위로 기어가고 있는 달팽이를 보았다.)

답 **❶** 능동 **❷** 진행

바로 확인

다음 괄호 안의 동사를 알맞은 형태로 고쳐 쓰시오.

❶ Look at his _____ hands. (shake)

❷ I saw a cat _____ in front of the gate. (cry)

❸ She is _____ a book. (write)

● 과거분사는 「동사원형+-ed」 또는 불규칙변화의 형태로 '~되어진'의
❶ [　　　　] 이나 '~된'의 ❷ [　　　　] 의 의미로 쓰인다.

The man called Superman will save us.
　　　　 과거분사 – 수동: 불리는
(슈퍼맨이라 불리는 남자가 우리를 구해 줄 것이다.)

답 ❶ 수동 ❷ 완료

바로 확인

다음 문장의 밑줄 친 부분이 맞으면 ○표 하고, 틀리면 바르게 고치시오.

❶ Look at the castle building with lego. 　　(　　　　)

❷ What language is spoken in Brazil? 　　(　　　　)

❸ He took a picture of the laughed child. 　　(　　　　)

- 감정을 나타내는 동사가 ❶ [　　　　]로 쓰이면 '~한 감정을 일으키는'의 뜻으로 쓰인다. 즉, 감정을 일으키는 ❷ [　　　　]이 되는 것이 주어로 온다.

Riding a roller coaster is very **exciting**.

<u>주어: 감정을 일으키는 원인</u>　　　　　　　　현재분사

(롤러코스터를 타는 것은 신이 난다.)

© Racheal Grazias /shutterstock

답 ❶ 현재분사 ❷ 원인

바로 확인

다음 괄호 안의 동사를 어법상 알맞은 형태로 고쳐 쓰시오.

❶ The movie was so _____. (bore)

❷ Science is a very _____ subject. (interest)

❸ Her performance was a bit _____. (disappoint)

감정을 나타내는 과거분사

>> 정답 p. 42

● 감정을 나타내는 동사가 과거분사로 쓰이면 '~한 **❶   **을 느끼는'의 뜻으로 쓰인다. 즉, 감정을 느끼는 **❷   **가 주어로 온다.

The customers are <u>satisfied</u> with our product.
<u>주어: 감정을 느끼는 주체</u>　　　과거분사
(고객들은 우리의 상품에 만족한다.)

답 ❶ 감정 **❷** 주체

(바로 확인)

다음 괄호 안에서 알맞은 것을 고르시오.

❶ I'm (exciting / excited) about our trip to Spain.

❷ The boy must be (shocking / shocked) by the news.

❸ I'm (interesting / interested) in learning new languages.

개념 09 의문사+to부정사

>> 정답 p. 43

- 「의문사+to부정사」는 명사처럼 쓰여 문장에서 주어, 보어, ❶ [　　　　] 역할을 하며, 의문사에 따라 그 의미가 달라진다.

what+to부정사	무엇을 ~해야 할지	when+to부정사	언제 ~해야 할지
how+to부정사	어떻게 ~해야 할지, ~하는 ❷ [　　]	where+to부정사	어디서 ~해야 할지

- 「why+to부정사」는 쓰지 않는다.

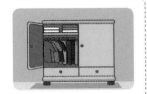

I can't decide **what to wear.**
주어　(조동사+)동사　　　목적어
(나는 무엇을 입어야 할지 결정을 못하겠다.)

📖 ❶ 목적어 ❷ 방법

바로 확인

우리말을 참고하여 다음 빈칸에 알맞은 말을 쓰시오.

❶ Do you know ＿＿＿＿＿ to make brownies?
(브라우니를 어떻게 만드는지 아니?)

❷ She asked me ＿＿＿＿＿ to meet tomorrow.
(그녀는 내게 내일 어디서 만날지 물었다.)

❸ I can't decide ＿＿＿＿＿ to buy for his birthday.
(나는 그의 생일에 뭘 사줘야 할지 결정을 못하겠다.)

의문사+주어+should+동사원형 >> 정답 p. 43

- 「의문사+to부정사」는 「**①**[   ]+주어+**②**[   ]+동사원형」과 바꿔 쓸 수 있다.

Do you know **where to meet** tomorrow?
　　　　　의문사　to부정사

= Do you know **where we should meet** tomorrow?
　　　　　의문사　주어　should　동사원형

(내일 어디에서 만나야 할지 아니?)

답 **①** 의문사 **②** should

바로 확인

다음 두 문장의 의미가 같도록 빈칸에 알맞은 말을 쓰시오.

① He asked me what to have for dinner.

= He asked me _____ we _____ _____ for dinner.

② The problem was where to set up the tent.

= The problem was _____ we _____ _____ _____ the tent.

③ Can you show me how to solve this math problem?

= Can you show me _____ I _____ _____ this math problem?

- 「too+형용사/부사+ **❶**   」는 '…하기에는 너무 ~한'의 의미로,
  「**❷**   +형용사/부사+that+주어+can't+동사원형」(너무 ~해서 …할 수 없다)으로 바꿔 쓸 수 있다.
- 의미상의 주어가 쓰이는 경우, 「**❸**   +목적격」이 to부정사 앞에 온다.

This problem is **too** difficult **(for me)** **to solve**.
<u>too</u>   <u>형용사</u>   <u>(for 목적격)</u>   <u>to부정사</u>

= This problem is **so** difficult **that I can't** solve it.
<u>so</u>   <u>형용사</u>   <u>that 주어 can't</u>   <u>동사원형</u>

(이 문제는 (내가) 풀기에 너무 어렵다.
= 이 문제는 너무 어려워서 내가 풀 수 없다.)

🔑 ❶ to부정사 ❷ so ❸ for

바로 확인

다음 두 문장의 의미가 같도록 빈칸에 알맞은 말을 쓰시오.

❶ It is too cold to wear shorts.
  = It is _____ _____ _____ I can't wear shorts.

❷ This lemon is _____ sour for me _____ _____.
  = This lemon is so sour that I can't eat it.

❸ This box is _____ _____ _____ me _____ _____.
  = This box is so heavy that I can't carry it.

개념 12

enough + to부정사

>> 정답 p. 43

- 「형용사/부사 + **❶** + to부정사」는 '…할 만큼 충분히 ~한'의 의미로, 「so + 형용사/부사 + that + 주어 + **❷** + 동사원형」(매우 ~해서 …할 수 있다)으로 바꿔 쓸 수 있다.

He is wise **enough to understand** it.
　　 형용사　 enough　　　 to부정사

= He is **so wise that he can** understand it.
　　　　 so 형용사 that 주어 can　 동사원형

(그는 그것을 이해할 만큼 충분히 지혜롭다.

= 그는 매우 지혜로워서 그것을 이해할 수 있다.)

답 **❶** enough **❷** can

(바로 **확인**)

다음 밑줄 친 부분을 어법상 바르게 고쳐 쓰시오.

① He is enough old to drive.

② The baseball player is fast enough catch the ball.

③ You are wise enough giving me useful advice.

개념 ⑬ to부정사를 목적어로 사용하는 동사 >> 정답 p. 43

- to부정사와 동명사는 둘 다 동사의 목적어가 될 수 있지만 동사에 따라 **①** 또는 동명사만을 목적어로 사용하는 경우가 있다.

to부정사만을 **②** 로 사용하는 동사	agree(동의하다), ask(묻다), choose(선택하다), decide(결심하다, 결정하다), expect(기대하다), hope(바라다, 희망하다), learn(배우다), need(필요로 하다), plan(계획하다), promise(약속하다), refuse(거절하다), want(원하다), wish(바라다, 원하다) 등

I **want to go** camping with my family.
　　동사　목적어(to부정사)

(나는 가족들과 함께 캠핑하러 가고 싶다.)

답 ❶ to부정사 ❷ 목적어

바로 **확인**

다음 괄호 안의 동사를 알맞은 형태로 고쳐 쓰시오.

❶ We are planning _____ out tonight. (eat)

❷ I decided _____ harder. (study)

❸ I promised _____ to his birthday party. (go)

14 동명사를 목적어로 사용하는 동사 >> 정답 p. 43

- to부정사와 동명사는 둘 다 동사의 목적어가 될 수 있지만 동사에 따라 to부정사 또는 **❶** 만을 목적어로 사용하는 경우가 있다.

동명사만을 **❷** 로 사용하는 동사	avoid(피하다), enjoy(즐기다), finish(끝내다), keep(계속하다), mind (꺼리다, 언짢아하다), practice(연습하다), quit(그만두다), stop(멈추다), give up(포기하다), recommend(추천하다) 등

My father <u>finished</u> <u>cleaning</u> the house.
　　　　　동사　　　목적어(동명사)
(나의 아버지는 집 청소를 끝내셨다.)

📋 ❶ 동명사 ❷ 목적어

바로 확인

다음 괄호 안에서 알맞은 것을 고르시오.

❶ Would you mind (to close / closing) the door?

❷ She enjoys (to play / playing) the piano.

❸ You should avoid (to make / making) too much noise in the library.

개념 15 to부정사와 동명사 둘 다 목적어로 사용하는 동사 >> 정답 p. 43

- to부정사와 동명사를 **❶** [　　　] 목적어로 사용하는 동사는 다음과 같다.

to부정사와 동명사를 둘 다 목적어로 사용 하는 동사	start(시작하다), begin(시작하다), like(좋아하다), love(사랑하다), hate(미워하다), prefer(선호하다, 더 좋아하다), continue(계속하 다) 등

- 위의 동사는 목적어가 to부정사인지 동명사인지에 따라 의미상 차이가 **❷** [　　　].

The kids **like to collect** fallen leaves.
　　　　　　동사　목적어(to부정사)

= The kids **like collecting** fallen leaves.
　　　　　　동사　목적어(동명사)

(아이들은 낙엽 모으는 것을 좋아한다.)

© Getty Images Korea

답 ❶ 둘 다(모두) ❷ 없다

바로 확인

다음 문장이 어법상 맞으면 ○표, 틀리면 ×표 하시오.

❶ He started to talk about his trip to New Zealand. _____

❷ He started talking about his trip to New Zealand. _____

❸ He started talk about his trip to New Zealand. _____

16 목적어에 따라 의미가 달라지는 동사 forget

>> 정답 p. 43

- forget은 to부정사와 동명사 ❶ 　　　 목적어로 사용할 수 있지만, 목적어에 따라 의미가 달라진다.
- 「forget + ❷ 　　　」는 '(앞으로) ~할 것을 잊다'로 해석하고, 「forget + 동명사」는 '(과거에) ~했던 것을 잊다'로 해석한다.

I **forgot to bring** an umbrella.
forget + to부정사: (앞으로) ~할 것을 잊다
(나는 우산을 가져오는 것을 잊었다.)

I **forgot sending** her a letter.
forget + 동명사: (과거에) ~했던 것을 잊다
(나는 그녀에게 편지를 보낸 것을 잊었다.)

🔑 ❶ 둘 다 (모두) ❷ to부정사

바로 **확인**

다음 우리말과 같도록 괄호 안의 단어를 알맞은 형태로 써서 문장을 완성하시오.

❶ 이 엽서를 우체국에 가져가는 것을 잊지 마.
➡ Don't forget ＿＿＿＿＿ this postcard to the post office. (take)

❷ 그는 그 가게에서 그녀를 만났던 것을 잊지 않았다.
➡ He didn't forget ＿＿＿＿＿ her at the store. (meet)

❸ 떠나기 전에 전등 끄는 것을 잊지 마.
➡ Don't forget ＿＿＿＿＿ the lights before you leave. (turn off)

개념 17 목적어에 따라 의미가 달라지는 동사 remember ≫ 정답 p. 43

- remember는 to부정사와 동명사 둘 다 목적어로 사용할 수 있지만, 목적어에 따라 의미가 달라진다.
- 「remember+to부정사」는 '(앞으로) ~❶ [＿＿＿＿] 기억하다'로 해석하고,
  「remember+❷ [＿＿＿＿]」는 '(과거에) ~했던 것을 기억하다'로 해석한다.

Remember to finish your homework.
remember+to부정사: (앞으로) ~ 할 것을 기억하다

(숙제를 끝낼 것을 기억해라.)

Do you **remember going** to the
remember+동명사: (과거에) ~ 했던 것을 기억하다

exhibition last Christmas?

(작년 크리스마스에 전시회 보러 간 것을 기억하니?)

답 ❶ 할 것을 ❷ 동명사

바로 확인

다음 문장을 해석할 때 빈칸에 알맞은 말을 쓰시오.

❶ Remember to call her tomorrow.

➡ 내일 그녀에게 ＿＿＿＿＿＿＿ 기억해.

❷ I remember going to the cinema with her.

➡ 나는 그녀와 영화관에 ＿＿＿＿＿＿＿ 기억한다.

❸ He doesn't remember meeting her at the store.

➡ 그는 그 가게에서 그녀를 ＿＿＿＿＿＿＿ 기억하지 못한다.

목적어에 따라 의미가 달라지는 동사 try

>> 정답 p. 44

- try는 to부정사와 동명사 둘 다 목적어로 사용할 수 있지만, 목적어에 따라
  ❶ [   ]가 달라진다.
- 「try+to부정사」는 '~하려고 노력하다'로 해석하고, 「try+동명사」는 '**❷** [   ]
  ~해 보다'로 해석한다.

I **try to keep** this room tidy, but you two always make a mess.
try+to부정사: ~하려고 노력하다

(난 이 방을 정돈하려고 노력하지만, 너희 둘은 항상 엉망으로 만들어.)

How about **trying doing** push-ups every day?
try+동명사: 시험 삼아 ~해 보다

(매일 팔굽혀펴기를 해 보는 것이 어때?)

답 **❶** 의미 **❷** 시험 삼아

바로 확인

다음 우리말과 같도록 괄호 안의 단어를 알맞은 형태로 고쳐 쓰시오.

❶ 그가 무엇을 숨기려는 거지?

➡ What is he trying _____ ? (hide)

❷ 긍정적으로 생각하려고 노력해 봐.

➡ Try _____ positively. (think)

❸ 그녀는 시험 삼아 인도 음식을 만들어 보고 있다.

➡ She is trying _____ some Indian food. (make)

개념 19 동명사 vs. 현재분사

>> 정답 p. 44

- 동명사와 현재분사는 형태가 「동사원형+-ing」로 같으나, 쓰임새는 다르다.
- 동명사는 수식하는 명사의 목적이나 [❶   ]를 나타내는 반면, 현재분사는 진행 중인 동작·상태를 나타낸다.
- 동명사는 문장에서 주로 [❷   ]처럼 쓰여 주어, 보어, 목적어 역할을 하는 반면, 현재분사는 진행을 나타내거나 [❸   ]처럼 쓰여 명사를 꾸미는 역할을 한다.

My uncle gave up controlling his diet.
주어   동사   목적어(동명사)
(나의 삼촌은 식단 조절하는 것을 포기하셨다.)

I saw a man moving a box in the office.
진행(현재분사)
(나는 한 남자가 사무실에서 상자를 옮기는 것을 보았다.)

답 ❶ 용도 ❷ 명사 ❸ 형용사

바로 확인

다음 문장의 밑줄 친 부분이 동명사이면 ○, 현재분사이면 △표 하시오.

❶ I enjoy singing and dancing.   (   )

❷ We should bring our sleeping bags.   (   )

❸ The man cooking in the kitchen is my dad.   (   )

개념 20 주격 관계대명사 (사람)

>> 정답 p. 44

- 관계대명사는 앞 절의 명사(선행사)와 그 명사를 수식하는 다른 절을 연결하는
  ❶ [   ]의 역할과 대명사의 역할을 동시에 한다.
- 주격 관계대명사는 관계대명사절 안에서 ❷ [   ] 역할을 하며 뒤에는 동사가
  이어진다.
- 주격 관계대명사가 이끄는 절은 뒤에서 선행사를 수식하는 ❸ [   ]절이다.
- 선행사가 사람일 때는 주격 관계대명사 who 또는 that을 쓴다.

Look at the two kids. + The kids are learning *taekwondo*.

➡ Look at the two kids [who(that) are learning *taekwondo*].
　　　　　　 선행사(사람)　　 ·· 주격 관계대명사　동사

(태권도를 배우고 있는 두 명의 아이들을 봐.)

📖 ❶ 접속사 ❷ 주어 ❸ 형용사

바로 **확인**

다음 문장에서 주격 관계대명사에 밑줄을 긋고, 선행사를 찾아 동그라미 하시오.

❶ I saw a boy who was wearing a cap.

❷ Cartoonists are the people who make cartoons.

❸ The girl who is standing in front of the store is my sister.

21 주격 관계대명사 (사물/동물)

》정답 p. 44

- 주격 관계대명사는 관계대명사절 안에서 주어 역할을 하며 뒤에는 [❶   ]가 이어진다.
- 주격 관계대명사가 이끄는 절은 뒤에서 선행사를 수식하는 형용사절이다.
- 선행사가 사물이나 동물일 때는 주격 관계대명사 [❷   ] 또는 that을 쓴다.

I saw monkeys. + The monkeys were hanging on a tree.

➡ I saw monkeys [which(that) were hanging on a tree].
　　　　　선행사(동물) 　　주격 관계대명사　　동사

(나는 나무에 매달려 있는 원숭이를 봤다.)

© Getty Images Bank

답 ❶동사 ❷which

바로 확인

다음 두 문장을 한 문장으로 쓸 때 빈칸에 알맞은 말을 쓰시오.

❶ I made a cake. + The cake has a cherry on top.

　➡ I made a ＿＿＿＿ ＿＿＿＿ ＿＿＿ a cherry on top.

❷ There is a balloon. + The balloon is flying over a tree.

　➡ There is a ＿＿＿＿ ＿＿＿＿ ＿＿＿ flying over a tree.

❸ A giraffe is an animal. + The animal has a long neck.

　➡ A giraffe is an ＿＿＿＿ ＿＿＿＿ ＿＿＿ a long neck.

22 목적격 관계대명사 (사람)

개념
22

목적격 관계대명사 (사람)

>> 정답 p. 44

- 목적격 관계대명사는 관계대명사절 안에서 [❶   ] 역할을 하며 뒤에는 「주어
  +동사」가 이어진다.
- 목적격 관계대명사가 이끄는 절은 [❷   ]에서 선행사를 수식하는 형용사절
  이다.
- 선행사가 사람일 때는 목적격 관계대명사 [❸   ] 또는 that을 쓴다.

I helped an old lady. + I met the old lady on the bus.

➡ I helped an old lady [whom(that) I met on the bus].
　　　　　　선행사(사람)　　　목적격 관계대명사　주어 동사

(나는 버스에서 만난 할머니를 도와드렸다.)

답 ❶ 목적어 ❷ 뒤 ❸ who(m)

바로 확인

다음 밑줄 친 관계대명사가 주격이면 ○, 목적격이면 △표 하시오.

❶ Jack is a friend whom I can trust.　　　　　　　(　　)

❷ I know a boy who wants to be a writer.　　　　　(　　)

❸ Someone ate the bananas that I bought yesterday.　(　　)

목적격 관계대명사 (사물/동물)

>> 정답 p. 44

- 목적격 관계대명사는 관계대명사절 안에서 목적어 역할을 하며 뒤에는 「❶⎯⎯⎯⎯⎯」+동사」가 이어진다.
- 목적격 관계대명사가 이끄는 절은 뒤에서 선행사를 수식하는 형용사절이다.
- 선행사가 사물이나 동물일 때는 목적격 관계대명사 which 또는 ❷⎯⎯⎯⎯⎯을 쓴다.

Science is the subject. + I enjoy the subject most.

➡ Science is the subject [which(that) I enjoy most].
　　　　　　　선행사(사물)　　목적격 관계대명사　주어　동사

(과학은 내가 가장 좋아하는 과목이다.)

답 ❶ 주어 ❷ that

바로 확인

다음 두 문장을 한 문장으로 쓸 때 빈칸에 알맞은 말을 쓰시오.

❶ He found the book. + He lost the book last week.

➡ He found the ＿＿＿＿ ＿＿＿＿ ＿＿＿＿ ＿＿＿＿ last week.

❷ My mom gave me a cookie. + I like the cookie.

➡ My mom gave me a ＿＿＿＿ ＿＿＿＿ ＿＿＿＿ ＿＿＿＿.

❸ She broke the vase. + I bought the vase for her.

➡ She broke the ＿＿＿＿ ＿＿＿＿ ＿＿＿＿ ＿＿＿＿ for her.

소유격 관계대명사 (사람)

>> 정답 p. 44

- 소유격 관계대명사는 관계대명사절 안에서 선행사의 **①**⬚을 나타내며 뒤에 명사가 이어진다.
- 소유격 관계대명사는 선행사를 **②**⬚하는 형용사절을 이끈다.
- 선행사가 사람일 때는 소유격 관계대명사 **③**⬚를 쓴다.

I have a friend. + The friend's birthday is this Friday.

➡ I have a friend [whose birthday is this Friday].
　　　　　　　선행사(사람)　　소유격 관계대명사+명사

(나는 이번 주 금요일이 생일인 친구가 있다.)

답 **①** 소유격 **②** 수식 **③** whose

바로 확인

다음 빈칸에 알맞은 관계대명사를 쓰시오.

① I have a friend _____ dad is a pilot.

② We have a cousin _____ son is 4 years old.

③ I know a man _____ hobby is watching hockey games.

25 소유격 관계대명사 (사물/동물)

>> 정답 p. 45

- 소유격 관계대명사는 관계대명사절 안에서 선행사의 소유격을 나타내며 뒤에 [❶   ]가 이어진다.
- 소유격 관계대명사는 선행사를 수식하는 형용사절을 이끈다.
- 선행사가 사물이나 동물일 때는 소유격 관계대명사 whose를 쓰며 [❷   ]로 바꿔 쓸 수 있다.

She moved to a <u>house</u>. + <u>The house's</u> roof is red.

➡ She moved to a house [<u>whose</u> roof is red].
　　　　　　　　선행사(사물) ↖ 소유격 관계대명사+명사

➡ She moved to a house [<u>of which</u> the roof is red].
　　　　　　　　선행사(사물) ↖ 소유격 관계대명사+명사

(그녀는 빨간 지붕이 있는 집으로 이사 갔다.)

🗝 ❶ 명사 ❷ of which

바로 확인

다음 괄호 안에서 알맞은 것을 고르시오.

❶ I found a notebook (whose / which) cover is dirty.

❷ A hippo is an animal (whose / which) mouth is big.

❸ I saw a tree (whom / of which) the leaves are red.

관계대명사 that

>> 정답 p. 45

● 관계대명사 that은 사람, 사물, 동물 등 ❶ [   ] 선행사 뒤에 사용할 수 있다.
특히 선행사로 사람과 사물/동물이 함께 쓰일 때, -❷ [   ]으로 끝나는 대명사
일 때(something, anything, everything 등) that을 쓴다.

A new phone is **something** [**that** I want for my birthday].
　　　　　　　　　　　선행사　　　···　목적격 관계대명사

(새 핸드폰은 내가 생일에 받고 싶은 것이다.)

© Getty Images Korea

답 ❶ 모든 ❷ thing

바로 확인

다음 빈칸에 알맞은 관계대명사를 쓰시오.

❶ Let's talk about something _____ interests you.

❷ Jane likes everything _____ is sweet.

❸ Is there anything _____ I can drink?

관계대명사 what

>> 정답 p. 45

- 관계대명사 what은 **①** [   ]를 포함하며 '~하는 것'으로 해석한다.
- 관계대명사 what이 이끄는 절은 선행사를 수식하는 다른 관계대명사절과는 달리, 명사처럼 쓰여 문장에서 주어, 목적어, **②** [   ] 역할을 한다.
- 관계대명사 what은 the thing(s) which나 the thing(s) that으로 바꿔 쓸 수 있다.

These are not [what I want].
주어 동사   보어(관계대명사 what절)
            = the things that(which) I want
(이것들은 내가 원하는 것이 아니다.)

📋 **①** 선행사 **②** 보어

바로 확인

다음 문장을 우리말로 해석하시오.

① Enjoy what you are doing.   ➡ _____

② He didn't understand what she said. ➡ _____

③ What I want is more free time.   ➡ _____

관계대명사 that vs. what

>> 정답 p. 45

- 관계대명사 that은 선행사를 수식하는 형용사절을 이끄는 반면, 관계대명사 what은 선행사를 포함하며 ❶ [   ]을 이끈다.
- 관계대명사 that은 '~하는, ~인'으로 해석하는 반면, 관계대명사 what은 '~❷ [   ]'으로 해석한다.

A parrot is a bird [that can learn to speak].
　　　　　　선행사 ↖ 주격 관계대명사(형용사절)

(앵무새는 말하는 것을 배울 수 있는 새이다.)

Do you regret [what you said to her]?
주어　동사　　　　목적어(명사절)

(너는 네가 그녀에게 말한 것을 후회하니?)

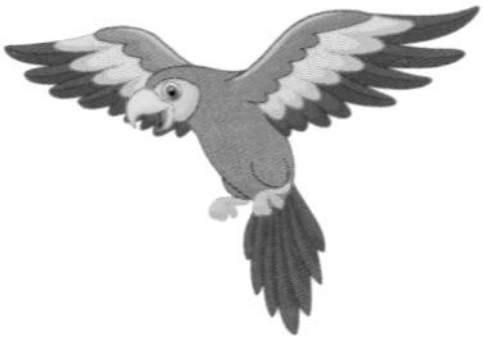

© Getty Images Bank

답 ❶ 명사절 ❷ 하는 것

바로 확인

다음 문장의 밑줄 친 부분이 맞으면 ○표 하고, 틀리면 바르게 고치시오.

❶ This is not what I'm looking for.　　　(　　　)
❷ I couldn't believe what I saw.　　　(　　　)
❸ She moved to a house what has a pool.　(　　　)

29 명사절 접속사 that

>> 정답 p. 45

- 접속사 that은 ❶ [   ]을 이끌며, 이 명사절은 문장에서 주어, ❷ [   ], 보어 역할을 한다.
- 명사절을 이끄는 접속사 that은 '~하는 것, ~하기'라는 뜻으로 쓰인다.

I hope [that you feel better tomorrow].
주어 동사   목적어절
(나는 네가 내일은 좀 나아지기를 바란다.)

📝 ❶ 명사절 ❷ 목적어

바로 확인

다음 밑줄 친 접속사가 이끄는 절이 문장에서 하는 역할을 고르시오.

❶ I think that you should get some rest.   (보어 / 목적어)

❷ The important thing is that you didn't give up.   (보어 / 주어)

❸ I realized that I didn't bring my book.   (주어 / 목적어)

명사절 접속사 if, whether

≫ 정답 p. 45

- if와 whether는 명사절을 이끌며, 이 명사절은 문장에서 주어, 목적어, **❶** [   ]
  역할을 한다.
- 명사절을 이끄는 접속사 if와 whether는 '~**❷** [   ]'라는 뜻으로 쓰인다.

He asked [if it was a real diamond].
주어   동사   목적어절

(그는 그것이 진짜 다이아몬드인지 물었다.)

🔖 **❶** 보어 **❷** 인지 아닌지

바로 확인

다음 문장을 해석할 때 빈칸에 알맞은 우리말을 쓰시오.

❶ I don't know whether I should invite him to the party.
  ➡ 그를 파티에 _____ 모르겠다.

❷ I wonder if we can eat the food on the table.
  ➡ 나는 우리가 식탁 위에 있는 음식을 _____ 궁금하다.

❸ I'm not sure if the price is reasonable.
  ➡ 가격이 _____ 잘 모르겠다.

- 부사절을 이끄는 접속사는 연결하는 두 문장 사이의 관계에 따라 시간, 이유, 조건, 양보 등의 다양한 의미로 쓰인다.
- 시간을 나타내는 부사절 접속사에는 ❶ ☐ (~할 때), while(~하는 동안), before(~ 전에), after(~ 후에), as soon as(~하자마자) 등이 있다.
- 시간을 나타내는 부사절에서는 ❷ ☐ 가 미래시제를 대신한다.

종속절(부사절-시간)　　　　주절
When winter comes, we will go skiing.
　　　　현재시제　　　　미래시제
(겨울이 오면 우리는 스키를 타러 갈 것이다.)

답 ❶ when ❷ 현재시제

바로 확인

다음 문장의 밑줄 친 부분을 바르게 고쳐 쓰시오.

❶ When summer <u>will come</u>, we will go swimming.

❷ I will go to the pharmacy before we <u>will meet</u>.

❸ While my dad <u>will clean</u> the living room, I will do the dishes.

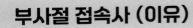

개념 2 부사절 접속사 (이유)

>> 정답 p. 45

- 부사절을 이끄는 접속사는 연결하는 두 문장 사이의 관계에 따라 시간, **❶** [ ],
  조건, 양보 등의 다양한 의미로 쓰인다.
- 이유를 나타내는 부사절 접속사에는 **❷** [ ], since(~때문에) 등이 있다.

Because I was tired, I went to bed early.
피곤했다 (원인)　　　　일찍 잤다 (결과)

(나는 피곤했기 때문에 일찍 잤다.)

답 **❶** 이유 **❷** because

바로 확인

다음 괄호 안에서 알맞은 부사절 접속사를 고르시오.

❶ (Because / While) he studied hard, he passed the exam.

❷ I like cotton candy (as soon as / because) it's sweet.

❸ (Since / Before) it's a holiday tomorrow, I don't have to wake up early.

부사절 접속사 (조건)

>> 정답 p. 46

- 부사절을 이끄는 접속사는 연결하는 두 문장 사이의 관계에 따라 시간, 이유, 조건, 양보 등의 다양한 의미로 쓰인다.
- 조건을 나타내는 부사절 접속사에는 **❶** _____ (만약 ~라면), unless(만약 ~이 아니라면) 등이 있다.
- 조건을 나타내는 부사절에서는 현재시제가 **❷** _____ 를 대신한다.

종속절(부사절 - 조건)   주절
If you practice hard, you will be able to win the contest.
   현재시제   미래 시제
(연습을 열심히 하면, 대회에서 우승할 수 있을 거예요.)

🗒 ❶ if ❷ 미래시제

바로 확인

다음 우리말과 같도록 빈칸에 알맞은 접속사를 쓰시오.

❶ 네가 요청하면 Dave가 도와줄 거야.
  ➡ Dave will help you _____ you ask him.

❷ 네가 나와 함께 갈 수 있다면 나는 행복할 것이다.
  ➡ I will be happy _____ you can come with me.

❸ 지금 떠나지 않으면, 우리는 늦을 것이다.
  ➡ _____ we leave now, we will be late.

부사절 접속사 (양보)

>> 정답 p. 46

- 부사절을 이끄는 접속사는 연결하는 두 문장 사이의 관계에 따라 시간, 이유, 조건, ❶ [   ] 등의 다양한 의미로 쓰인다.
- 양보를 나타내는 부사절 접속사에는 ❷ [   ], though, even though, even if(~에도 불구하고) 등이 있다.

부사절 - 양보: 상반되는 내용을 연결

Although I was <u>very tired</u>, I finished my homework.
　　　　　　 매우 피곤했다 　　　　　 숙제를 끝냈다

(나는 매우 피곤했음에도 불구하고 숙제를 끝냈다.)

답 ❶ 양보 ❷ although

바로 확인

다음 괄호 안에서 알맞은 부사절 접속사를 고르시오.

❶ (If / Although) she was very tired, she helped her mom.

❷ (Even if / Because) I fail, I won't be disappointed.

❸ (While / Even though) I woke up early, I was late for school.

35 의문사가 있는 간접의문문

>> 정답 p. 46

- 의문문이 다른 문장의 일부가 되는 것을 간접의문문이라고 한다.
- 의문사가 있는 의문문의 간접의문문은 「의문사+❶ [　　　]+❷ [　　　]」 형태로 쓰며, 의문사의 뜻이 살아 있다.

I wonder .... + Why can't penguins fly?
　　　　　　　　　　의문사 　(조)동사 　　주어

➡ I wonder **why penguins can't fly.**
　　　　　　 의문사 　　주어 　　　동사
(나는 왜 펭귄들이 날지 못하는지 궁금하다.)

답 ❶ 주어 ❷ 동사

바로 **확인**

다음 밑줄 친 부분을 바르게 고치시오.

❶ Do you know <u>when do we have</u> a meeting?
❷ She told me <u>what should I do</u>.
❸ I don't remember <u>where did I park</u> my car.

- 의문문이 다른 문장의 일부가 되는 것을 간접의문문이라고 한다.
- 의문사가 ❶ [　　　] 의문문의 간접의문문은 「❷ [　　　] +주어+동사」 형태로 쓰며, '~인지 아닌지'로 해석한다.

Do you know ... ? + Is the Atacama the driest desert on Earth?
　　　　　　　　　　　동사　　주어

➡ Do you know if the Atacama is the driest desert on Earth?
　　　　　　　　if　　주어　　　동사

(아타카마 사막이 지구에서 가장 건조한 사막인지 아닌지 아니?)

답 ❶ 없는 ❷ if/whether

바로 확인

다음 괄호 안의 단어를 바르게 배열하여 문장을 완성하시오.

❶ I wonder ＿＿＿ ＿＿＿ ＿＿＿ ＿＿＿ open.
　(the, is, if, store)

❷ He asked me ＿＿＿ ＿＿＿ ＿＿＿ ＿＿＿ the last cookie.
　(he, eat, if, could)

❸ I'm not sure ＿＿＿ ＿＿＿ ＿＿＿ ＿＿＿ an umbrella.
　(whether, should, I, bring)

37 상관접속사 (1)

>> 정답 p. 46

- 상관접속사란 두 개 이상의 단어가 하나의 **❶** [　　　　]처럼 쓰이는 것을 말한다.
- 상관접속사는 not A but B(A가 아니라 B), both A and B(A와 B 둘 다), either A or B(A 또는 B 둘 중 하나), neither A nor B(A와 B 둘 다 아닌) 등이 있으며, 문법적으로 **❷** [　　　　] 형태의 단어, 구, 절을 연결한다.

Both Tom **and** Jamie can swim.

both   A   and   B   : A와 B 둘 다
(명사)   (명사)

(Tom과 Jamie는 둘 다 수영을 할 줄 안다.)

답 ❶ 접속사 ❷ 동등한

바로 확인

다음 빈칸에 알맞은 말을 쓰시오.

❶ We need both carrots _____ onions.

❷ The capital city of Canada is not Toronto _____ Ottawa.

❸ You can't buy both. You should choose either donuts _____ muffins.

- not only A but (also) B는 'A **①**[   ] B도'라는 뜻으로, B as well as A로 바꿔 쓸 수 있다.
- not only A but (also) B (= B as well as A)가 주어 자리에 올 때, **②**[   ] 는 B의 수에 일치시킨다.

Not only <u>Alex</u> **but also** <u>his sisters</u> / are afraid of crocodiles.
        A   B   동사 - B에 수 일치

= <u>Alex's sisters</u>, **as well as** <u>Alex</u> himself, / are afraid of crocodiles.
    B   A   동사 - B에 수 일치

(Alex뿐만 아니라 그의 여동생들도 악어를 무서워한다.)

답 **①** 뿐만 아니라 **②** 동사

바로 확인

다음 두 문장이 같은 뜻이 되도록 빈칸에 알맞은 말을 쓰시오.

① Not only bees but also butterflies are insects.

= Butterflies _____ _____ _____ bees are insects.

② Crocodiles can live _____ _____ on land _____ _____ in water.

= Crocodiles can live in water as well as on land.

③ _____ _____ my parents _____ _____ my sister likes cheese.

= My sister, as well as my parents, _____ cheese.

정답 및 해석

p. 04 답 ❶ interesting ❷ hanging ❸ hidden / ❶ 역사 수업은 아주 흥미롭다
❷ 지붕 아래 매달린 거미를 봐. ❸ Sandra가 침대 밑에 숨겨진 지도를 찾았다.

p. 05 답 ❶ built ❷ spoken ❸ fallen / ❶ 이것은 1994년에 지어진 오래된 집이다
❷ 아르헨티나에서는 스페인어가 사용된다. ❸ 많은 곤충들이 낙엽 아래에 산다.

p. 06 답 ❶ car ❷ treasure ❸ girl / ❶ 그 남자는 차고에서 망가진 차를 수리했다
❷ 그들은 숨겨진 보물을 찾기 위해 지도를 따라갔다. ❸ 연설을 하고 있는 여자는 니
의 가장 친한 친구이다.

p. 07 답 ❶ 서 ❷ 한 ❸ 서 / ❶ 그 선수는 카드를 세고 있었다. ❷ 자고 있는 아기를 봐
❸ 나는 그 제빵사가 빵을 만드는 것을 보았다.

p. 08 답 ❶ shaking ❷ crying ❸ writing / ❶ 그의 떨리는 손을 봐. ❷ 나는 고양이가
대문 앞에서 울고 있는 것을 봤다. ❸ 그녀는 책을 쓰고 있다.

p. 09 답 ❶ built ❷ ○ ❸ laughing / ❶ 레고로 지어진 성을 좀 봐. ❷ 브라질에서는 어
떤 언어가 사용되나요? ❸ 그는 웃고 있는 아이의 사진을 찍었다.

p. 10 답 ❶ boring ❷ interesting ❸ disappointing / ❶ 영화는 너무 지루했다
❷ 과학은 흥미로운 과목이다. ❸ 그녀의 공연은 약간 실망스러웠다.

p. 11 답 ❶ excited ❷ shocked ❸ interested / ❶ 나는 우리의 스페인 여행이 기대
된다. ❷ 그 소년은 뉴스에 충격을 받은 게 틀림없어. ❸ 나는 새로운 언어를 배우는
것에 흥미가 있다.

12 답 ❶ how ❷ where ❸ what

13 답 ❶ what, should have ❷ where, should set up ❸ how, should solve / ❶ 그는 내게 우리가 저녁 식사로 뭘 먹어야 할지 물었다. ❷ 문제는 어디에 텐트를 칠 것인지였다. ❸ 이 수학 문제 푸는 방법을 좀 보여 주시겠어요?

14 답 ❶ so cold that ❷ too, to eat ❸ too heavy for, to carry / ❶ 반바지를 입기에는 너무 춥다. = 너무 추워서 나는 반바지를 입을 수 없다. ❷ 이 레몬은 내가 먹기에 너무 시다. = 이 레몬은 너무 셔서 내가 먹을 수 없다. ❸ 이 상자는 내가 옮기기에 너무 무겁다. = 이 상자는 너무 무거워서 내가 옮길 수 없다.

15 답 ❶ old enough to drive ❷ fast enough to catch ❸ wise enough to give / ❶ 그는 운전하기에 충분히 나이가 많다. ❷ 그 야구 선수는 공을 잡을 수 있을 정도로 충분히 빠르다. ❸ 너는 나에게 유용한 조언을 해 줄만큼 현명하다.

16 답 ❶ to eat ❷ to study ❸ to go / ❶ 우리는 오늘 저녁에 외식할 계획이다. ❷ 나는 공부를 더 열심히 하기로 결심했다. ❸ 나는 그의 생일파티에 가기로 약속했다.

17 답 ❶ closing ❷ playing ❸ making / ❶ 문을 닫아도 될까요? ❷ 그녀는 피아노 연주하는 것을 즐긴다. ❸ 도서관에서 너무 큰 소리를 내는 것은 피해야 한다.

18 답 ❶ ○ ❷ ○ ❸ × / 그는 그의 뉴질랜드 여행에 대해 얘기하기 시작했다.

19 답 ❶ to take ❷ meeting ❸ to turn off

20 답 ❶ 전화할 것을 ❷ 갔던 것을 ❸ 만났던 것을

p. 21 답 ❶ to hide ❷ to think ❸ making

p. 22 답 ❶ ○ ❷ △ ❸ △ / ❶ 나는 노래하고 춤추는 것을 즐긴다. ❷ 우리는 침낭을 가져가야 한다. ❸ 주방에서 요리를 하고 있는 남자는 우리 아빠이다.

p. 23 답 ❶ who, a boy ❷ who, the people ❸ who, The girl / ❶ 나는 모자를 쓰고 있는 소년을 봤다. ❷ 만화가는 만화를 만드는 사람이다. ❸ 가게 앞에 서 있는 소녀는 나의 여동생이다.

p. 24 답 ❶ cake which(that) has ❷ balloon which(that) is ❸ animal which(that) has / ❶ 나는 케이크를 만들었다. 그 케이크는 위에 체리가 올려져 있다. 나는 위에 체리가 올려져 있는 케이크를 만들었다. ❷ 풍선이 있다. 그 풍선은 나무 위를 날아가고 있다. 나무 위를 날아가고 있는 풍선이 있다. ❸ 기린은 동물이다. 그 동물은 목이 길다. 기린은 목이 긴 동물이다.

p. 25 답 ❶ △ ❷ ○ ❸ △ / ❶ Jack은 내가 믿을 수 있는 친구이다. ❷ 나는 작가가 되고 싶어 하는 소년을 안다. ❸ 누군가가 내가 어제 산 바나나를 먹었다.

p. 26 답 ❶ book which(that) he lost ❷ cookie which(that) I like ❸ vase which(that) I bought / ❶ 그는 책을 찾았다. 그는 그 책을 지난주에 잃어버렸다. 그는 지난주에 잃어버린 책을 찾았다. ❷ 우리 엄마가 나에게 쿠키를 주셨다. 나는 그 쿠키를 좋아한다. 우리 엄마가 나에게 내가 좋아하는 쿠키를 주셨다. ❸ 그녀는 꽃병을 깨뜨렸다. 내가 그녀에게 그 꽃병을 사줬다. 그녀는 내가 사준 꽃병을 깨뜨렸다.

p. 27 답 ❶ whose ❷ whose ❸ whose / ❶ 나는 아빠가 비행기 조종사인 친구가 있다. ❷ 우리는 아들이 4살인 사촌이 있다. ❸ 나는 하키 경기를 보는 것이 취미인 남자를 안다.

28 답 ❶ whose ❷ whose ❸ of which / ❶ 나는 표지가 더러운 공책을 발견했다. ❷ 하마는 입이 큰 동물이다. ❸ 나는 잎이 빨간 나무를 봤다.

29 답 ❶ that ❷ that ❸ that / ❶ 네가 관심 있는 것에 대해 이야기해 보자. ❷ Jane은 단것은 뭐든지 좋아한다. ❸ 제가 마실 수 있는 게 있나요?

30 답 ❶ 네가 하고 있는 것을 즐겨라. ❷ 그는 그녀가 말한 것을 이해하지 못했다. ❸ 내가 원하는 것은 더 많은 자유 시간이다.

31 답 ❶ ○ ❷ ○ ❸ that(which) / ❶ 이것은 내가 찾고 있는 것이 아니다. ❷ 나는 내가 본 것을 믿을 수 없었다. ❸ 그녀는 수영장이 있는 집으로 이사 갔다.

32 답 ❶ 목적어 ❷ 보어 ❸ 목적어 / ❶ 내 생각에 너는 휴식을 취해야 할 것 같다. ❷ 중요한 것은 네가 포기하지 않았다는 것이다. ❸ 나는 내가 책을 안 가져온 것을 깨달았다.

33 답 ❶ 초대해야 할지 ❷ 먹어도 되는지 ❸ 합리적인지

34 답 ❶ comes ❷ meet ❸ cleans / ❶ 여름이 오면, 우리는 수영하러 갈 것이다. ❷ 나는 우리가 만나기 전에 약국에 갈 것이다. ❸ 아빠가 거실을 청소하시는 동안 나는 설거지를 할 것이다.

35 답 ❶ Because ❷ because ❸ Since / ❶ 열심히 공부했기 때문에 그는 시험을 통과했다. ❷ 달콤하기 때문에 나는 솜사탕을 좋아한다. ❸ 내일은 휴일이기 때문에 나는 일찍 일어날 필요가 없다.

p. 36　탑 ❶ if ❷ if ❸ Unless

p. 37　탑 ❶ Although ❷ Even if ❸ Even though / ❶ 그녀는 매우 피곤했음에도 불구하고 엄마를 도와드렸다. ❷ 실패하더라도 나는 실망하지 않을 것이다. ❸ 나는 일찍 일어났음에도 불구하고 학교에 지각했다.

p. 38　탑 ❶ when we have ❷ what I should do ❸ where I parked my car / ❶ 회의가 언제인지 아세요? ❷ 그녀는 내가 뭘 해야 하는지 말해줬다. ❸ 나는 차를 어디에 세웠는지 기억나지 않는다.

p. 39　탑 ❶ if the store is ❷ if he could eat ❸ whether I should bring / ❶ 나는 그 가게가 문을 열었는지 궁금하다. ❷ 그는 나에게 마지막 남은 쿠키를 먹어도 되는지 물었다. ❸ 나는 우산을 가지고 가야 할지 잘 모르겠다.

p. 40　탑 ❶ and ❷ but ❸ or / ❶ 우리는 당근과 양파 둘 다 필요하다. ❷ 캐나다의 수도는 토론토가 아니라 오타와이다. ❸ 둘 다 살 수는 없어. 도넛과 머핀 둘 중에 하나만 골라.

p. 41　탑 ❶ as well as ❷ not only, but also ❸ Not only, but also, likes / ❶ 벌뿐만 아니라 나비도 곤충이다. ❷ 악어는 육지뿐만 아니라 물 속에서도 살 수 있다. ❸ 우리 부모님뿐만 아니라 내 여동생도 치즈를 좋아한다.

영어전략

구문

영어전략
중학 2
BOOK 1

이 책의 구성과 활용

이 책은 3권으로 이루어져 있는데
본책인 BOOK1, 2의 구성은 아래와 같아.

주 도입

만화를 읽은 후 간단한 퀴즈를 풀며 한 주 동안 학습할 구문을 익혀 봅니다.

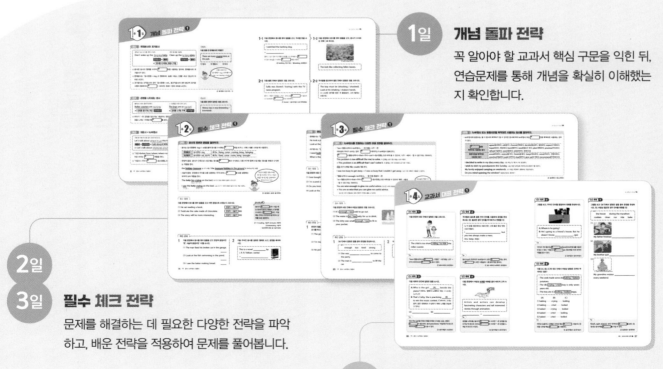

1일 | **개념 돌파 전략**
꼭 알아야 할 교과서 핵심 구문을 익힌 뒤, 연습문제를 통해 개념을 확실히 이해했는지 확인합니다.

2일
3일 | **필수 체크 전략**
문제를 해결하는 데 필요한 다양한 전략을 파악하고, 배운 전략을 적용하여 문제를 풀어봅니다.

4일 | **교과서 대표 전략**
내신 기출 문제의 대표 유형을 풀어 보며 실제 학교 시험 유형을 익힙니다.

부록 **시험에 잘 나오는 개념 BOOK**

부록은 뜯어서 미니북으로 활용하세요!
시험 전에 개념을 확실하게 짚어 주세요.

주 마무리와 권 마무리의 특별 코너들로
영어 실력이 더 탄탄해질 거야!

주 마무리 코너

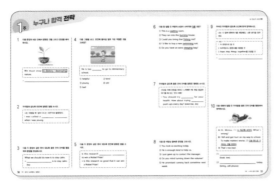

누구나 합격 전략

난이도가 낮은 문제들을 통해 앞서 학습한 내용에 대한 기초 이해력을 점검합니다.

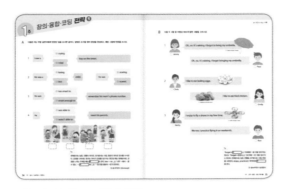

창의·융합·코딩 전략

융복합적 사고력과 문제 해결력을 키울 수 있는 재미있는 문제들을 풀어 봅니다.

권 마무리 코너

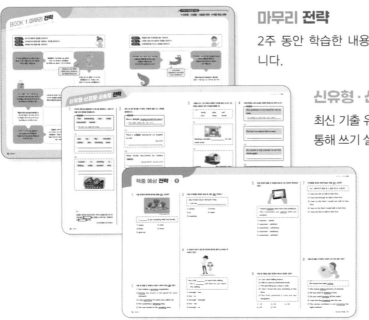

마무리 전략

2주 동안 학습한 내용을 이미지나 만화를 통해 총정리합니다.

신유형·신경향·서술형 전략

최신 기출 유형을 반영한 다양한 서술형 문제들을 통해 쓰기 실력을 키웁니다.

적중 예상 전략

실제 학교 시험 유형의 예상 문제를 풀며 실전에 대비합니다.

이 책의 차례

분사 / to부정사 / 동명사

1 현재분사, 과거분사

Look at the dolphins jumping through the rings!

That's amazing! What well-trained animals they are.

두 사람이 언급하고 있는 것은?
a. 돌고래를 열심히 훈련하고 있는 조련사
b. 링 사이로 점프하는 돌고래

2 감정을 나타내는 분사

I'm thinking of ordering some food from this restaurant.

I had lunch there yesterday. The service was a bit disappointing, but I was satisfied with the food.

음식에 대한 남자의 생각은?
a. The food was disappointing.
b. The food was satisfying.

3 의문사+to부정사, too ~ to부정사

> Do you know where to put this? Should we keep it here?

> Hm... it's too big to put there. Let's ask Mom.

아빠가 말한 곳에 화분을 둘 수 <u>없는</u> 이유는?
a. 화분이 너무 커서
b. 공간이 너무 넓어서

4 to부정사와 동명사를 목적어로 사용하는 동사

> I fell down.

> Stop laughing at me.

> You don't want to listen to me, but you should avoid using your phone on the street.

대화에 나타난 여학생의 주장은?
a. 길에서 핸드폰을 사용하지 마라.
b. 친구를 놀리지 마라.

개념 1 현재분사와 과거분사

잠자고 있는 아기를 깨우지 마라.
Don't wake up the sleeping baby.

현재분사 + 명사

깨진 접시를 치워라.
Clean up the broken plate.

과거분사 + 명사

➔ 명사를 수식하는 형용사 역할

- 분사란 동사의 형태를 바꾸어 [①＿＿＿＿] 처럼 사용하는 말이며, 현재분사와 과거분사가 있다.
- 현재분사는 「동사원형＋-ing」의 형태이며, 능동(~하는), 진행(~하고 있는)의 의미로 쓰인다.
- 과거분사는 규칙동사의 경우 「동사원형＋-ed」, 불규칙동사의 경우 불규칙 과거분사형의 형태이며, [②＿＿＿＿](~되어진), 완료(~된)의 의미로 쓰인다.

Quiz

다음 밑줄 친 현재분사의 역할은?

There are many singing birds at the park.

① 명사　　② 형용사　　③ 부사

진행시제에 쓰인
「동사원형＋-ing」도 현재분사야.
e.g. I am reading a book.

답 ❶형용사 ❷수동 / ②

개념 2 감정을 나타내는 분사

롤러코스터는 흥미진진하다.
Roller coasters are exciting.

➔ 감정을 일으키는 대상 현재분사

그 소년들은 아주 신이 났다.
The boys are so excited.

➔ 감정을 느끼는 주체 과거분사

- 주어가 '~한 감정을 일으키는' 대상이나 원인일 때 [①＿＿＿＿]를 쓰고, '~한 감정을 느끼는' 주체일 때 [②＿＿＿＿]를 쓴다.

Quiz

다음 괄호 안에서 알맞은 것을 고르시오.

History class is very (interesting / interested).

답 ❶현재분사 ❷과거분사 / interesting

개념 3 의문사＋to부정사

이번 휴가에 어디를 갈지 이야기해 보자.
Let's talk about where to go this holiday.

의문사 + to부정사 ➔ talk about의 목적어로 쓰인 명사 역할

(= Let's talk about where we should go this holiday.)

- 「의문사(what/how/where/when)＋to부정사」는 문장에서 주어, 목적어, 보어로 쓰이는 [①＿＿＿＿] 역할을 한다.
- 「의문사＋주어＋[②＿＿＿＿]＋동사원형」으로 바꿔 쓸 수 있다.

Quiz

다음 두 문장이 같도록 빈칸에 알맞은 말을 쓰시오.

I don't know how I should fix the broken cell phone.
= I don't know ＿＿＿＿＿ ＿＿＿＿＿ ＿＿＿＿＿ the broken cell phone.

답 ❶명사 ❷should / how to fix

1-1 다음 문장에서 분사를 찾아 밑줄을 긋고, 우리말 뜻을 쓰시오.

> I watched the barking dog.

➡ _____

풀이 | '짖고 있는'의 진행의 의미를 가진 현재분사 **❶**[ ]
이 명사 dog을 수식하는 **❷**[ ]처럼 쓰였다.

📖 barking, 짖고 있는 / ❶ barking ❷ 형용사

1-2 다음 문장에서 분사를 찾아 밑줄을 긋고, 분사가 수식하는 것에 ○표 하시오.

© Getty Images Korea

> The kids like collecting fallen leaves.

2-1 다음 괄호 안에서 알맞은 것을 고르시오.

> Sally was (bored / boring) with the TV news program.

풀이 | 사람이 '감정을 느끼는' 것이므로 **❶**[ ]가 필요하다. bored는 '**❷**[ ]'으로 해석한다.

📖 bored / ❶ 과거분사 ❷ 지루해하는

2-2 우리말을 참고하여 괄호 안에서 알맞은 것을 고르시오.

> The boy must be (shocking / shocked).
> Look at his (shaking / shaken) hands.
> (그 소년은 충격을 받은 게 틀림없어. 그의 떨리는 손을 봐.)

3-1 그림을 참고할 때, 빈칸에 알맞은 것은?

> I can't decide _____ to eat.

① how　　② who　　③ what

풀이 | '무엇을 먹을지' 고민하는 그림이므로 동사 decide의 **❶**[ ] 자리에 「의문사+**❷**[ ]」의 형태인 what to eat이 적절하다.

📖 ③ / ❶ 목적어 ❷ to부정사

3-2 우리말과 같도록 빈칸에 알맞은 말을 쓰시오.

> 이 문을 어떻게 여는지 아세요?
> ➡ Do you know _____ _____ _____ this door?

의문사의 뜻이 그대로 살아 있구나. '무엇을 먹을지'는 what to eat, '어떻게 여는지'는 how to open으로 쓰면 되겠어.

개념 4 to부정사 활용 구문

이 수프는 먹기에 너무 뜨겁다.

This soup is too hot to eat.

| too | + | 형용사/부사 | + | to부정사 | ➡ | …하기에는 너무 ~한 |

그는 이 퍼즐을 풀 만큼 충분히 똑똑하다.

He is smart enough to solve this puzzle.

| 형용사/부사 | + | enough | + | to부정사 | ➡ | …할 만큼 충분히 ~한 |

○ 「too+형용사/부사+ ❶ ⬚ 」는 '…하기에는 너무 ~한'의 의미이다.

○ 「형용사/부사+ ❷ ⬚ +to부정사」는 '…할 만큼 충분히 ~한'의 의미이다.

Quiz

우리말과 같도록 괄호 안의 단어를 써서 빈칸에 알맞은 말을 쓰시오.

그 산은 오르기에 너무 높다. (climb)
➡ The mountain is _____ high
_____ _____ .

'too ~ to부정사'와 'enough to부정사'의 의미 차이를 확인하자.

📋 ❶ to부정사 ❷ enough / too, to climb

개념 5 to부정사와 동명사를 목적어로 사용하는 동사

나는 너를 만나기를 원한다.

I want to meet you.

| 동사 | + | to부정사 |

➡ 동사의 목적어로 쓰인 to부정사

나는 수영하는 것을 좋아한다.

I like swimming.

| 동사 | + | 동명사 |

➡ 동사의 목적어로 쓰인 동명사

○ 동사에 따라 ❶ ⬚ 자리에 to부정사나 ❷ ⬚ 가 올 수 있다.

Quiz

다음 괄호 안의 동사를 알맞은 형태로 쓰시오.

(1) I love _____ on the stage. (dance)
(2) I won't give up _____ my diary entries in English. (write)
(3) She decided _____ Chinese this summer vacation. (study)

📋 ❶ 목적어 ❷ 동명사 / (1) to dance(dancing) (2) writing (3) to study

개념 6 동명사 vs. 현재분사

미라는 플루트 연주하는 것을 즐긴다.

Mira enjoys playing the flute.

| 동사 | + | 동명사 |

➡ 동사 enjoy의 목적어: 명사 역할

그녀는 지금 플루트를 연주 중이다.

She is playing the flute now.

| be동사 | + | 현재분사 |

➡ 진행형

나는 말할 재미있는 이야기가 있다.

I have an interesting story to tell.

| 현재분사 | + | 명사 | ➡ 명사 story를 수식: 형용사 역할

○ 동명사와 현재분사는 형태가 「동사원형+-ing」로 같으나, 쓰임새는 ❶ ⬚ .

○ 동명사는 명사처럼 쓰여 문장의 주어, 목적어, 보어 자리에 올 수 있다.

○ 현재분사는 진행형을 나타내거나, ❷ ⬚ 처럼 쓰여 명사를 수식한다.

Quiz

다음 문장에서 밑줄 친 부분이 동명사이면 '동', 현재분사이면 '현'을 쓰시오.

(1) He is watching the singing birds.
(2) Collecting stamps is a very interesting hobby.
(3) I will go fishing tomorrow.

📋 ❶ 다르다 ❷ 형용사 / (1) 현, 현 (2) 동, 현 (3) 동

4-1 다음 문장의 밑줄 친 부분의 뜻을 쓰시오.

The baseball player is fast enough to catch the ball.

➡ _____

풀이 | 형용사 뒤에 enough가 오고, 이어서 ❶[ ]가 오면 '…하기에 ❷[ ] ~한'의 의미가 된다.

🔑 공을 잡을 수 있을 만큼 충분히 빠른 / ❶ to부정사 ❷ 충분히

4-2 다음 그림을 보고 문장을 완성하시오.

The pants are _____ _____ _____ wear.

5-1 다음 괄호 안의 단어를 활용하여 문장을 완성하시오.

© sirius1/shutterstock

Jessica wanted _____ a new cell phone. (buy)

풀이 | 동사 want는 ❶[ ]를 목적어로 쓴다. '~하는 것을 ❷[ ], ~하고 싶다'로 해석할 수 있다.

🔑 to buy / ❶ to부정사 ❷ 원하다

5-2 다음 괄호 안의 단어를 활용하여 문장을 완성하시오.

Jake finally finished _____ the report. (check)

6-1 다음 문장에서 밑줄 친 부분이 현재분사이면 ○, 동명사이면 △표 하시오.

My teacher is always saying, "Seeing is
( ) ( )
believing."
( )

풀이 | 「❶[ ]+-ing」로 형태는 같으나 진행시제를 나타낼 때 쓰이는 것은 현재분사이고, 문장의 주어나 보어, 목적어로 쓰이는 것은 ❷[ ]이다.

🔑 ○, △, △ / ❶ 동사원형 ❷ 동명사

6-2 다음 문장에서 밑줄 친 부분이 현재분사이면 ○, 동명사이면 △표 하시오.

She likes reading, so she is reading an
( ) ( )
interesting book now.
( )

동명사는 문장에서 명사처럼 쓰이고, 현재분사는 형용사처럼 쓰이거나 진행형을 나타내.

CHECK UP

Don't wake up the (sleeping / slept) cat on the (breaking / broken) sofa.

· 구문 고양이가 '❶_____' 것은 진행 상태이므로 sleeping이 알맞다. 소파가 '❷_____' 것은 수동, 완료를 나타내므로 과거분사 broken이 알맞다.

· 해석 부서진 소파 위에서 잠자는 고양이를 깨우지 마.

📖 sleeping, broken / ❶ 잠자고 있는 ❷ 부서진

---

1 분사에 밑줄을 긋고, 문장을 해석하시오.

(1) Look at the swimming dog and the dancing monkey.

➡ _____

(2) People ate fried chicken and boiled eggs at the park.

➡ _____

fry 튀기다 boil 삶다

CHECK UP

I went fishing for the first time and was very (exciting / excited).

· 구문 주어인 I가 감정을 느끼는 주체이므로 ❶_____가 알맞다.

· 해석 나는 처음 낚시를 가서 몹시 ❷_____.

📖 excited / ❶ 과거분사 ❷ 신이 났었다

---

2 어색한 부분을 바르게 고친 다음, 문장을 해석하시오.

(1) The movie was so bored.

_____ ➡ _____ / _____

(2) I was shocking by the news of war.

_____ ➡ _____ / _____

shock 충격을 주다 war 전쟁

CHECK UP

Let me know where to get off.
= Let me know where we _____ get off.

· 구문 「❶_____+to부정사」는 '~(해야)할지'로 해석할 수 있다. 「의문사+주어+should +동사원형」으로 바꿔 쓸 수 있다.

· 해석 ❷_____ 내려야 하는지 알려 주세요.

📖 should / ❶ 의문사 ❷ 어디서

---

3 다음 문장을 해석하시오.

(1)

© AntGor/shutterstock

He asked me what to have for dinner.

➡ _____

(2)

Do you know when to meet tomorrow?

➡ _____

CHECK UP

The runner is _____ tired to run any longer.

- 구문 '…하기에는 너무 ~한'은 「❶[   ]+ 형용사/부사+to부정사」로 쓸 수 있다.
- 해석 그 달리기 선수는 더 이상 뛰기에는 너무 ❷[   ].

답 too / ❶ too ❷ 지쳤다

---

4 우리말과 같도록 빈칸에 알맞은 말을 쓰시오.

(1) 나는 아빠를 기다리기에는 너무 졸렸다.

➡ I was _____ sleepy _____ wait for Dad.

(2) 그 강은 모든 물고기를 볼 만큼 충분히 맑다.

➡ The river is clear _____ _____ see all the fish.

sleepy 졸린 *clear* 맑은

CHECK UP

My parents enjoy (to make / making) dinner together.

- 구문 enjoy는 ❶[   ]를 목적어로 가지는 동사이다.
- 해석 우리 부모님은 함께 저녁 식사를 만드는 것을 ❷[   ].

답 making / ❶ 동명사 ❷ 즐긴다

---

5 목적어에 밑줄을 긋고, 문장을 해석하시오.

(1) I promised to get up early every morning.

➡ _____

(2) Why do you avoid talking about your feelings?

➡ _____

promise 약속하다 *avoid* 피하다 *feeling* 감정

CHECK UP

To drive at night can be dangerous.
= _____ at night can be dangerous.

- 구문 동명사는 ❶[   ] 역할을 하여 문장에서 ❷[   ], 보어, 목적어로 쓰인다.
- 해석 밤에 운전하는 것은 위험할 수 있다.

답 Driving / ❶ 명사 ❷ 주어

---

6 밑줄 친 부분의 쓰임을 고르고, 문장을 해석하시오.

(1) The <u>laughing</u> baby looks so cute.

☐ 명사 ☐ 형용사

_____

(2) Do you remember <u>going</u> to the concert with me three years ago?

☐ 명사 ☐ 형용사

_____

remember 기억하다 *concert* 콘서트

전략 1 분사의 종류와 용법을 알아두자.

- 분사는 동사원형에 -ing나 -ed를 붙여 명사를 수식하는 [❶□□□□]처럼 쓰거나, 시제나 태를 나타낼 때 사용한다.

현재분사	동사원형+-ing	예) fix-fixing, come-coming, bring-bringing
과거분사	동사원형+-ed, 불규칙	예) fix-fixed, come-come, bring-brought

- 한정적 용법: 분사가 단독으로 쓰일 때는 명사를 [❷□□□]에서 수식하고, 다른 어구와 함께 쓰일 때는 명사를 뒤에서 수식하는 역할을 한다.

  the **hidden** *treasure* 숨겨진 보물 / the *treasure* **hidden** in the ground 땅 속에 숨겨진 보물

- 서술적 용법: 문장에서 주어를 보충 설명하는 주격 보어나, [❸□□□]를 보충 설명하는 목적격 보어 역할을 한다.

  The *baby* lies **crying** on the bed. 아기가 침대 위에서 울며 누워 있다.
  　　　자동사　　주격 보어

  I saw the *baby* **crying** on the bed. 나는 아기가 침대 위에서 울고 있는 것을 보았다.
  　지각동사　　　목적격 보어

> 한정적 용법은 형용사처럼 명사를 수식하는 것이고, 서술적 용법은 명사를 보충 설명하면서 보어로 쓰이는 거야.

답 ❶ 형용사 ❷ 앞 ❸ 목적어

필수 예제

다음 문장에서 분사를 찾아 밑줄을 긋고 어떤 용법으로 쓰였는지 고르시오.

(1) He sat reading a book.　　　　　　한정적 / 서술적 용법

(2) Todd ate the cake made of chocolate.　한정적 / 서술적 용법

(3) The story will be more interesting.　한정적 / 서술적 용법

문제 해결 전략

분사가 [❶□□□□]으로 쓰일 때는 명사의 앞이나 뒤에서 그 명사를 수식하고, [❷□□□□]으로 쓰일 때는 주어나 목적어의 동작이나 상태를 보충 설명한다.

답 (1) reading, 서술적 (2) made, 한정적
(3) interesting, 서술적
/ ❶ 한정적 용법 ❷ 서술적 용법

확인 문제

1 다음 문장에서 분사를 찾아 밑줄을 긋고 한정적 용법이면 '한', 서술적 용법이면 '서'를 쓰시오.

(1) The man fixed his broken car in the garage.
　　　　　　　　　　　　　　　　　　＿＿＿

(2) Look at the fish swimming in the pond.
　　　　　　　　　　　　　　　　　　＿＿＿

(3) I saw the baker making bread. ＿＿＿

2 다음 주어진 동사를 알맞은 형태로 쓰고, 문장을 해석하시오.

This is a novel ＿＿＿＿＿＿ by J. R. R. Tolkien. (write)

➡ ＿＿＿＿＿＿＿＿＿＿＿＿＿＿＿

전략 2 현재분사와 과거분사의 쓰임을 알아두자.

- 현재분사는 「동사원형+-ing」의 형태로 '~하는'의 **❶** [   ]이나 '~하고 있는'의 **❷** [   ]의 의미로 쓰인다.

  He took a picture of the **laughing** *child*. 그는 웃고 있는 아이의 사진을 찍었다.

  Look at the *spider* **hanging** under the roof. 지붕 아래에 매달린 거미를 봐라.

- 과거분사는 「동사원형+-ed」 또는 불규칙변화의 형태로 '~되어진'의 **❸** [   ]이나 '~된'의 완료의 의미로 쓰인다.

  I need **boiled** *water* to drink a cup of tea. 나는 한 잔의 차를 마시기 위해 끓인 물이 필요하다.

  What is the *language* **spoken** in Sweden? 스웨덴에서는 어떤 언어로 말하지?

🗒 ❶ 능동 ❷ 진행 ❸ 수동

필수 예제

다음 문장의 네모 안에서 어법상 알맞은 것을 고르시오.

(1) Sora bought a scarf | making / made | in Italy.

(2) I'm scared of | barked / barking | dogs.

(3) Do you know the boy | wearing / worn | a red cap?

(4) Look at the castle | building / built | with lego.

문제 해결 전략

분사는 명사의 앞이나 뒤에서 명사를 수식하는 **❶** [   ]처럼 쓰이며, 능동, 진행의 의미일 때는 현재분사를 수동, 완료의 의미일 때는 **❷** [   ]를 사용한다.

🗒 (1) made (2) barking (3) wearing (4) built / ❶ 형용사 ❷ 과거분사

확인 문제

1 문장의 밑줄 친 부분이 바르게 쓰였으면 ○, 어색하면 ✕ 표시를 하고 바르게 고쳐 쓰시오.

(1) The girl <u>sitting</u> on the chair is my sister.

_____

(2) I'm reading a novel <u>writing</u> in English.

_____

(3) He picked up <u>fallen</u> leaves.

_____

2 우리말을 참고하여 빈칸에 알맞은 말을 넣어 문장을 완성하시오.

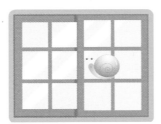

I saw a _____ on the window.
(crawl, snail)
(나는 창문 위로 기어가고 있는 달팽이를 보았다.)

전략 3 감정을 나타내는 현재분사와 과거분사의 쓰임을 구별하자.

- 감정을 나타내는 동사가 **❶[　　　]** 로 쓰이면 '~한 감정을 일으키는'의 뜻으로 쓰인다.
  즉, 감정을 일으키는 **❷[　　　]** 이 되는 것이 주어로 온다.

- 감정을 나타내는 동사가 과거분사로 쓰이면 '~한 **❸[　　　]** 을 느끼는'의 뜻으로 쓰인다.
  즉, 감정을 느끼는 주체가 주어로 온다.

현재분사	과거분사	현재분사	과거분사
boring 지루한	bored 지루해하는	exciting 신나는	excited 신이 난
interesting 흥미로운	interested 흥미를 느끼는	shocking 충격적인	shocked 충격을 받은
surprising 놀라게 하는	surprised 놀란	amazing 놀라운	amazed 놀란
disappointing 실망스러운	disappointed 실망한	satisfying 만족을 주는	satisfied 만족하는

Science is a very **interesting** subject.
과학은 아주 흥미로운 과목이다.

I'm **interested** in science.
나는 과학에 흥미가 있다.

The news of the earthquake is **shocking**.
지진 뉴스는 충격적이다.

I was **shocked** by the news of the earthquake.
나는 지진 뉴스에 충격을 받았다.

📋 ❶ 현재분사 ❷ 원인 ❸ 감정

필수 예제

다음 문장의 네모 안에서 알맞은 것을 고르시오.

(1) I was ⌐surprising / surprised¬ at the surprise party.

(2) My foolish mistake was ⌐disappointing / disappointed¬ to my soccer team.

(3) My sister is ⌐exciting / excited¬ about the vacation.

© bejo/shutterstock

문제 해결 전략

'감정을 불러 일으키는' 원인이 될 때는 **❶[　　　]** 를, '감정을 느끼게 되는' 주체인 경우에는 **❷[　　　]** 를 쓴다.

📋 (1) surprised (2) disappointing (3) excited / ❶ 현재분사 ❷ 과거분사

확인 문제

1 우리말을 참고하여 빈칸에 주어진 단어를 알맞은 형태로 쓰시오.

(1) Victoria Falls is _____. (amaze)
(빅토리아 폭포는 놀랍다.)

(2) Whatever you may choose, you will be _____. (disappoint)
(네가 무엇을 선택하든, 너는 실망할 것이다.)

2 다음 문장에서 어법상 틀린 곳을 찾아 바르게 고치시오.

> I was satisfying with the food for dinner yesterday.

_____ ➡ _____

전략 4 **to부정사 앞에 의문사가 오는 「의문사+to부정사」를 익혀 보자.**

• 「의문사+to부정사」는 명사처럼 쓰여 문장에서 ❶[ ], 보어, 목적어 역할을 하며, 의문사에 따라 그 의미가 달라진다.

what+to부정사	무엇을 ~해야 할지	when+to부정사	❷[ ] ~해야 할지
how+to부정사	어떻게 ~해야 할지, ~하는 방법	where+to부정사	어디서 ~해야 할지

주의 「why+to부정사」는 쓰지 않는다.

• 「의문사+to부정사」는 「의문사+주어+❸[ ]+동사원형」과 바꿔 쓸 수 있다.

I don't know **what to do**. (= I don't know **what I should do**.)
나는 무엇을 해야 할지 모르겠다.

Can you tell me **how to get to** the bus stop?
(= Can you tell me **how I should get to** the bus stop?)
버스 정류장에 가는 방법을 말해 줄 수 있나요?

답 ❶ 주어 ❷ 언제 ❸ should

필수 예제

우리말과 같은 뜻이 되도록 to부정사를 이용하여 빈칸에 알맞은 말을 쓰시오.

(1) 나는 무엇을 그려야 할지 모르겠어.

⇒ I don't know _____ _____ _____.

(2) 이 수학 문제를 어떻게 풀어야 할지 좀 보여 주시겠어요?

⇒ Can you show me _____ _____ _____
this math problem?

문제 해결 전략

「의문사+to부정사」에서 의문사의 의미는 그대로이므로, '무엇을 그려야 할지'는 의문사 ❶[ ]을, '어떻게 풀어야 할지'는 의문사 ❷[ ]를 쓰면 된다.

답 (1) what to paint (2) how to solve /
❶ what ❷ how

확인 문제

1 두 문장이 같은 뜻이 되도록 빈칸에 알맞은 말을 쓰시오.

The problem was where we should set up the tent.

= The problem was _____ _____ _____
_____ the tent.

2 우리말과 같도록 주어진 표현을 바르게 배열하시오.

교통 신호등은 언제 길을 건너야 하는지 알려 준다.
(tells / to / the road / a crosswalk signal / when / us / cross)

⇒ _____

1 다음 (A), (B)의 네모 안에서 어법상 알맞은 것을 고르시오.

> The brave firefighter went into the (A) burning / burnt house. He was not (B) scaring / scared at all.

(A) _____

(B) _____

Words

brave 용감한
firefighter 소방관
burn 불타다, 타오르다
scare 무섭게 하다, 겁주다
not ... at all 전혀 … 않는

문제 해결 전략

'불 타고 있는 집'이라는 의미가 되어야 하므로 진행 상태를 나타내는 ❶ [＿＿＿] 가 적절하다. 사람이 느끼는 감정을 나타낼 때는 ❷ [＿＿＿] 가 필요하다.

답 ❶ 현재분사 ❷ 과거분사

2 다음 문자 메시지의 빈칸에 알맞은 것을 〈보기〉에서 골라 쓰시오.

┌ 보기 ┐
washing   washed   crying   cried   worrying   worried
└──────────────────────────────┘

What are you doing, Mom?

I'm _____ the dishes. Why do you ask?

I saw a cat _____ in front of the gate of our apartment. I'm _____ about the cat. Do you think it's still there?

Well. I'll look for it and let you know.

Words

wash the dishes 설거지하다
in front of ~ 앞에
gate 출입구, 정문
apartment 아파트
still 아직
look for 찾다

문제 해결 전략

현재분사는 능동, ❶ [＿＿＿] 을 나타내고, 과거분사는 수동, 완료를 나타낸다. 감정을 나타내는 동사의 경우, 주어가 감정을 느끼게 만드는 원인에 해당할 때는 현재분사, 감정을 느끼는 주체일 때는 ❷ [＿＿＿] 를 쓴다.

답 ❶ 진행 ❷ 과거분사

3 다음 우리말을 영어로 바르게 옮긴 것은?

> 벤치에 앉아 있는 숙녀 분은 Jackson 씨이다.

① The lady sitting on the bench is Mrs. Jackson.

② The sitting lady on the bench is Mrs. Jackson.

③ The lady sat on the bench is Mrs. Jackson.

④ Mrs. Jackson is sitting on the bench.

⑤ Mrs. Jackson sat on the bench.

Words

bench 벤치
sit 앉다 (−sat−sat)

문제 해결 전략

'앉아 있는'은 능동의 상태이므로 ❶ [＿＿＿] 를 쓴다. 분사가 수식어구와 함께 쓰이므로 명사를 ❷ [＿＿＿] 에서 수식한다.

답 ❶ 현재분사 ❷ 뒤

[4~6] 다음 글을 읽고, 물음에 답하시오.

> Tom and Mary went to the amusement park. There were many rides, so they couldn't decide (A) what to ride / how to ride first. ⓐ Tom and Mary saw many people riding a roller coaster. It looked (B) scaring / scared . "Tom, let's ride the roller coaster," Mary said. But Tom didn't answer. Mary thought to herself, "Should I ride it alone or not?" She was not ____ⓑ____ (scare), but the line (C) waiting / waited for it was too long, so she gave up.

Words

amusement park 놀이공원
ride 탈 것, 놀이기구
roller coaster 롤러코스터
think to oneself 혼자 생각하다
alone 혼자
give up 포기하다

© Racheal Grazias /shutterstock

4 윗글의 (A), (B), (C)의 네모 안에서 알맞은 말을 찾아 쓰시오.

(A) _____

(B) _____

(C) _____

문제 해결 전략

「❶_____+to부정사」의 쓰임을 확인한다. 감정을 나타내는 동사는 주어가 감정을 나타내는 원인일 때 현재분사, 감정을 느끼는 주체일 때 ❷_____를 쓴다는 것에 유의한다.

🖪 ❶ 의문사 ❷ 과거분사

5 윗글의 ⓐ에서 분사를 찾아 쓰고, 문장을 해석하시오.

분사: _____

해석: _____

문제 해결 전략

분사가 ❶_____으로 쓰일 때 문장에서 주어를 보충 설명하는 주격 보어나 목적어를 ❷_____하는 목적격 보어 역할을 한다.

🖪 ❶ 서술적 용법 ❷ 보충 설명

6 윗글의 빈칸 ⓑ에 괄호 안에 주어진 단어를 알맞은 형태로 쓰시오.

_____

문제 해결 전략

감정을 느끼는 주체 She가 ❶_____이므로 동사는 ❷_____로 쓴다.

🖪 ❶ 주어 ❷ 과거분사

전략 1 to부정사를 포함하는 다양한 관용 표현을 알아두자.

- 「too+형용사/부사+to부정사」: …하기에는 너무 ~한
  의미상의 주어가 쓰이는 경우, 「❶[   ]+목적격」이 to부정사 앞에 온다.
  「❷[   ]+형용사/부사+that+주어+can't+동사원형」으로 바꿔 쓸 수 있으며, '너무 ~해서 …할 수 없다'라는 의미이다.

  This problem is **too difficult** (**for me**) **to solve**. 이 문제는 (내가) 풀기에는 너무 어렵다.
  = This problem is **so difficult** that I **can't solve** it. 이 문제는 너무 어려워서 내가 풀 수 없다.

  [주의] 과거시제일 때는 couldn't를 쓴다.

  I was **too busy to get away.** = I was **so busy** that I **couldn't get away.** 나는 너무 바빠서 외출할 수 없었다.

- 「형용사/부사+enough+to부정사」: …할 만큼 충분히 ~한
  「so+형용사/부사+that+주어+❸[   ]+동사원형」으로 바꿔 쓸 수 있으며 '매우 ~해서
  …할 수 있다'라는 의미이다.

  enough는 형용사나
  부사 바로 뒤에 써.

  You are **wise enough to give** me useful advice. 당신은 내게 유용한 조언을 해줄 만큼 현명해요.
  = You are **so wise** that you **can give** me useful advice.
  당신은 아주 현명해서 내게 유용한 조언을 해줄 수 있어요.

답 ❶ for ❷ so ❸ can

필수 예제

다음 문장의 네모 안에서 어법상 알맞은 것을 고르시오.

(1) It's [enough / too] cold to go out.

(2) The water is [so / too] salty for us to drink.

(3) The kitty was small [enough / too] to fit in your pocket.

문제 해결 전략

'…하기에는 너무 ~한'은
「❶[   ]+형용사/부사+to
부정사」를, '…할 만큼 충분히 ~한'
은 「형용사/부사+❷[   ]+
to부정사」를 쓴다.

답 (1) too (2) too (3) enough /
❶ too ❷ enough

확인 문제

1 〈보기〉에서 알맞은 말을 골라 문장을 완성하시오.

┌ 보기 ┐
enough too tired strong

(1) She was _____ _____ to come to the party.

(2) The man is _____ _____ to lift the car.

2 우리말과 같도록 빈칸에 알맞은 말을 쓰시오.

그녀는 그 목걸이를 살 만큼 충분히 부유하다.

➡ She is _____ _____ _____ _____ the necklace.

전략 2 to부정사 또는 동명사만을 목적어로 사용하는 동사를 알아두자.

• to부정사와 동명사는 둘 다 동사의 목적어가 될 수 있지만 동사에 따라 to부정사 또는 ❶[   ]만을 목적어로 사용하는 경우가 있다.

❷[ ]만을 목적어로 사용하는 동사	agree(동의하다), ask(묻다), choose(선택하다), decide(결심하다, 결정하다), expect(기대하다), hope(바라다, 희망하다), learn(배우다), need(필요로 하다), plan(계획하다), promise(약속하다), refuse(거절하다), want(원하다), wish(바라다, 원하다) 등
동명사만을 목적어로 사용하는 동사	avoid(피하다), enjoy(즐기다), finish(끝내다), keep(계속하다), mind(꺼리다, 언짢아하다), practice(연습하다), quit(그만두다), stop(멈추다), give up(포기하다), recommend(추천하다) 등

I **decided to write** in my diary every day. 나는 매일 일기를 쓰기로 결심했다.

I **wish to visit** my grandparents this Sunday. 나는 이번 일요일에 조부모님을 방문하기를 바란다.

My family **enjoyed camping** on weekends. 내 가족은 주말마다 캠핑하는 것을 즐겼다.

Do you **mind opening** the window? 창문을 열어도 될까요?

답 ❶ 동명사 ❷ to부정사

필수 예제

다음 문장의 네모 안에서 어법상 알맞은 것을 고르시오.

(1) I want | to win / winning | first prize in the music contest.

(2) The businessman planned | to introduce / introducing | the washing machine to us.

(3) You should quit | to smoke / smoking | for your health.

문제 해결 전략

want, plan은 ❶[   ]를 목적어로 가지고, quit는 ❷[   ]를 목적어로 가지는 동사이다.

답 (1) to win (2) to introduce
(3) smoking / ❶ to부정사 ❷ 동명사

확인 문제

1 주어진 단어를 사용하여 우리말과 같도록 문장을 완성하시오. (단, 필요한 경우 단어를 추가하거나 변형할 것)

© Oguz Dikbakan /shutterstock

도서관에서 큰소리로 말하는 것을 피하라.
(speak, loudly, avoid, library)

➡ _____

2 괄호 안의 단어를 알맞은 형태로 써서 문장을 완성하시오.

I promised _____ snacks late at night. (stop, eat)

전략 3 **to부정사와 동명사 둘 다 목적어로 사용하는 동사의 쓰임을 알아두자.**

• to부정사와 동명사를 <u>❶</u> 목적어로 사용하는 동사가 있다. 이때 목적어가 to부정사인지 동명사인지에 따라 의미상 차이가 없는 동사가 있지만, <u>❷</u> 가 달라지는 동사도 있다.

의미 차이가 없는 동사	start, begin, like, love, hate, prefer, continue 등		
의미 차이가 있는 동사	forget	to부정사	(앞으로) ~ 할 것을 잊다
		동명사	(과거에) ~ 했던 것을 잊다
	remember	to부정사	(앞으로) ~ 할 것을 기억하다
		동명사	(과거에) ~ 했던 것을 기억하다
	try	to부정사	~하려고 노력하다
		<u>❸</u>	시험 삼아 ~해 보다

동명사는 과거의 일을, to부정사는 미래에 발생할 일을 표현하는 경향이 있어.

주의 stop은 목적어로 동명사만을 갖지만, 뒤에 to부정사가 오는 경우 '~하기 위해'라는 뜻의 부사적 용법으로 쓰인다.

I **stopped drinking** too much coffee. 나는 커피를 너무 많이 마시는 것을 그만 두었다.
I **stopped to drink** coffee. 나는 커피를 마시기 위해 멈췄다.

답 ❶둘 다(모두) ❷의미 ❸동명사

필수 예제

우리말과 같도록 주어진 표현을 바르게 배열하시오.

(1) 작년 크리스마스에 전시회 간 것을 기억하니?
(to / remember / Do / you / the exhibition / last Christmas / going)

➡ _____

(2) 이 엽서를 우체국에 가져가는 것을 잊지 마.
(Don't / to / this postcard / take / forget / to / the post office)

➡ _____

문제 해결 전략

과거에 했던 일을 기억한다고 할 때는 「remember+<u>❶</u>」, 앞으로 할 일을 기억한다고 할 때는 「remember+to부정사」로 쓴다. 과거에 했던 일을 잊은 것은 「forget+동명사」, 앞으로 할일을 잊은 것은 「forget+<u>❷</u>」로 쓴다.

답 (1) Do you remember going to the exhibition last Christmas? (2) Don't forget to take this postcard to the post office. / ❶동명사 ❷to부정사

확인 문제

1 우리말과 같은 뜻이 되도록 할 때 <u>어색한 부분</u>을 찾아 바르게 고치시오.

> 나는 좋은 성적을 받기 위해 항상 열심히 공부하려고 노력한다.
> ➡ I always try studying hard to get a good grade.

➡ _____

2 다음 문장의 괄호 안에서 알맞은 것을 고르시오.

> It is going to rain soon. Don't forget (to take / taking) your umbrella.

>> 정답과 해설 6쪽

전략 4 동명사와 현재분사를 구분해 보자.

- 동명사와 현재분사의 형태는 「동사원형+-ing」로 같지만, 그 쓰임이 다르므로 주의해야 한다.

	동명사	현재분사
의미상 차이	목적·용도	동작·상태
역할	명사(주어, 보어, 목적어)	명사 수식(형용사), 진행형
뜻	～하는 것, ～하기 / ～하기 위한	～하고 있는, ～하는

「동명사+명사」의 형태로 복합어처럼 쓰인 경우는 주로 목적이나 용도를 나타낸다는 것을 잊지 마.

- 동명사는 수식하는 명사의 목적이나 <u>❶ [   ]</u>를 나타내는 반면, 현재분사는 진행 중인 동작·상태를 나타낸다.

a **sleeping** bag 침낭   a **sleeping** lion 잠자는 사자
동명사: 잠을 자는 목적·용도   현재분사: 자고 있는 동작·상태

- 동명사는 문장에서 주로 <u>❷ [   ]</u>처럼 쓰여 주어, 보어, 목적어 역할을 하는 반면, 현재분사는 진행을 나타내거나 <u>❸ [   ]</u>처럼 쓰여 명사를 꾸미는 역할을 한다.

My hobby is **running** in the park. 〈보어로 쓰인 동명사〉 내 취미는 공원에서 달리는 것이다.
I am **running** in the park. 〈진행형으로 쓰인 현재분사〉 나는 공원에서 달리는 중이다.
There was **running** water for the dogs. 〈명사를 수식하는 현재분사〉 개들을 위한 흐르는 물이 있었다.

📋 ❶ 용도 ❷ 명사 ❸ 형용사

필수 예제

다음 문장의 밑줄 친 부분이 현재분사이면 '현', 동명사이면 '동'을 쓰시오.

(1) Yesterday I was <u>waiting</u> for Mom at the bus stop.   _____

(2) I'm interested in <u>reading</u> comic books.   _____

(3) <u>Learning</u> foreign languages is not easy.   _____

(4) Be careful of the <u>boiling</u> water.   _____

문제 해결 전략

'～하고 있는'의 의미인 ❶ [   ] 중인 동작·상태를 나타낼 때는 현재분사가 필요하다.
'～하기, ～하는 것'의 의미로 ❷ [   ]처럼 쓰일 때는 동명사가 필요하다.

📋 (1) 현 (2) 동 (3) 동 (4) 현 /
❶ 진행 ❷ 명사

확인 문제

1 밑줄 친 부분의 쓰임이 〈예시〉와 같은 것은?

┌ 예시 ┐
Would you mind <u>closing</u> the door?

① My brother is <u>riding</u> a skateboard on the playground.
② My hobby is <u>riding</u> a skateboard on the playground.

2 밑줄 친 부분이 동명사인지 현재분사인지 쓰고, 문장을 해석하시오.

I saw a man <u>moving</u> a box in the office.

➡ _____

1 대화가 자연스럽게 이어지도록 빈칸에 동사 eat을 알맞은 형태로 바꿔 쓰시오.

> A: I'm hungry enough _____ a horse.
> B: Eat a horse?
> A: Don't be surprised. It's just an idiom.
>   Let's go eat something.
> A: OK. What do you want _____?
> B: Do you remember _____
>   noodles a week ago? They were delicious.
> A: OK. Let's go to the Kim's.

Words

idiom 관용구, 관용 표현
noodle 국수

문제 해결 전략

'…할 만큼 충분히 ～한'의 뜻으로 「형용사/부사+enough+❶[   ]」구문이 쓰인다. want는 to부정사를 목적어로 가지는 동사이고, remember는 to부정사와 동명사 모두 목적어로 쓸 수 있지만 '(과거에) ～한 것을 기억하다'는 ❷[   ]를 쓴다.

❶ to부정사 ❷ 동명사

2 밑줄 친 부분의 역할이 같은 문장끼리 짝지어 그 기호를 쓰시오.

> ⓐ Look at the flying kite.
> ⓑ I need to buy a sleeping bag.
> ⓒ My hobby is listening to classical music.
> ⓓ I was walking on the street at that time.

_____   _____

Words

classical music 클래식 음악

문제 해결 전략

동명사와 현재분사의 형태는 「동사원형+-ing」로 같지만 ❶[   ]는 명사적 역할을 하거나 명사의 목적이나 용도를 설명하고 ❷[   ]는 명사를 수식하거나 진행형으로 쓰인다.

❶ 동명사 ❷ 현재분사

3 다음 중 어법상 어색한 문장을 모두 고르면?

① Try eating local food when you go traveling.
② I remember posting the news on my blog.
③ I forgot buying my textbook, so I had a hard time in class.
④ He avoided to answer my question.
⑤ She expected to get a better grade in math.

Words

local food 현지 음식
post 게시하다

문제 해결 전략

forget, remember가 나오면 이미 한 일인지 앞으로 할 일인지를 잘 판단해야 한다. avoid는 ❶[   ]만을 목적어로 쓸 수 있고, expect는 ❷[   ]만을 목적어로 쓸 수 있다.

❶ 동명사 ❷ to부정사

[4~6] 다음 글을 읽고, 물음에 답하시오.

> Tomorrow is my little sister's birthday. (A) But I was too busy to go shopping for her birthday present. So I decided ⓐ to make / making her a unique present. Two weeks ago I brought home a ⓑ using / used cloth banner from school. I will make it into a bag. (B) 그것은 책과 공책을 가지고 다닐 수 있을 만큼 충분히 튼튼할 것이다. Do you want to know ⓒ what to / how to make it?

Words
present 선물
unique 독특한
used 중고의, 사용한
cloth banner 천 현수막
make A into B A로 B를 만들다
carry 나르다, 가지고 다니다

4 윗글의 밑줄 친 (A)와 같은 뜻이 되도록 문장을 완성한 다음, 문장을 해석하시오.

(1) But I was _____ I _____ shopping for her birthday present.

(2) _____

문제 해결 전략

'…하기에는 너무 ~한'이라는 뜻의 「too +형용사/부사+❶ [   ]」 구문은 '너무 …해서 ~할 수 없다'의 의미인, 「so+형용사/부사+that+주어+ ❷ [   ]+동사원형」으로 바꿔 쓸 수 있다.

🔖 ❶ to부정사 ❷ cannot(can't)

5 윗글의 ⓐ~ⓒ의 네모 안에서 알맞은 것을 골라 쓰시오.

ⓐ _____

ⓑ _____

ⓒ _____

문제 해결 전략

decide는 ❶ [   ]를 목적어로 쓰고, '사용된'의 의미로 쓰려면 use의 과거분사형이 필요하다. '만드는 법'은 ❷ [   ] to make로 쓸 수 있다.

🔖 ❶ to부정사 ❷ how

6 윗글의 밑줄 친 (B)의 우리말과 같도록 다음 단어를 알맞은 순서로 배열하시오.

> enough / It / be / strong / will / books and notebooks / carry / to

➡ _____

문제 해결 전략

'…할 만큼 충분히 ~한'이라는 뜻의 「형용사/부사+❶ [   ]+to부정사」 구문은 '매우 ~해서 …할 수 있다'의 의미인 「so+형용사/부사+that+주어+ ❷ [   ]+동사원형」으로 바꿔 쓸 수 있다.

🔖 ❶ enough ❷ can

대표 예제 1

다음 문장의 네모 안에서 알맞은 것을 고르시오.

© BlueRingMedia/shutterstock

The child is too short [riding / to ride] the roller coaster.

Tip

「too+형용사/부사+❶[ ]」 구문은 '…하기에는 너무 ~한'의 의미이므로 ❷[ ]는 올 수 없다.

🖪 ❶ to부정사 ❷ 동명사

대표 예제 2

우리말과 같도록 괄호 안의 단어를 사용하여 문장을 완성하시오. (단, 필요한 경우 단어를 추가하거나 변형할 것)

난 이 방을 정돈하려고 애쓰지만, 너희 둘은 항상 엉망으로 만들어.

I _____, but you two always make a mess.
(try, keep, tidy)

Tip

동사 try의 목적어로 to부정사가 오면 '❶[ ]'라는 뜻이고, ❷[ ]가 오면 '시험삼아 ~해 보다'라는 뜻이다.

🖪 ❶ ~하려고 노력하다 ❷ 동명사

대표 예제 3

다음 대화의 빈칸에 알맞은 말을 쓰시오.

A: Who is the girl ___(A)___ beside the piano? (피아노 옆에서 노래하고 있는 그 소녀는 누구니?)

B: That's Cathy. She is practicing ___(B)___ to win the music contest. (Cathy야. 그녀는 음악 경연 대회에서 수상하기 위해 노래를 연습하고 있어.)

(A) _____ (B) _____

Tip

명사 the girl을 뒤에서 형용사처럼 수식하는 능동, 진행의 ❶[ ]가 필요하다. 동사 practice는 '연습하다'의 뜻으로 목적어로 ❷[ ]만 올 수 있다.

🖪 ❶ 현재분사 ❷ 동명사

대표 예제 4

다음 문장에서 어법상 어색한 부분을 골라 바르게 고쳐 쓰시오.

Artists and writers can develop fascinating characters and tell interested stories through animation.

_____ ➡ _____

Tip

감정을 나타내는 동사가 ❶[ ]로 쓰이면 '~한 감정을 일으키는'의 뜻으로 쓰이고 ❷[ ]로 쓰이면 '~한 감정을 느끼는'의 뜻으로 쓰인다.

🖪 ❶ 현재분사 ❷ 과거분사

대표 예제 **5**

그림을 보고, 주어진 단어를 활용하여 대화를 완성하시오.

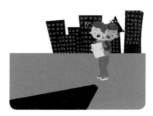

A: Where is he going?
B: He's going to a friend's house. But he
  doesn't know ＿＿＿ ＿＿＿ ＿＿＿. (go)

Tip

'어디로 가야 할지'는 ❶□□□□ where와 to부정사를 이용하
여 쓸 수 있다. 「의문사+❷□□□□」는 명사처럼 쓰여 목적어
역할을 할 수 있다.

답 ❶의문사 ❷to부정사

대표 예제 **6**

다음 (A), (B), (C)의 네모 안에서 어법상 알맞은 것끼리 짝
지어진 것은?

- The cook made some (A) [baking / baked]
  potatoes.
- The (B) [crying / cried] boy is only seven
  years old.
- The boy ate (C) [boiling / boiled] eggs.

  (A)   (B)   (C)
① baking ······ crying ······ boiling
② baking ······ cried ······ boiled
③ baked ······ crying ······ boiled
④ baked ······ cried ······ boiling
⑤ baked ······ cried ······ boiled

Tip

의미상 능동이나 진행을 나타낼 때는 ❶□□□□, 수동이나 완
료를 나타낼 때는 ❷□□□□를 사용한다.

답 ❶현재분사 ❷과거분사

대표 예제 **7**

그림을 보고 〈보기〉에서 알맞은 말을 골라 문장을 완성하
시오. (단, 어법상 필요한 경우 단어를 변형할 것)

┌─ 보기 ┐
the house   during the marathon
cookies   clean   run   ride   bake
└─────────────────────┘

(1)

My father finished ＿＿＿＿＿＿＿.

(2)

My brother quit ＿＿＿＿＿＿＿.

(3)

© Ljupco Smokovski/shutterstock

My grandma enjoys ＿＿＿＿＿＿＿
every weekend.

Tip

finish, quit, enjoy는 모두 목적어로 ❶□□□□를 쓴다. 동
명사는 동사처럼 ❷□□□□를 가질 수 있다.

답 ❶동명사 ❷목적어

대표 예제 8

다음 두 문장이 같은 뜻이 되도록 빈칸에 알맞은 말을 쓰시오.

He is wise enough to understand it.
= He is _____ _____ _____ he _____
   understand it.

Tip

「형용사/부사+enough+❶ [_____]」는 「so+형용사/부사
+❷ [_____]+주어+can+동사원형」으로 바꿔 쓸 수 있다.

답 ❶ to부정사 ❷ that

대표 예제 9

다음 두 문장이 같은 뜻이 되도록 빈칸에 알맞은 말을 쓰시오.

We were all wondering where we should
begin cleaning.
= We were all wondering _____ _____
   _____ cleaning.

Tip

목적어로 쓰인 「의문사+주어+❶ [_____]+동사원형」은 「의문
사+❷ [_____]」로 바꿔 쓸 수 있다.

답 ❶ should ❷ to부정사

대표 예제 10

우리말과 같도록 괄호 안의 말을 바르게 배열하시오.
(단, 어법상 필요한 경우 단어를 변형할 것)

아름다운 낙엽을 찾고 있는 저 소녀를 보아라.
(fall / look / find / the girl / leaves / at /
beautiful)

➡ _____

Tip

형용사 역할을 하는 분사가 능동이나 진행을 나타낼 때는
❶ [_____]를, 수동이나 완료를 나타낼 때는 ❷ [_____]를 쓴다.

답 ❶ 현재분사 ❷ 과거분사

대표 예제 11

우리말과 같도록 괄호 안의 말을 바르게 배열하시오.
(단, 어법상 필요한 경우 단어를 변형할 것)

나는 오랜만에 친구들을 만나서 신이 났다.
(meet / after / was / excite / I / to / my /
long / friends / time / a)

➡ _____

Tip

감정을 느끼는 ❶ [_____]가 '신이 난' 것이므로 감정의 동사
excite는 ❷ [_____]형인 excited로 쓴다.

답 ❶ 주체 ❷ 과거분사

대표 예제 **12**

다음 글의 밑줄 친 ①~⑤ 중 어법상 어색한 것을 찾아 바르게 고쳐 쓰시오.

© GraphicsRF/shutterstock

Yesterday my club members had a party. My friends and I finished ① cooking food and setting the table by six. At the party, Minsu enjoyed ② playing the guitar. Juyeon enjoyed dancing. Somi did not stop ③ to eat until the end of the party. Junsu liked ④ to play with the cat. ⑤ Having a party with my friends was fun.

_____ ➡ _____

Tip

동사에 따라 to부정사 또는 동명사만을 목적어로 쓸 수 있는 경우와 둘 다 목적어로 쓸 수 있는 경우가 있다. like는 to부정사와 동명사 **❶**[   ] 목적어로 쓸 수 있고, enjoy, stop, finish는 **❷**[   ]만 목적어로 쓸 수 있다.

🔑 ❶둘 다(모두) ❷동명사

대표 예제 **13**

다음 글을 읽고, 밑줄 친 우리말을 괄호 안의 동사를 사용하여 영작하시오.

In many ways, 42-year-old Joseph Palmer was an ordinary person. He had a job and cared for his family. But in 1830, after he moved to a small town in Massachusetts, he began to face difficulties. Joseph looked different from other people: he had a long beard. People did not like it very much.

The town's people (1) 그 남자를 만나는 것을 피했다 (avoid) with a beard. They (2) 앉기를 원하지 않았다 (want) next to him. They even whispered behind his back, "What is he (3) 숨기려고 노력하는 중이다 (try, hide)?"

(1) _____

(2) _____

(3) _____

Tip

avoid는 '피하다'라는 의미이며 동명사만을 목적어로 쓴다. want는 **❶**[   ]를 목적어로 취하며, try는 목적어에 따라 의미가 **❷**[   ].

🔑 ❶to부정사 ❷달라진다

1 다음 중 밑줄 친 부분의 쓰임이 나머지 넷과 다른 것은?

① It stopped <u>raining</u>.

② He is good at <u>flying</u> drones.

③ Anyone can start <u>writing</u> calligraphy.

④ Do you see the <u>smiling</u> girl at the park?

⑤ <u>Swimming</u> in the river is sometimes dangerous.

> **Tip**
>
> 동명사는 문장에서 명사 역할을 하여 주어, 보어, ❶ [   ] 나 전치사의 목적어로 쓰인다. 현재분사는 명사를 수식하는 ❷ [   ] 역할을 한다.
>
> 🔒 ❶ 목적어 ❷ 형용사

2 다음 우리말을 영어로 쓸 때 네 번째 올 말로 알맞은 것은?

> 나는 너무 흥분돼서 잠을 잘 수 없었다.

① was

② to

③ too

④ excited

⑤ sleep

> **Tip**
>
> '너무 ～해서 …할 수 없다'는 「❶ [   ]+형용사/부사+to부정사」 또는 「so+형용사/부사+that+주어+ ❷ [   ]+동사원형」으로 쓸 수 있다.
>
> 🔒 ❶ too ❷ cannot〔can't〕

3 다음 문장 중 어법상 어색한 것은?

① Keep going even if it snows.

② Don't give up exercising regularly.

③ I decided delivering the letter to him.

④ I promised to give him a baseball ticket.

⑤ I didn't agree to help him.

> **Tip**
>
> 동사에 따라 to부정사만, 혹은 동명사만 목적어로 취하는 경우가 있다. promise, agree, decide 등은 ❶ [   ] 만을 목적어로 쓴다. keep, give up 등은 ❷ [   ] 을 목적어로 쓴다.
>
> 🔒 ❶ to부정사 ❷ 동명사

4 우리말과 같은 뜻이 되도록 〈조건〉에 맞게 영작하시오.

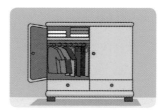

> 나는 무엇을 입어야 할지 결정하지 못하겠다.

┌─ 조건 ─

1. 의문사를 쓸 것

2. to부정사를 쓸 것

3. 6단어로 쓸 것

➡ _____

> **Tip**
>
> '무엇을/언제/어디서/어떻게 ～해야 할지'는 의문사와 ❶ [   ] 를 이용해서 쓴다. '무엇을 입어야 할지'는 의문사 ❷ [   ] 을 이용한다.
>
> 🔒 ❶ to부정사 ❷ what

5 〈보기〉에 주어진 단어를 빈칸에 알맞은 형태로 쓰시오.

┌ 보기 ──────────────────────┐
① satisfy   ② interest   ③ excite
└────────────────────────────┘

┌────────────────────────────┐
A: What do you think of Mr. Park?
B: He is very kind, and his first class was
  ① _____ . During class, we did
  ② _____ math activities with our
  cell phones.
A: Really? I can't wait for his class tomorrow.
  I'm ③ _____ .
└────────────────────────────┘

Tip
감정을 나타내는 동사의 경우 '~한 감정을 일으키는' 원인이
주어일 때는 ❶ [   ]로, '~한 감정을 느끼는' 주체가 주
어일 때는 ❷ [   ]로 쓴다.

📋 ❶ 현재분사 ❷ 과거분사

6 다음 문장의 네모 안에서 어법상 알맞은 것을 고르고 문장
을 해석하시오.

┌────────────────────────────┐
  She smiled at the sock puppet and
remembered [to perform / performing] a
puppet show for her sister 40 years ago.
└────────────────────────────┘

➡ _____

_____

Tip
remember는 동명사와 to부정사 둘 다 목적어로 쓸 수
있는데 '(과거에) ~한 것을 기억하다'는 「remember+
❶ [   ]」로, '(미래에) ~할 것을 기억하다'는
「remember+❷ [   ]」로 쓸 수 있다.

📋 ❶ 동명사 ❷ to부정사

7 괄호 안의 단어를 이용하여 빈칸에 알맞은 말을 쓰시오.

(1)

The book _____ in English is difficult to
read. (write)

(2)

The boy _____ in the wheelchair with a
_____ leg is Minsu. (sit / break)

(3)

I saw the boy _____ his head. (shake)

Tip
'~하고 있는'으로 해석할 수 있으면 ❶ [   ]로, '~된,
~되어진'으로 해석할 수 있으면 ❷ [   ]로 쓴다.

📋 ❶ 현재분사 ❷ 과거분사

8 우리말과 같도록 다음 단어들을 알맞은 순서로 배열하
시오.

┌────────────────────────────┐
이 발명품은 너의 인생을 더 쉽게 만들 만큼 충분히
유용하다.

(this invention / is / to make / your life /
useful / much easier / enough)
└────────────────────────────┘

➡ _____

Tip
'~할 만큼 충분히 …한'은 「형용사/부사+❶ [   ]+to
부정사」로 쓸 수 있다. '더 쉽게'는 much ❷ [   ]로 쓸
수 있다.

📋 ❶ enough ❷ easier

1 다음 문장의 네모 안에서 알맞은 것을 고르고 문장을 해석하시오.

© Denphumi/shutterstock

We must stop | to destory / destroying |
nature.

➡ _____

2 우리말과 같도록 빈칸에 알맞은 말을 쓰시오.

나는 어렸을 때 '걸어 다니는 사전'이라 불렸었다.
I was called a _____ _____
when I was young.

3 다음 두 문장이 같은 뜻이 되도록 괄호 안의 단어를 활용하여 문장을 완성하시오.

What we should do now is to stay calm.
= _____ is to stay calm.
  (to)

4 다음 그림을 보고, 빈칸에 들어갈 말로 가장 적절한 것을 고르면?

He is too _____ to go to elementary
school.

① helpful   ② kind
③ young   ④ old
⑤ bad

5 다음 두 문장이 같은 뜻이 되도록 빈칸에 알맞은 말을 쓰시오.

Is this research _____ _____
to win a Nobel Prize?
= Is this research so good that it can win
  a Nobel Prize?

6 다음 중 밑줄 친 부분의 쓰임이 나머지와 다른 것은?

① This is a <u>waiting</u> room.

② They ran into the <u>burning</u> house.

③ Could you bring that <u>fishing</u> rod?

④ I'd like to buy a new <u>swimming</u> suit.

⑤ Do you have an extra <u>sleeping</u> bag?

7 우리말과 같도록 괄호 안의 단어를 알맞은 형태로 쓰시오.

> 건강을 위해 운동을 하려고 노력해야 해. 매일 팔굽혀 펴기를 해 보는 것이 어때?
>
> ➡ You should try _____ for your health. How about trying _____ push-ups every day? (exercise, do)

8 다음 중 어법상 올바른 문장을 고르시오.

① You look so exciting today.

② He is enough kind to help us.

③ I just gave up to contact the manager.

④ Do you mind turning down the volume?

⑤ He promised coming back sometime next week.

9 주어진 우리말과 같도록 조건에 맞게 영작하시오.

> 나는 다 함께 행복하기를 희망해요. 나쁜 생각을 멈추세요.

┌ 조건 ┐
1. 두 문장으로 쓸 것
2. to부정사나 동명사를 이용할 것
3. hope, stop, things, together를 포함할 것

➡ _____

10 다음 대화의 밑줄 친 우리말을 괄호 안의 단어를 활용하여 영작하시오.

> **A:** Hi, Minsu. (1) <u>너 피곤해 보인다</u>. What's wrong?
> **B:** I fell and got hurt on my way to school. To make matters worse, (2) <u>오늘 핸드폰 가져오는 것을 잊었어</u>.
> **A:** That's too bad.

(1) _____ .
   (look, tire)

(2) _____ today.
   (bring, cell phone)

A 다음은 지난 주말 글쓴이에게 있었던 일을 묘사한 글이다. 알맞은 조각을 찾아 문장을 완성하고, 해당 그림에 번호를 쓰시오.

1 I saw a
☐ crying
☐ cried
boy on the street.

2 He was a
☐ losing
☐ lost
child.
He was
☐ scaring.
☐ scared.

3 He was
☐ too smart to
☐ smart enough to
remember his mom's phone number.

4 He
☐ was able to
☐ wasn't able to
meet his parents.

OID-XXX···

Tip

현재분사는 능동, 진행의 의미로, 과거분사는 수동, 완료의 의미로 명사를 수식한다. 감정을 나타내는 동사는 주어가 감정을 일으키는 원인일 때는 현재분사로, 감정을 느끼는 주체일 때는 ❶ 로 쓴다. 「too ~ to ...」는 '너무 ~해서 ...할 수 없는', 「~ ❷ to ...」는 '...할 만큼 충분히 ~한'의 뜻이다.

답 ❶ 과거분사 ❷ enough

B 다음 두 사람 중 어법상 바르게 말한 사람을 고르시오.

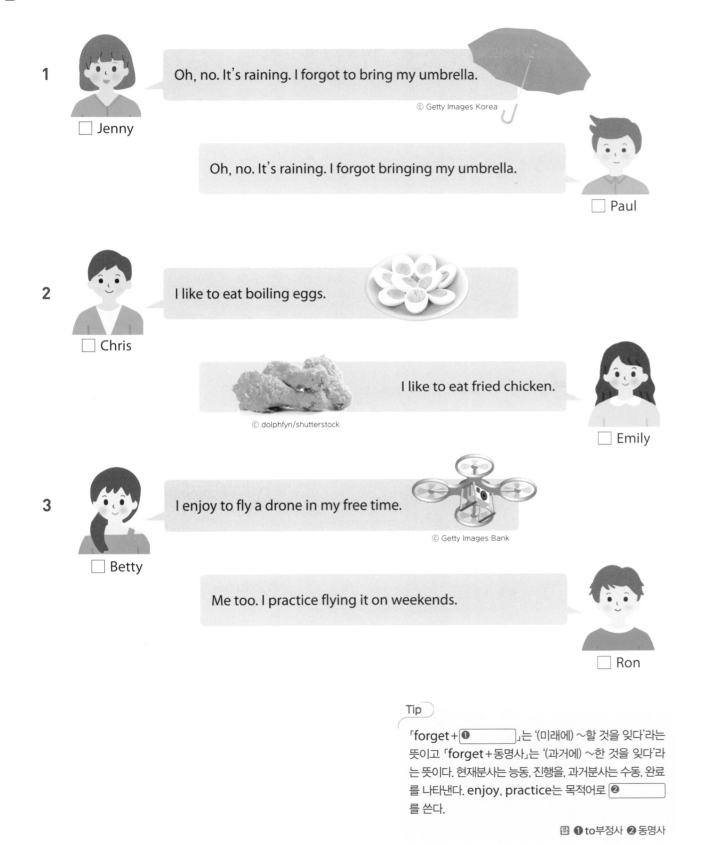

1
☐ Jenny

Oh, no. It's raining. I forgot to bring my umbrella.
© Getty Images Korea

Oh, no. It's raining. I forgot bringing my umbrella.

☐ Paul

2
☐ Chris

I like to eat boiling eggs.

I like to eat fried chicken.

© dolphfyn/shutterstock

☐ Emily

3
☐ Betty

I enjoy to fly a drone in my free time.
© Getty Images Bank

Me too. I practice flying it on weekends.

☐ Ron

Tip

「forget+❶⬚」는 '(미래에) ~할 것을 잊다'라는 뜻이고 「forget+동명사」는 '(과거에) ~한 것을 잊다'라는 뜻이다. 현재분사는 능동, 진행을, 과거분사는 수동, 완료를 나타낸다. enjoy, practice는 목적어로 ❷⬚를 쓴다.

🔑 ❶ to부정사 ❷ 동명사

1주 창의·융합·코딩 전략 ❷

C 각 사람이 하는 말과 일치하도록 알맞은 카드를 두 개씩 골라 문장을 완성하시오.

1 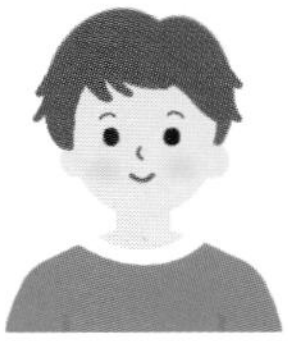

Ted는 너무 피곤해서 생일파티에 갈 수 없었어.

➡ ______________________________

2 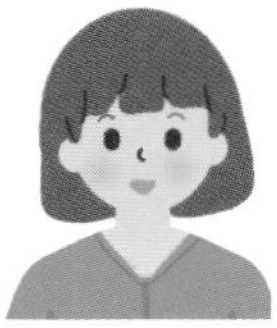

뭘 먹어야 할지 저에게 말씀해 주시겠어요?

➡ ______________________________

3 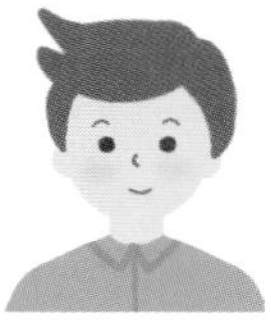

Eric은 컴퓨터 게임하는 것을 그만두지 않았어.

➡ ______________________________

- to play the computer game.
- Ted was too tired
- what to eat?
- how to eat?
- Eric didn't stop
- to go to the birthday party.
- Can you tell me
- going to the birthday party.
- playing the computer game.

Tip

'너무 ~해서 …할 수 없다'는 「❶ ______ +형용사/부사+to부정사」로 쓰고 '무엇을 먹어야 할지'는 의문사 what과 to부정사를 써서 나타낸다. 동사 stop은 ❷ ______ 를 목적어로 쓴다.

답 ❶ too ❷ 동명사

D 다음 문장 구조에 맞게 주어진 표현을 바르게 배열하여 문장을 완성하시오.

1

주어	동사	목적어(to부정사)
I	want	
나는	원한다	마라톤 코스를 완주하기를

complete / the / course / marathon / to

2

주어	동사	목적어(의문사+to부정사)	전치사구
My sister	knows		with a key.
내 여동생은	안다	문 여는 법을	열쇠로

the door / open / to / how

3

주어	동사	형용사	enough+to부정사	목적의 to부정사
Sandra	was			
Sandra는	였다	용감한	불난 집에 뛰어들 만큼 충분히	아이를 구하기 위해

run / to / brave / enough / the burning house / the child / to save / into

Tip

to부정사는 동사의 목적어로 쓰거나 「❶⬚⬚⬚⬚⬚+to 부정사」의 형태로 '~해야 할지'의 의미로 쓸 수 있다. 「형용사/부사+❷⬚⬚⬚⬚⬚+to부정사」는 '…할 만큼 충분히 ~한'의 뜻이다.

📖 ❶ 의문사 ❷ enough

관계대명사 / 접속사

1 관계대명사

I heard a story about a tree that can speak. Doesn't that sound cool?

Dan, what you hear isn't always real.

Dan이 들은 것은?
a. 말하는 나무에 관한 이야기
b. 말하는 나무가 한 말

2 명사절 접속사 / 부사절 접속사

Do you know that Tom Holland's new movie will be out next week?

Of course! I will watch it because he is my favorite actor.

여학생이 새로 개봉하는 영화를 보려는 이유는?
a. 친구와 약속을 해서
b. 제일 좋아하는 배우가 나와서

3   간접의문문

> Alex, do you know what I made yesterday? Carrot cake!

> I'm not sure if I've tried carrot cake, but it looks delicious!

대화에서 알 수 있는 사실은?
a. Alex는 당근 케이크를 먹어 봤다.
b. Alex는 당근 케이크를 먹어 봤는지 잘 모른다.

4   상관접속사

> Mom, can I have both chocolate ice cream and vanilla ice cream?

> No, you have to choose either chocolate or vanilla.

소년이 원하는 아이스크림은?
a. 초콜릿 맛과 바닐라 맛
b. 초콜릿 맛

개념 1 주격·목적격·소유격 관계대명사

나는 위에 딸기가 올려진 케이크를 샀다.

I bought a cake [which has strawberries on top].

사물(a cake)인 선행사를 수식하는 형용사절

선행사 + **관계대명사** ➡ 『형용사절(선행사 수식)』

◎ 관계대명사는 앞 절의 명사(선행사)와 그 명사를 수식하는 다른 절을 연결하는 ❶ [   ]의 역할과 대명사의 역할을 동시에 한다.

◎ 주격 관계대명사는 관계대명사절 안에서 ❷ [   ] 역할을 하고, 목적격 관계 대명사는 목적어 역할, 소유격 관계대명사는 소유격 인칭대명사 역할을 한다.

선행사	주격	목적격	소유격
사람	who, that	who(m), that	whose
사물, 동물	which, that	which, that	whose, of which

Quiz

관계대명사를 찾아 밑줄을 긋고, 관계대명사 가 관계대명사절 안에서 어떤 역할을 하는지 고르시오.

I like cookies which my mom makes.   (주어 / 목적어)

관계대명사가 주어처럼 쓰이면 주격, 목적어처럼 쓰이면 목적격 관계대명사야.

답 ❶ 접속사 ❷ 주어 / which, 목적어

개념 2 관계대명사 what

그는 내가 말한 것을 이해하지 못했다.

He didn't understand [what I said].

understand의 목적어로 쓰인 명사절

선행사 + **what** ➡ 『선행사를 포함하는 관계대명사』

◎ 관계대명사 what은 ❶ [   ]를 포함하고 있으며, '~하는 것'으로 해석한다.

◎ 관계대명사 what이 이끄는 절은 선행사를 수식하는 다른 관계대명사절과는 달 리, 명사처럼 쓰여 문장에서 주어, ❷ [   ], 보어 역할을 한다.

Quiz

관계대명사를 찾아 밑줄을 긋고, 관계대명사 절이 문장에서 어떤 역할을 하는지 고르시오.

What you see is not always true.   (주어 / 수식어)

답 ❶ 선행사 ❷ 목적어 / What, 주어

개념 3 명사절을 이끄는 접속사

이게 맞는지 모르겠어.

I don't know [if it is correct].

know의 목적어로 쓰인 명사절

that / if / whether + **주어** + **동사** ➡ 『명사절 (주어, 목적어, 보어)』

◎ 접속사 that, if, whether는 명사절을 이끌며, 이 명사절은 문장에서 주어, 목적 어, ❶ [   ] 역할을 한다. that은 '~하는 것', if와 ❷ [   ]는 '~인지 아닌 지'라는 뜻으로 쓰인다.

Quiz

접속사를 찾아 밑줄을 긋고, 접속사가 이끄는 절이 문장에서 어떤 역할을 하는지 고르시오.

I hope that we can travel again soon. (주어 / 목적어)

© Getty Images Bank

답 ❶ 보어 ❷ whether / that, 목적어

1-1 다음 문장의 빈칸에 알맞은 것은?

> I saw a girl _____ was wearing a blue dress.

① who ② which ③ whom

풀이 | 선행사가 ❶[ ]이고 ❷[ ] 역할을 하는 관계대명사가 필요하므로 who가 적절하다.

冒 ① / ❶ 사람 ❷ 주어

1-2 다음 문장의 빈칸에 알맞은 말을 〈보기〉에서 골라 쓰시오.

> ┌ 보기 ┐
> who   which   whose

She moved to a house _____ roof is red.

2-1 우리말과 같도록 빈칸에 알맞은 관계대명사를 쓰시오.

> 네가 즐길 수 있는 것을 해라.

➡ Do _____ you can enjoy.

풀이 | 빈칸 앞에 ❶[ ]가 없고 '~있는 것'으로 해석되는 것으로 보아. 선행사를 ❷[ ]하는 관계대명사 what이 적절하다.

冒 what / ❶ 선행사 ❷ 포함

2-2 밑줄 친 단어에 유의하여 다음 문장을 우리말로 해석하시오.

> A new phone is <u>what</u> I want for my birthday.

➡ _____

© Getty Images Korea

3-1 다음 문장의 빈칸에 알맞은 것은?

> I hope _____ you recover quickly.

① if ② whether ③ that

풀이 | 동사 hope의 목적어절을 이끄는 ❶[ ]가 필요하다. that은 '~하는 것'이라는 뜻이고 if와 whether는 '~❷[ ]'라는 뜻이다.

冒 ③ / ❶ 접속사 ❷ 인지 아닌지

3-2 다음 문장에서 접속사 that이 들어가기에 알맞은 곳은?

> ① I think ② you should ③ order it soon.

개념 4 부사절을 이끄는 접속사

우리는 날씨가 더 따뜻해질 때 소풍을 갈 것이다.

We'll go on a picnic when the weather gets warmer.

| 주어 | + | 동사 | + | 부사절 접속사(시간) | + | 주어 | + | 동사 |

서두르면, 너는 점심에 거기에 도착할 거야.

If you hurry, you will get there on time.

| 부사절 접속사(조건) | + | 주어 | + | 동사 | , | 주어 | + | 동사 |

○ 부사절을 이끄는 접속사는 [❶]의 역할을 하는 절을 이끌며, 시간의 when(~할 때), [❷]의 because(~때문에), 조건의 if(~한다면), 양보의 although(~에도 불구하고) 등이 있다.

Quiz

다음 괄호 안에서 알맞은 것을 고르시오.

I went to bed early (because / although) I was tired.

📝 ❶ 부사 ❷ 이유 / because

개념 5 간접의문문

나는 자동차 열쇠를 어디에 두었는지 기억나지 않는다.

I don't remember [where I put my car keys].

| 의문사 | + | 주어 | + | 동사 |

그가 도착했는지 아니?

Do you know [if he has arrived]?

| if / whether | + | 주어 | + | 동사 |

○ 의문문이 다른 문장의 일부가 되는 것을 간접의문문이라고 한다.
○ 의문사가 있는 의문문의 간접의문문은 「[❶]+주어+동사」 형태로 쓴다.
○ 의문사가 [❷] 의문문의 간접의문문은 「if/whether+주어+동사」 형태로 쓴다.

Quiz

다음 밑줄 친 부분을 바르게 고치시오.

Let me know what do you think about it.

➡ _____

의문문을 간접의문문으로 만들 때는 주어와 동사의 위치를 바꿔야 해.

📝 ❶ 의문사 ❷ 없는 / what you think

개념 6 상관접속사

Alex와 Tommy는 둘 다 캐나다에 산다.

Both Alex and Tommy live in Canada.

Sara는 아몬드도 호두도 좋아하지 않는다.

Sara likes neither almonds nor walnuts.

○ 상관접속사란 두 개 이상의 단어가 하나의 [❶]처럼 쓰이는 것을 말한다.
○ 상관접속사는 not A but B(A가 아니라 B), both A and B(A와 B 둘 다), either A or B(A 또는 B 둘 중 하나), neither A nor B(A도 B도 아닌) 등이 있으며, 문법적으로 [❷] 형태의 단어, 구, 절을 연결한다.

Quiz

다음 괄호 안에서 알맞은 것을 고르시오.

You can either come with me (and / or) stay here.

📝 ❶ 접속사 ❷ 동등한 / or

4-1 다음 문장에서 시간을 나타내는 접속사에 밑줄을 긋고, 문장을 해석하시오.

> When I turned around, someone was standing behind me.

➡ _____

풀이 | when은 '~할 **①** [ ]'라는 뜻으로, 시간을 나타내는 **②** [ ]을 이끄는 접속사이다.

📋 When, 내가 몸을 돌렸을 때, 누군가가 내 뒤에 서 있었다. /
① 때 **②** 부사절

4-2 다음 문장에서 양보를 나타내는 접속사에 밑줄을 긋고, 문장을 해석하시오.

> I finished my homework although I was very tired.

➡ _____

5-1 다음 괄호 안의 단어를 배열하여 문장을 완성하시오.

> He asked me _____ it.
> (needed, I, why)

풀이 | 의문문이 다른 문장의 일부가 될 때 간접의문문을 사용한다. 의문사가 **①** [ ] 간접의문문은 「의문사+**②** [ ]+동사」의 형태로 쓴다.

📋 why I needed / **①** 있는 **②** 주어

5-2 다음 괄호 안의 단어를 배열하여 문장을 완성하시오.

> I don't know _____ these tulips. (she, like, if, will)

6-1 우리말과 같도록 문장의 빈칸에 알맞은 말을 쓰시오.

> Grace는 영어가 아니라 수학에서 만점을 받았다.
> ➡ Grace got perfect marks not in English _____ in math.

풀이 | 상관접속사 「not A but B」는 짝을 이루는 **①** [ ] 두 대상을 연결하고 '**②** [ ]가 아니라 B'라는 뜻으로 쓰인다.

📋 but / **①** 동등한 **②** A

6-2 다음 빈칸에 알맞은 말을 쓰시오.

> We will _____ go for a walk or go shopping.

상관접속사가 문법적으로 동등한 구를 연결하고 있어.

CHECK UP

Parasite is a film (whom / which) was directed by a Korean director.

- **구문** 선행사인 a film이 ❶[   ]이고, 주어 역할을 하는 ❷[   ] 관계대명사가 필요하므로 which가 적절하다.
- **해석** 〈기생충〉은 한국인 감독에 의해 만들어진 영화이다.

답 which / ❶ 사물 ❷ 주격

CHECK UP

I couldn't believe (what / which) he told me.

- **구문** 빈칸 앞에 ❶[   ]가 없고, '~한 것'으로 해석되므로 선행사를 포함하는 관계대명사 what이 적절하다.
- **해석** 나는 그가 내게 ❷[   ]을 믿을 수 없었다.

답 what / ❶ 선행사 ❷ 말한 것

CHECK UP

Do you think (that / whether) dogs are more popular than cats?

- **구문** 동사 think의 ❶[   ]절을 이끄는 접속사가 필요하고, 의미상 '~❷[   ]'이라는 뜻이므로 that이 알맞다.
- **해석** 너는 강아지가 고양이보다 더 인기가 많다고 생각하니?

© Getty Images Bank

답 that / ❶ 목적어 ❷ 하는 것

---

1 다음 두 문장을 한 문장으로 만들 때, 빈칸에 알맞은 말을 쓰시오.

- I have a friend.
- The friend is moving to Korea to teach English.

➡ I have _____ _____ _____ is moving to Korea to teach English.

direct 감독하다   director 감독   move to ~로 이사하다

2 관계대명사를 찾아 밑줄을 긋고, 문장을 해석하시오.

(1) The students are doing what the teacher asked.

➡ _____

(2) What is happening in Ukraine is hard to believe.

➡ _____

happen 일어나다, 발생하다   Ukraine 우크라이나

3 우리말과 같도록 괄호 안의 단어를 배열하여 문장을 완성하시오.

나는 당신이 물을 많이 마실 것을 권한다.
(drink / you / that / water / lots of)

➡ I recommend _____.

popular 인기 있는   recommend 권하다, 추천하다

CHECK UP

(When / Although) I left home, it started raining.

- 구문 '~할 때'라는 의미의 **❶**[ ]을 나타내는 접속사 when이 적절하다. although는 '~에도 불구하고'라는 의미로 양보를 나타낸다.
- 해석 내가 집을 **❷**[ ] 비가 내리기 시작했다.

閏 When / ❶ 시간 ❷ 나섰을 때

4 다음 빈칸에 공통으로 들어갈 알맞은 접속사를 쓰시오. (단, 대소문자를 구분할 것)

- Jack took medicine _____ he had a cold.
- _____ it was cloudy, Ben brought an umbrella.

medicine 약   have a cold 감기에 걸리다

CHECK UP

Do you know _____?
(is, how, old, he)

- 구문 의문사가 있는 의문문의 간접의문문은 「**❶**[ ]+**❷**[ ]+동사」의 순서로 쓴다.
- 해석 너는 그가 몇 살인지 아니?

閏 how old he is / ❶ 의문사 ❷ 주어

5 다음 두 문장을 한 문장으로 만들 때, 빈칸에 알맞은 말을 쓰시오.

I wonder .... + Why do zebras have stripes?

➡ I wonder _____ _____ _____ _____.

wonder 궁금하다   stripe 줄무늬

© prapass/shutterstock

CHECK UP

호주의 수도는 시드니가 아니라 캔버라이다.
➡ The capital city of Australia is _____ Sydney _____ Canberra.

- 구문 상관접속사 「not A **❶**[ ] B」는 'A가 **❷**[ ] B'라는 의미이다.

閏 not, but / ❶ but ❷ 아니라

6 주어진 두 문장과 같은 뜻이 되도록 빈칸에 알맞은 말을 쓰시오.

He doesn't have any good ideas for the project.
I don't have any good ideas for the project, either.

➡ _____ he _____ I have any good ideas for the project.

OOO 프로젝트

전략 1 역할에 따른 관계대명사를 구분하자 – 주격 관계대명사

- 주격 관계대명사는 관계대명사절 안에서 ❶ [ ] 역할을 하며, 선행사에 따라 who, which, that을 쓴다.

선행사	주격 관계대명사
사람	who, that
사물, 동물	which, that

I have a friend. + The friend lived in Canada for 2 years.

➡ I have a friend [**who** lived in Canada for 2 years]. 나는 캐나다에 2년 동안 살았던 친구가 있다.
   선행사 ⌣ 주격 관계대명사+동사

There is a balloon. + The balloon is flying over a tree.

➡ There is a balloon [**which** is flying over a tree]. 나무 위로 날아가는 풍선이 있다.
   선행사 ⌣ 주격 관계대명사+동사

- 주격 관계대명사가 이끄는 절은 뒤에서 선행사(명사)를 수식하는 ❷ [ ] 절이다.

Jina is wearing shoes [**which** are too big for her]. 지나는 그녀에게 너무 큰 신발을 신고 있다.
   선행사 ⌣ 형용사절

말풍선: 주격 관계대명사 뒤에는 동사가 온다는 것을 확인해.

답 ❶ 주어 ❷ 형용사

필수 예제

다음 문장의 네모 안에서 알맞은 것을 고르시오.

(1) I have a friend who / which is from Japan.

(2) The kid who / whom is playing is Emma.

(3) I saw monkeys whom / which were hanging on a tree.

© Getty Images Bank

문제 해결 전략

❶ [ ] 관계대명사는 관계사절에서 주어 역할을 한다. 이때, 선행사가 ❷ [ ]이면 관계대명사 who(that)를 쓰고, 사물이나 동물이면 which(that)를 쓴다.

답 (1) who (2) who (3) which / ❶ 주격 ❷ 사람

확인 문제

1 다음 문장에서 주격 관계대명사절을 찾아 밑줄을 긋고, 문장을 해석하시오.

(1) I know a girl who wants to be a singer.

➡ _____

(2) I bought a dress that has a ribbon on it.

➡ _____

2 주어진 두 문장을 관계대명사를 사용하여 한 문장으로 바꿔 쓰시오.

- A turtle is an animal.
- The animal has a hard shell.

➡ A turtle is _____ .

전략 2 역할에 따른 관계대명사를 구분하자 – 목적격 관계대명사

- 목적격 관계대명사는 관계대명사절 안에서 ❶ [____] 역할을 하며, 선행사에 따라 who〔whom〕, which, that을 쓴다.

선행사	목적격 관계대명사
사람	who(m), that
사물, 동물	which, that

I helped an old lady. + I met the old lady on the street.

➡ I helped an old lady [**whom** I met on the street]. 나는 길에서 만난 할머니를 도와드렸다.
　　　　　　선행사　　　　목적격 관계대명사+주어+동사

Someone ate the apples. + I put the apples on the table.

➡ Someone ate the apples [**which** I put on the table]. 내가 탁자에 놓은 사과를 누군가가 먹었다.
　　　　　　선행사　　　　목적격 관계대명사+주어+동사

- 목적격 관계대명사가 이끄는 절은 뒤에서 선행사를 수식하는 형용사절이다.

My grandfather is the only soldier [**that** I respect]. 나의 할아버지는 내가 존경하는 유일한 군인이시다.
　　　　　　선행사　　　　형용사절

주의 목적격 관계대명사는 문장의 목적어를 대신하므로, 관계대명사절 안에 ❷ [____] 를 쓰지 않도록 한다.

This is the wallet that I lost ⓘt yesterday. 이것은 내가 어제 잃어버린 지갑이다.

목적격 관계대명사
뒤에는「주어+동사」가
온다는 것을 확인해.

답 ❶ 목적어 ❷ 목적어

필수 예제

다음 빈칸에 공통으로 들어갈 말을 〈보기〉에서 골라 쓰시오.

┌ 보기 ─────────────────────────
　　who　　　which　　　whom
└─────────────────────────────

- Science is the subject _____ I enjoy most.

- This is the new cell phone _____ I bought last week.

문제 해결 전략

관계사절에서 ❶ [____]의 목적어 역할을 하는 ❷ [____] 관계대명사가 필요하다. 이때, 선행사가 사물이면 which나 that을, 사람이면 who(m)나 that을 쓴다.

답 which / ❶ 동사 ❷ 목적격

확인 문제

1 우리말과 같도록 괄호 안의 단어를 배열하여 문장을 완성하시오.

┌─────────────────────────────
│ 우리는 아빠가 주신 지도를 따라갔다.
│ (our dad / us / gave / which / the map)
└─────────────────────────────

➡ We followed _____.

2 주어진 두 문장을 관계대명사를 사용하여 한 문장으로 바꿔 쓴 다음 해석하시오.

┌─────────────────────────────
│ - My mom gave me cookies.
│ - I like the cookies.
└─────────────────────────────

➡ My mom gave me _____.

해석: _____

전략 3 **역할에 따른 관계대명사를 구분하자 – 소유격 관계대명사**

• 소유격 관계대명사는 관계대명사절 안에서 선행사의 ❶ [   ] 역할을 하며 선행사에 따라 whose나 of which를 쓴다.

선행사	소유격 관계대명사
사람	whose
사물, 동물	whose, of which

I have a friend. + The friend's hobby is taking pictures.

➡ I have a friend [**whose** hobby is taking pictures]. 나는 사진 찍는 것이 취미인 친구가 있다.
   선행사 ⌐ 소유격 관계대명사+명사 〈whose=the friend's(his 또는 her)〉

I saw a tree. + The tree's leaves are star-shaped.

➡ I saw a tree [**whose** leaves are star-shaped]. 나는 나뭇잎이 별 모양인 나무를 보았다.
   선행사 ⌐ 소유격 관계대명사+명사 〈whose=the tree's(its)〉

➡ I saw a tree [**of which** the leaves are star-shaped].
   선행사 ⌐ 소유격 관계대명사+명사

소유격 관계대명사 뒤에는 명사가 온다는 것을 확인해.

• 소유격 관계대명사는 ❷ [   ]를 수식하는 형용사절을 이끈다.

My grandma is a woman [**whose** gray hair looks graceful]. 나의 할머니는 흰 머리가 우아해 보이는 분이다.
   선행사 ⌐ 형용사절 〈whose=the woman's(her)〉

답 ❶ 소유격 ❷ 선행사

필수 예제

다음 문장의 네모 안에서 알맞은 것을 고르시오.

(1) I have a friend whose / who mother is a teacher.

(2) This is the subway whose / which I have to take.

(3) Dave lives in a house of which / which the roof is green.

문제 해결 전략

소유격 관계대명사는 선행사의 ❶ [   ] 역할을 하므로 관계대명사 뒤에 있는 ❷ [   ]가 선행사와 소유 관계인지 파악해야 한다.

답 (1) whose (2) which (3) of which /
❶ 소유격 ❷ 명사

확인 문제

1 우리말을 참고하여 빈칸에 들어갈 알맞은 말을 쓰시오.

| 나는 날개가 젖은 나비를 봤다. |

➡ I saw a butterfly _____ _____ were wet.

2 주어진 두 문장을 관계대명사를 사용하여 한 문장으로 바꿔 쓰시오.

| • I have a cousin. |
| • My cousin's baby is two years old. |

➡ I have _____.

전략 4 관계대명사 that과 what을 구분하자.

- 관계대명사 that은 사람, 사물, 동물 등 모든 선행사 뒤에 사용할 수 있는 관계대명사이다. 특히 선행사로 사람과 사물/동물이 함께 쓰이거나 서수, 최상급, only, -thing으로 끝나는 대명사가 선행사일 경우에 that을 쓴다.

I saw <u>something</u> [**that** was moving]. 나는 움직이는 무언가를 봤다.

- 관계대명사 ❶ [　　　　]은 선행사를 포함하는 관계대명사로, the thing(s) which나 the thing(s) that으로 바꿔 쓸 수 있다.

	관계대명사 that	관계대명사 what
선행사	사람, 사물, 동물	선행사 없음
역할	앞의 명사를 꾸미는 형용사절(~하는/~인)	주어, 목적어, 보어 역할을 하는 명사절(~하는 것)
	who(m), which로 바꿔 쓸 수 있음	the thing(s) which(that)로 바꿔 쓸 수 있음

- 관계대명사 that은 선행사를 수식하는 형용사절을 이끄는 반면, 선행사를 포함하고 있는 관계대명사 what은 ❷ [　　　　]을 이끈다.

Our neighbor is moving to <u>a house</u> [**that** has a pool]. 우리 이웃은 수영장이 있는 집으로 이사 간다.
　　　　　　　　　　　　　선행사　　　형용사절

This is not [**what** I'm looking for]. 이것은 내가 찾고 있는 것이 아니다.
　　　보어로 쓰인 명사절(= This is not <u>the thing that</u> I'm looking for.)

📑 ❶ what ❷ 명사절

필수 예제

다음 빈칸에 알맞은 관계대명사를 〈보기〉에서 골라 쓰시오. (단, 대소문자에 맞게 쓸 것)

┌─ 보기
│　　　　that　　　　whom　　　　what
└

(1) _____ she said surprised me.

(2) A parrot is a bird _____ can learn to speak.

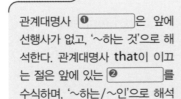
© Getty Images Bank

문제 해결 전략

관계대명사 ❶ [　　　　]은 앞에 선행사가 없고, '~하는 것'으로 해석한다. 관계대명사 that이 이끄는 절은 앞에 있는 ❷ [　　　　]를 수식하며, '~하는/~인'으로 해석한다.

📑 (1) What (2) that /
❶ what ❷ 선행사

확인 문제

1 빈칸에 알맞은 관계대명사를 쓰고 문장을 해석하시오.

(1) I want something _____ is spicy.

　⇒ _____

(2) Josie showed me _____ she brought.

　⇒ _____

2 관계대명사와 주어진 단어를 사용하여 우리말과 같은 뜻이 되도록 영작하시오.

┌─────────────────────────────┐
│　　　이것은 내가 주문한 것이 아니다.　　　│
└─────────────────────────────┘

⇒ This _____.
　(order)

1 다음 중 밑줄 친 부분의 쓰임이 나머지 넷과 <u>다른</u> 것은?

① It's a big holiday <u>which</u> is called *Chuseok*.

② This is a problem <u>which</u> I can't solve.

③ Look at the robot <u>which</u> is playing chess.

④ I like waffles <u>that</u> are round-shaped.

⑤ An avocado is a fruit <u>that</u> has a big seed in the middle.

Words

solve 풀다, 해결하다
round-shaped 둥근 모양의
seed 씨, 씨앗

문제 해결 전략

❶ [　　　] 관계대명사는 관계사절 안에서 주어 역할을 하고, 목적격 관계대명사는 동사의 ❷ [　　　] 역할을 한다.

답 ❶ 주격 ❷ 목적어

2 다음 우리말을 영어로 쓸 때 두 번째 빈칸에 들어갈 말로 알맞은 것은?

내가 어제 말한 것을 기억하니?

➡ Do you ＿＿＿＿ ＿＿＿＿ ＿＿＿＿ ＿＿＿＿ yesterday?

① remember　　　② said　　　③ what

④ I　　　⑤ that

Words

yesterday 어제
remember 기억하다

문제 해결 전략

❶ [　　　]를 포함하는 관계대명사 what은 '~하는 것'으로 해석하며, 문장에서 주어, 목적어, ❷ [　　　]절을 이끈다.

답 ❶ 선행사 ❷ 보어

3 다음 문장에서 관계대명사가 들어갈 곳을 고르고, 알맞은 관계대명사를 넣어 문장을 다시 쓰시오.

① She ② gave ③ me ④ a lego house ⑤ she built.

➡ ＿＿＿＿＿＿＿＿＿＿＿＿＿＿＿＿＿＿

Words

lego house 레고로 만든 집
build 만들다, 짓다 (–built–built)

문제 해결 전략

관계대명사를 이용해 두 문장을 하나로 연결할 때, 관계대명사의 ❶ [　　　]에 따라 주격, ❷ [　　　] 또는 소유격 관계대명사를 쓴다.

답 ❶ 역할 ❷ 목적격

[4~5] 다음 글을 읽고, 물음에 답하시오.

Every day you use your hands to touch different things. You touch your phone and computer. You open and close doors with your hands, too. There are germs on everything ___(A)___ you touch.

There are two major kinds of germs: bacteria and viruses. Bacteria are very small creatures. Some are good. They can help you digest the food ___(B)___ you eat. Others are bad and can make you sick.

(C) <u>Viruses are germs that can only live inside the cells of other living bodies.</u> They cause diseases such as the flu.

Words

germ 세균
major 주요한, 중대한
bacteria 박테리아
virus 바이러스
creature 생물체
digest 소화하다, 소화시키다
cell 세포
cause 유발하다
disease 질병
flu 독감

4 윗글의 빈칸 (A)와 (B)에 알맞은 관계대명사를 쓰고 문장을 해석하시오.

(A) _____

　　해석: _____

(B) _____

　　해석: _____

문제 해결 전략

동사의 **❶** [　　　] 역할을 하는 목적격 관계대명사가 필요하다. 관계사절의 꾸밈을 받는 **❷** [　　　]의 종류에 따라 적절한 관계대명사를 찾는다.

🔑 **❶** 목적어 **❷** 선행사

5 관계대명사를 이용해 다음 두 문장을 윗글의 밑줄 친 문장 (C)로 만들 때, 빈칸에 공통으로 들어갈 말을 쓰시오.

• Viruses are _____.
• The _____ can only live inside the cells of other living bodies.

문제 해결 전략

관계대명사를 이용해 두 문장을 한 문장으로 만들 때는 두 문장에서 **❶** [　　　] 되는 대상이 무엇인지 파악하여 이를 **❷** [　　　]로 쓴다.

🔑 **❶** 공통 **❷** 선행사

전략 1 명사절을 이끄는 접속사의 역할을 알아두자.

- 접속사 that, if, whether가 이끄는 절은 주절의 주어, 목적어, 보어로 쓰이는 ❶⬚⬚⬚⬚⬚⬚이다. 명사 역할을 하는 절을 이끌므로 접속사 that, if, whether를 '❷⬚⬚⬚⬚⬚ 접속사'라고 부른다.

접속사	의미	역할
that	~하는 것, ~하기	
whether		명사절: 주어, 목적어, 보어
if	~인지 아닌지	

The important thing is [**that** I did my best]. 중요한 것은 내가 최선을 다했다는 것이다.
　　　주어　　　　동사　　　보어

[**Whether** we take a bus or a taxi] has to be decided. 버스를 탈지 택시를 탈지 결정되어야 한다.
　　　　　주어　　　　　　　　　　　　　동사

I don't know [**if** she prefers strawberries or blueberries].
주어　동사　　　　　　　목적어
나는 그녀가 딸기를 더 좋아하는지 블루베리를 더 좋아하는지 모르겠다.

주의 단, if가 이끄는 절은 목적어로만 쓰이며, 주어와 보어 역할을 하는 절은 이끌 수 없다.

명사처럼 주어, 목적어, 보어로 쓰이니까 명사절이라고 불러.

답 ❶ 종속절 ❷ 명사절

필수 예제

다음 문장의 네모 안에서 알맞은 것을 고르시오.

(1) I think | that / whether | the bookstore is close to the train station.

(2) I wonder | that / if | we are on the right road.

(3) Let's ask Jake | that / whether | he can help us.

문제 해결 전략

명사절 접속사 ❶⬚⬚⬚⬚은 '~하는 것'으로 해석하고, if와 whether는 '~❷⬚⬚⬚⬚'로 해석한다.

답 (1) that (2) if (3) whether /
❶ that ❷ 인지 아닌지

확인 문제

1 다음 문장에서 명사절을 이끄는 접속사에 밑줄을 긋고, 문장을 해석하시오.

(1) I remember that we met last week.

　➡ _____

(2) I'm sure that you'll do well.

　➡ _____

2 우리말과 같도록 괄호 안에 주어진 단어를 배열하여 문장을 완성하시오.

나는 이 가격이 합리적인지 잘 모르겠다.
(the price / sure / if / reasonable / is)

➡ I'm not _____ .

전략 2   부사절을 이끄는 접속사의 종류를 알아두자.

- 부사절을 이끄는 접속사는 연결하는 주절과 종속절의 관계에 따라 시간, 이유, 조건, 양보 등의 다양한 의미로 쓰인다.

시간	when(~할 때), while(~하는 동안), before(~ 전에), after(~ 후에), as soon as(~하자마자)
이유	because, since(~ 때문에)
조건	if (❶), unless(if ~ not)(만약 ~이 아니라면)
양보	although, though, even though, even if(~에도 불구하고)

Bunny got injured **while** he was playing basketball. 〈시간〉 Bunny는 농구를 하다가 부상을 당했다.

Landon was sad **because** he had to leave soon. 〈이유〉 Landon은 곧 떠나야 했기 때문에 슬펐다.

I couldn't fall asleep **though** I felt very tired. 〈양보〉 나는 매우 피곤함을 느꼈지만 잠에 들 수 없었다.

- 시간과 조건을 나타내는 부사절에서는 ❷   가 미래시제를 대신한다.

When winter comes, we will go skiing. 〈시간〉 겨울이 오면 우리는 스키를 타러 갈 것이다.
시간의 부사절: 현재시제   주절: 미래시제

We will be late **unless** we leave now. 〈조건〉 지금 떠나지 않으면 우리는 늦을 것이다.
주절: 미래시제   조건의 부사절: 현재시제

🔖 ❶ 만약 ~라면 ❷ 현재시제

필수 예제

다음 빈칸에 알맞은 접속사를 〈보기〉에서 골라 쓰시오. (단, 대소문자에 맞게 쓸 것)

보기
after   although   if

(1) _____ we said goodbye, I had to get on the plane.

(2) My son didn't take an umbrella _____ I said it was going to rain.

문제 해결 전략

after는 '~ 후에'라는 의미로 ❶ _____ 에 따른 사건의 순서를 나타내며, although는 '~에도 불구하고'라는 의미로 양보를 나타낸다. if는 '만약 ~라면'이라는 의미로 ❷ _____ 을 나타낸다.

🔖 (1) After (2) although /
❶ 시간 ❷ 조건

확인 문제

1 우리말과 같도록 빈칸에 알맞은 부사절 접속사를 쓰시오.

내가 집을 나서자마자 눈이 내리기 시작했다.

➡ _____ I left home, it started snowing.

2 다음 괄호 안의 동사를 알맞은 형태로 변형하여 빈칸에 쓰시오.

(1) I will go to the bookstore before we _____. (meet)

(2) They will be happy if she _____ with them. (come)

전략 3 간접의문문을 만드는 방법을 알아두자.

- 의문사가 있는 의문문의 간접의문문은 「❶ ⬚ +주어+동사」 형태로 쓰며 의문사의 뜻이 살아 있다.

I don't know .... + Why is she angry?
　　　　　　　　　　의문사 동사 주어

➡ I don't know [**why she is** angry]. 나는 왜 그녀가 화났는지 모르겠다.
　　　　　　　　의문사　주어　동사

> 의문문을 간접의문문으로 바꿀 때는 주어와 동사가 도치되는구나.

- 의문사가 ❷ ⬚ 의문문의 간접의문문은 「if/whether+주어+동사」 형태로 쓰며 '~인지 아닌지'로 해석한다.

I don't know .... + Is she angry?
　　　　　　　　　　동사 주어

➡ I don't know [**if she is** angry].
　　　　　　　　if 주어 동사

나는 그녀가 화가 났는지 아닌지 모르겠다.

I don't know .... + Did he smile at me?
　　　　　　　　　조동사 주어　동사

➡ I don't know [**whether he smiled** at me].
　　　　　　　　whether 주어　동사

나는 그가 나에게 미소 지었는지 모르겠다.

답 ❶ 의문사 ❷ 없는

필수 예제

우리말과 같도록 괄호 안의 단어를 바르게 배열하여 문장을 완성하시오.

(1) 나는 이것들이 진짜인지 궁금하다. (real, are, if, these)

➡ I wonder ＿＿＿＿＿＿＿＿＿＿＿＿＿＿＿＿ .

(2) 그는 나에게 생일 파티가 언제인지 물었다. (the birthday, when, is, party)

➡ He asked me ＿＿＿＿＿＿＿＿＿＿＿＿＿ .

문제 해결 전략

간접의문문을 만들 때, 의문사가 ❶ ⬚ 의문문은 「의문사+주어+동사」 형태로 쓴다. 의문사가 없는 의문문은 「❷ ⬚ / whether+주어+동사」 형태로 쓴다.

답 (1) if these are real
(2) when the birthday party is /
❶ 있는 ❷ if

확인 문제

1 괄호 안의 우리말을 참고하여 다음 대화의 빈칸에 알맞은 말을 쓰시오.

> A: Do you know ＿＿＿＿＿ Audrey likes cookies? (Audrey가 쿠키를 좋아하는지 아니?)
> B: Yes, I think she likes them.

2 우리말과 같도록 주어진 단어를 바르게 배열하시오.

> 나는 왜 펭귄들이 날지 못하는지 궁금하다.
> (fly / why / I / penguins / wonder / can't)

➡ ＿＿＿＿＿＿＿＿＿＿＿＿＿＿＿＿

전략 4   상관접속사의 쓰임을 알아두자.

- 상관접속사는 **❶**[   ]인 and, but, or 등이 다른 단어와 짝을 이루어 하나의 접속사처럼 쓰이는 것을 말한다.

형태	의미	수의 일치	형태	의미	수의 일치
both A and B	A와 B 둘 다	복수 취급	not A but B	A가 아니라 B	B에 일치
either A or B	A 또는 B 둘 중 하나	B에 일치	not only A but also B (=B as well as A)	A뿐만 아니라 B도	B에 일치
neither A nor B	A와 B 둘 다 아닌	B에 일치			

주의 상관접속사로 연결된 대상이 주어로 올 경우, both A and B는 복수 취급하고 나머지는 B에 동사를 일치시킨다.

Not only my sister **but also** my parents *are* here. 내 여동생뿐만 아니라 우리 부모님도 여기에 계신다.

= My parents **as well as** my sister *are* here.

- 상관접속사는 문법적으로 **❷**[   ] 단어와 단어 또는 구와 구 등을 연결한다.

He is good at **both** English **and** math. 그는 영어와 수학 둘 다 잘한다.
　　　　　　　　　명사　　　　　명사

She likes **neither** learning Chinese **nor** learning Japanese.
　　　　　　　　　　동명사구　　　　　　　　　동명사구
그녀는 중국어를 배우는 것도 일본어를 배우는 것도 좋아하지 않는다.

目 ❶ 등위접속사 ❷ 동등한

필수 예제

우리말과 같도록 빈칸에 알맞은 말을 쓰시오.

(1) Tom과 Jamie는 둘 다 수영을 할 줄 안다.

　➡ [   ] Tom [   ] Jamie can swim.

(2) Calum은 영어뿐만 아니라 프랑스어도 한다.

　➡ Calum speaks [   ] [   ] English
　　　[   ] [   ] French.

문제 해결 전략

상관접속사 both A and B는 'A와 B ❶[   ]'라는 뜻이다. not only A ❷[   ] (also) B는 'A뿐만 아니라 B도'라는 의미이다.

目 (1) Both, and (2) not only, but also /
❶ 둘 다 ❷ but

확인 문제

1 다음 두 문장의 빈칸에 공통으로 알맞은 말을 쓰시오.

> - Ms. Green is not a professor [   ] a journalist.
> - I can not only sing [   ] also dance.

2 상관접속사를 이용하여 다음 두 문장을 한 문장으로 만들고 해석하시오.

> - Frank is not playing baseball.
> - My other friends are not playing baseball.

➡ [   ]

해석: [   ]

1 다음 빈칸에 들어갈 말이 순서대로 바르게 짝지어진 것은?

> • I hope _____ you get better soon.
> • I'm not sure _____ it's pork or beef.
> • My mom said _____ our neighbor is moving to a new apartment.

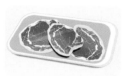

① that – if – that
② that – if – whether
③ that – whether – if
④ whether – if – that
⑤ whether – that – if

Words

pork 돼지고기
beef 소고기
neighbor 이웃
move to ~로 이사 가다

문제 해결 전략

> ❶ _____을 이끄는 접속사 that은 '~하는 것', '~하기'로 해석하고, ❷ _____/whether는 '~인지 아닌지'로 해석한다.

답 ❶ 명사절 ❷ if

2 다음 문장과 같은 뜻이 되도록 after를 이용하여 문장을 다시 쓰시오.

> I will have dinner, and then I will do my homework.

➡ _____

_____

Words

then 그리고 나서
homework 숙제

문제 해결 전략

> 어떤 사건이 ❶ _____ 발생한 것인지 시간의 순서를 파악한다. 시간을 나타내는 부사절에서는 ❷ _____시제가 미래시제를 대신하는 것에 유의한다.

답 ❶ 먼저 ❷ 현재

3 다음 두 문장이 같은 뜻이 되도록 할 때, 빈칸에 알맞은 것은?

> Crocodiles can live not only on land but also in water.
> = Crocodiles can live in water _____ on land.

① neither
② either
③ both
④ but
⑤ as well as

Words

crocodile 악어
land 땅, 육지

문제 해결 전략

> 「not only A ❶ _____ (also) B」는 「B ❷ _____ well ❷ _____ A」로 바꿔 쓸 수 있다.

답 ❶ but ❷ as

[4~6] 다음 글을 읽고, 물음에 답하시오.

Words

lose(-lost-lost) 잃다
memory 기억
neighbor 이웃
sunlight 햇빛

One day, Wilfrid's parents were talking about Ms. Cooper.
"Poor old lady," said his mother.
"Why is she a poor old lady?" asked Wilfrid.
"___(A)___ she's lost her memory," said his father.
"What's a memory?" asked Wilfrid.
"It is something ___(B)___ you remember,"
said his father.
Wilfrid wanted to know more, so he went
to his neighbors.
Ms. Jordan was enjoying the sunlight.
(C) "What's a memory?" (D) he asked.
"Something warm, my child," she said.

4 윗글의 빈칸 (A)에 들어갈 알맞은 접속사를 쓰시오.

➡ _____

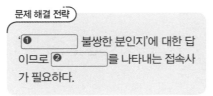

문제 해결 전략

'❶[ ] 불쌍한 분인지'에 대한 답이므로 ❷[ ]를 나타내는 접속사가 필요하다.

답 ❶ 왜 ❷ 이유

5 윗글의 빈칸 (B)에 들어갈 알맞은 관계대명사를 쓰시오.

➡ _____

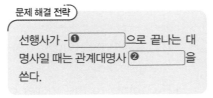

문제 해결 전략

선행사가 -❶[ ]으로 끝나는 대명사일 때는 관계대명사 ❷[ ]을 쓴다.

답 ❶ thing ❷ that

6 간접의문을 이용하여 (C)와 (D)를 한 문장으로 만든 다음, 문장을 해석하시오.

➡ _____

해석: _____

문제 해결 전략

의문사가 있는 의문문을 간접의문문으로 만들 때는 「의문사+❶[ ]+❷[ ]」 형태로 쓴다.

답 ❶ 주어 ❷ 동사

대표 예제 1

다음 네모 안에서 알맞은 것을 고르시오.

On June 7, 2017, we arrived in Laos. We met a girl [who / whom] was wearing a beautiful dress.

Tip

[❶] 관계대명사는 관계사절에서 주어 역할을 하므로 뒤에 [❷]가 이어진다.

目 ❶ 주격 ❷ 동사

대표 예제 2

다음 두 문장을 한 문장으로 만들 때 빈칸에 알맞은 것은?

- Do you see that giraffe?
- The giraffe's neck is very long.
➡ Do you see that giraffe _____ neck is very long?

① who   ② that   ③ whose

④ which   ⑤ whom

Tip

[❶] 관계대명사는 관계사절에서 소유격 역할을 한다.
[❷]와 관계대명사 뒤의 명사가 소유의 관계인지 확인한다.

目 ❶ 소유격 ❷ 선행사

대표 예제 3

다음 빈칸에 공통으로 들어갈 알맞은 관계대명사를 쓰시오.

- He just repeats the words _____ the girl said.
- He points to the soccer ball _____ she is holding in her hand.

Tip

[❶] 관계대명사는 관계사절에서 목적어 역할을 하므로 뒤에 「주어+ ❷ 」가 이어진다.

目 ❶ 목적격 ❷ 동사

대표 예제 4

다음 문장의 빈칸에 들어갈 말을 〈보기〉에서 골라 쓰시오.

┌ 보기 ┐
who   whom   which   whose

- Cartoonists are the people _____ make cartoons.
- These are the games _____ I liked to play.

Tip

관계사절에서 관계대명사의 [❶]을 파악한다. 주어 자리가 비어 있으면 주격 관계대명사, [❷] 자리가 비어 있으면 목적격 관계대명사를 쓴다.

目 ❶ 역할 ❷ 목적어

대표 예제 **5**

다음 우리말을 참고하여 빈칸에 알맞은 말을 써서 문장을 완성하시오. (단, 관계대명사를 사용할 것)

> 그는 자신이 원하는 것을 얻기 위해 달리기 시작했다.

➡ He started to run to get _____ _____.

Tip

①_____가 없고 '~하는 것'으로 해석되는 경우, 선행사를 포함하는 관계대명사 ②_____을 사용한다.

답 ❶선행사 ❷what

대표 예제 **6**

다음 중 빈칸에 들어갈 말이 바르게 짝지어진 것은?

> • Dogs can smell things _____ are 10 kilometers away.
> • This is not _____ I want.

① that – that ② that – what
③ what – that ④ what – what
⑤ what – the thing that

Tip

관계대명사 that은 ①_____가 있을 때 사용하지만, 관계대명사 what은 명사절을 이끌며 선행사를 ②_____한다.

답 ❶선행사 ❷포함

대표 예제 **7**

다음 우리말과 일치하도록 괄호 안의 단어를 배열하여 문장을 완성하시오.

(1) 나는 네가 시험을 잘 보기를 바란다.
(do / you'll / on / that / well / exam / the)
➡ I hope _____.

(2) 그것은 가을이 과일의 계절이라는 것을 보여 준다.
(autumn / that / season of fruit / is / a)
➡ It shows _____.

(3) 그녀가 우리와 함께 가고 싶은지 물어 보자.
(come / to / whether / wants / she / us / with)
➡ Let's ask her _____.

Tip

접속사 that과 whether가 이끄는 절은 문장에서 주어, 목적어, 보어 역할을 한다. 동사 뒤에서 ①_____절을 이끌 때, that은 '~하는 것'으로 해석하고, whether는 '~②_____'로 해석한다.

답 ❶목적어 ❷인지 아닌지

대표 예제 8

다음 문장의 빈칸에 들어갈 말로 알맞은 것은?

> Tommy feels upset _____ Sojin isn't doing her part of the group project.

① because
② although
③ before
④ unless
⑤ even if

Tip

접속사가 연결하는 두 문장이 서로 어떤 관계인지 파악한다.
❶ _____ 를 나타내는 접속사에는 ❷ _____ , since 등이 있다.

답 ❶ 이유 ❷ because

대표 예제 9

다음 두 문장을 한 문장으로 연결하시오.

> • Do you know …?
> • Is the Atacama the driest desert on Earth?

➡ _____
_____

Tip

의문문이 다른 문장의 일부가 될 때 ❶ _____ 이 된다. 의문사가 없는 의문문의 간접의문문은 「if/❷ _____ +주어+동사」 형태로 쓴다.

답 ❶ 간접의문문 ❷ whether

대표 예제 10

괄호 안의 단어를 활용하여 주어진 우리말과 같도록 문장을 완성하시오. (단, 어법상 필요한 경우 단어를 변형할 것)

(1) 내가 서두르면, 버스를 탈 수 있을 거야.

➡ _____, I will catch the bus. (hurry)

(2) 영화가 시작되기 전에, 너는 몇 편의 광고를 볼 거야.

➡ _____, you will watch some ads. (start)

Tip

'만약 ~하면'이라는 의미의 접속사 if는 ❶ _____ 을 나타내고, '~ 전에'라는 의미의 접속사 before는 시간을 나타낸다. 시간과 조건의 접속사가 이끄는 절은 ❷ _____ 가 미래시제를 대신한다.

답 ❶ 조건 ❷ 현재시제

대표 예제 11

상관접속사를 이용하여 다음 두 문장을 한 문장으로 만들 때, 빈칸에 알맞은 말을 쓰시오.

> • Jongha enjoys the roller coaster.
> • Minji enjoys the roller coaster, too.

➡ _____ the roller coaster.

Tip

상관접속사는 ❶ _____ 이상의 단어가 모여 하나의 접속사처럼 쓰인다. 'A와 B ❷ _____ '는 「both A and B」로 쓴다.

답 ❶ 둘 ❷ 둘 다

대표 예제 12

다음 글을 읽고, 빈칸에 공통으로 들어갈 알맞은 접속사를 쓰시오.

W_____ Sheila was walking near her house, she saw a poster about the lost cat. She read it closely. "This cat looks exactly like Max." She hurried home. "Come on, Max! Let's go!" She took him to the address on the poster.

"Ding-Dong." W_____ Ryan heard the doorbell ring, he ran to the door and opened it. "Bear, you're back!" Ryan cried.

➡ W_____

Tip

접속사가 연결하는 두 문장이 서로 어떤 관계인지 파악한다. ❶_____을 나타내는 접속사에는 ❷_____, while, before, after, as soon as 등이 있다.

❷ ❶시간 ❷when

대표 예제 13

다음 글을 읽고, 밑줄 친 문장에서 어색한 부분을 고쳐 문장을 다시 쓰시오.

© Christian Wilkinson/shutterstock

The Andes are the world's longest mountain range. <u>Do you know how long is the mountain range?</u> It is about 7,000 kilometers long! It also contains the highest mountains outside of Asia. About a third of the people in South America live in the Andes. Many unique animals also live there.

➡ _____

Tip

의문문이 다른 문장의 일부가 될 때 간접의문문이 된다. 의문사가 ❶_____ 의문문의 간접의문문은 「의문사+주어+❷_____」의 순서로 쓴다.

❷ ❶있는 ❷동사

1 다음을 읽고, 관계대명사를 이용하여 밑줄 친 (A)와 (B)를 한 문장으로 만드시오.

> May 21, 2017
>
>
>
> We went to Turkey. (A) We rode a hot air balloon. (B) It looked like an elephant. I'll never forget the experience.

➡ _____

Tip

두 문장에서 공통되는 대상인 ❶[　　　]나 대명사를 찾아 선행사로 쓰고, 관계대명사의 ❷[　　　]에 따라 주격, 목적격, 소유격 관계대명사를 선택한다.

🖪 ❶ 명사 ❷ 역할

2 다음 빈칸에 공통으로 들어갈 알맞은 관계대명사는?

> • I have a friend _____ has 3 brothers.
> • I saw a man _____ was carrying a heavy box.

① who　　② whom　　③ which
④ whose　　⑤ what

Tip

관계대명사가 관계사절에서 ❶[　　　] 역할을 하면 주격 관계대명사를 쓰고, 목적어 역할을 하면 ❷[　　　] 관계대명사를 쓴다.

🖪 ❶ 주어 ❷ 목적격

3 다음 우리말과 같도록 괄호 안의 단어를 배열하여 문장을 완성하시오.

> 그는 내게 주머니에 가지고 있던 것을 보여 주었다.
> (me / showed / he / had / what)

➡ He _____ _____ _____ _____ _____ in his pocket.

Tip

관계대명사 what은 '~하는 것'으로 해석하며, ❶[　　　]를 포함한다. what이 이끄는 절은 문장에서 주어, ❷[　　　], 보어로 쓰인다.

🖪 ❶ 선행사 ❷ 목적어

4 다음 문장에서 접속사 that이 들어가기에 가장 적절한 곳은?

> ① I think ② people ③ should care ④ more about ⑤ the oceans.

Tip

❶[　　　] that이 문장에서 어떤 역할을 하는지 파악한다. that은 주어절, ❷[　　　], 보어절을 이끌 수 있다.

🖪 ❶ 접속사 ❷ 목적어절

>> 정답과 해설 18쪽

5 다음 빈칸에 알맞은 접속사를 쓰고, 문장을 해석하시오.

© Getty Images Korea

> The good thing is _____ this website is convenient.

➡ _____

Tip

❶ _____ 을 이끄는 접속사 that은 문장에서 주어절, 목적어절, ❷ _____ 을 이끈다.

📖 ❶ 명사절 ❷ 보어절

6 다음 우리말을 영작할 때, 네 번째 빈칸에 들어갈 말로 알맞은 것은?

> 과학자들이 이렇게 건조한 곳에서 무엇을 하는지 아니?
> ➡ Do you _____ _____ _____ _____ in such a dry place?

① know   ② what   ③ does

④ do   ⑤ scientists

Tip

간접의문문으로 쓰이는 문장에 의문사가 있는지 파악한다. 의문사가 ❶ _____ 의문문의 간접의문문은 「❷ _____ +주어+동사」 형태로 쓴다.

📖 ❶ 있는 ❷ 의문사

7 다음 빈칸에 들어갈 말을 〈보기〉에서 골라 쓰시오. (단, 각 단어를 한 번씩만 쓸 것)

┌ 보기 ┐
> before   because   while

> • I folded the laundry _____ my mom was doing the dishes.
> • Turn off the lights _____ you go out.
> • I love spending time with them _____ they are always nice to me.

Tip

while은 '~하는 ❶ _____ '이라는 뜻이고, before는 '~ 전에'라는 뜻으로 시간을 나타낸다. because는 '~ 때문에'라는 뜻으로 ❷ _____ 를 나타내는 접속사이다.

📖 ❶ 동안 ❷ 이유

8 다음 중 주어진 그림을 바르게 설명한 것은?

① Both the duck and the penguin are flying.

② Either the duck or the penguin is flying.

③ Not only the duck but also the penguin is flying.

④ Neither the duck nor the penguin is flying.

⑤ The penguin as well as the duck is flying.

Tip

'A와 B 둘 다 아닌'은 「❶ _____ A ❷ _____ B」로 쓴다. 주어로 쓰인 경우 동사는 B에 일치시킨다.

📖 ❶ neither ❷ nor

누구나 합격 전략

1 다음 문장의 네모 안에서 알맞은 것을 고르시오.

(1)

Look at the two kids who / whom are learning *taekwondo*.

(2)

A turtle is an animal that / what can live over 100 years.

2 관계대명사를 이용해 다음 두 문장을 한 문장으로 만들 때, 빈칸에 알맞은 말을 쓰시오.

• I bought a wallet for him.
• He lost the wallet.

➡ He lost the _____ _____ _____ _____ for him.

3 다음 빈칸에 알맞은 관계대명사를 쓰고, 문장을 해석하시오.

A hippo is an animal _____ mouth is big.

해석: _____

4 다음 우리말을 영작할 때, 빈칸에 필요 없는 것은?

나는 엄마가 말한 것을 듣지 못했다.

➡ I didn't hear _____.

① my   ② mom   ③ which
④ what   ⑤ said

5 다음 우리말을 참고하여 빈칸에 공통으로 들어갈 말을 쓰시오.

• 내일 비가 올지 안 올지 모르겠다.
➡ I don't know _____ it will rain tomorrow.
• 이게 맞는지 아닌지 내게 말해 줘.
➡ Tell me _____ it's correct or not.

6 다음 두 문장이 같은 의미가 되도록 할 때, 빈칸에 들어갈 말로 가장 적절한 것은?

> We had lunch before we went to the airport.
> = We went to the airport _____ we had lunch.

① because   ② after   ③ while
④ if   ⑤ though

7 다음 문장의 밑줄 친 부분과 바꿔 쓸 수 있는 것은?

> Mr. Cassie tried to stay calm <u>although</u> she was rude to him.

① if   ② when
③ even though   ④ while
⑤ as soon as

8 다음 두 문장을 한 문장으로 만들 때, 빈칸에 알맞은 말을 쓰시오. (단, 상관접속사를 사용할 것)

> • Bees are insects.
> • Butterflies are insects.

➡ _____ bees _____ butterflies are insects.

9 괄호 안의 표현을 이용하여 〈조건〉에 맞게 우리말을 영작하시오.

> 그 건물이 얼마나 오래된지 아니?
> (know, how, old, the building)

┌─ 조건 ─
1. 8단어로 쓸 것
2. 간접의문문을 사용할 것

➡ _____

10 다음 대화를 읽고, 괄호 안의 단어를 배열하여 Dave가 엄마에게 해줄 말을 완성하시오.

> **Mom:** I'm planning to enter a singing contest in our town, but I'm nervous.
> **Dave:** Don't worry.
> <u>열심히 연습하면, 대회에서 우승하실 수 있을 거예요.</u> (practice / you / if / hard / win / you / can / the / contest)
> **Mom:** Thank you for saying that.

➡ _____

A 다음 중, 주어진 두 문장을 한 문장으로 바르게 쓴 사람을 고르시오.

1

• The Amazon River is home to some very big snakes and fish.
• The fish eat meat.

© Smart Design/shutterstock

☐ Alex
The Amazon River is home to some very big snakes and fish whom eat meat.

☐ Rosie
The Amazon River is home to some very big snakes and fish what eat meat.

☐ Zubin
The Amazon River is home to some very big snakes and fish that eat meat.

2

☐ Elena
This is a painting that we bought at the market.

☐ Leo
This is a painting which we bought it at the market.

☐ Audrey
This is a painting whose we bought at the market.

• This is a painting.
• We bought it at the market.

© DimaZel/shutterstock

Tip

❶ [　　　　]가 무엇인지, 관계사절에서 관계대명사가 어떤 ❷ [　　　　]을 하는지 파악한다.

🔁 ❶ 선행사 ❷ 역할

B 주어진 사다리를 타고 간접의문문을 완성하시오.

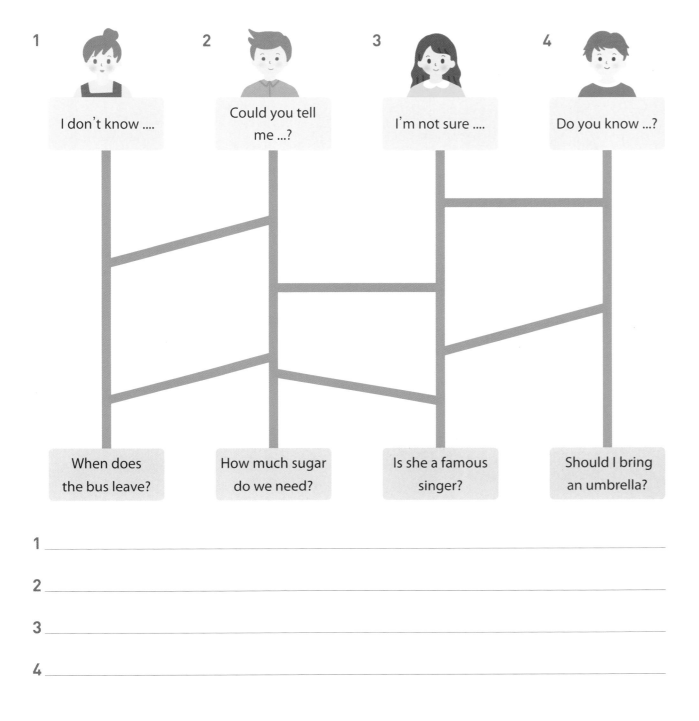

1 _____

2 _____

3 _____

4 _____

Tip

의문사가 있는 의문문의 간접의문문은 「의문사+❶_____+ ❷_____」 형태로 쓰며, 의문사가 없는 의문문의 간접의문문 은 「if(whether)+❶_____+❷_____」의 형태로 쓴다.

目 ❶ 주어 ❷ 동사

2주 창의·융합·코딩 전략 ❷

C 알맞은 단어 조각을 골라 문장을 완성하시오.

1

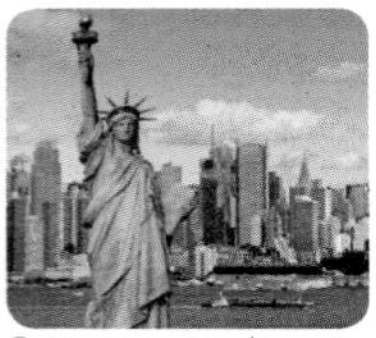

© Shutterupeire/shutterstock

They moved to New York □ when / □ because they were 7 years old.

2

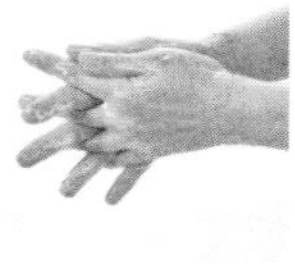

Wash your hands □ before / □ unless you start eating.

3

□ While / □ If you study harder, you'll pass the exam.

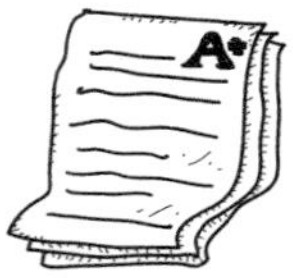

© Christopher Hall/shutterstock

4

□ Since / □ Though she was very tired, she tried to smile.

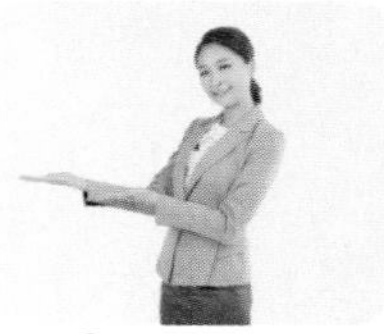

© Getty Images Bank

Tip

부사절을 이끄는 접속사는 두 문장의 관계에 따라 시간, ❶ ________, 조건, ❷ ________ 등 다양한 의미를 갖는다.

답 ❶ 이유 ❷ 양보

D 다음 문장 구조에 맞게 주어진 표현을 바르게 배열하여 문장을 완성하시오.

1

주어	동사	보어 (that 명사절)
The truth	is	
사실은	~이다	내가 숙제를 하지 않았다는 것

do / I / that / my / didn't / homework

2

주어	동사	목적어 (that 명사절)
We	know	
우리는	안다	그것들이 심각한 문제라는 것을

they / serious / are / that / problems

3

주어	동사+형용사	목적어 (if 명사절)
I	am not sure	
나는	확실하지 않다	우리가 올바른 결정을 하고 있는지

making / decision / we're / right / if / the

Tip

명사절은 문장에서 주어, ❶ ⬚ , 보어로 쓰인다. 명사절을 이끄는 접속사 that은 '~❷ ⬚ , ~하기'로 해석하며, if는 '~인지 (아닌지)'로 해석한다.

🔗 ❶ 목적어 ❷ 하는 것

BOOK 1 마무리 전략

적중 **1** 분사의 종류와 용법을 알아두자.
적중 **2** to부정사와 동명사를 사용하는 경우를 알아두자.
적중 **3** 현재분사와 동명사를 구분하자.

분사에는 현재분사와 과거분사가 있어. 분사는 시제나 태를 나타내거나 명사를 꾸미는 형용사 역할을 해.

현재분사는 「동사원형+-ing」 형태로 '~하는'으로 해석하고, 과거분사는 「동사원형+-ed」 형태로 '~된'으로 해석해.

현재분사는 능동·진행의 의미로 쓰이고, 과거분사는 수동·완료의 의미로 쓰여.

감정을 일으키는 원인이 주어일 때는 현재분사를 쓰고, 감정을 느끼는 주체가 주어일 때는 과거분사를 써.

「too+형용사/부사+to부정사」는 '…하기에는 너무 ~한'이라는 뜻이야. 「so+형용사/부사+that+주어+can't+ 동사원형」으로 바꿔 쓸 수 있어.

to부정사와 동명사 둘 다 목적어로 쓸 수 있지만, forget, remember, try처럼 의미가 달라지는 동사도 있으니 주의해.

동사에 따라 to부정사 또는 동명사만을 목적어로 사용하거나, 둘 다 사용할 수 있는 경우가 있어.

「형용사/부사+enough+to부정사」는 '…할 만큼 충분히 ~한'이라는 뜻이야. 「so+형용사/부사+that+주어+can+ 동사원형」으로 바꿔 쓸 수 있어.

「의문사+to부정사」는 문장에서 주어, 목적어, 보어 역할을 해. 「의문사+주어+should+동사원형」으로 바꿔 쓸 수 있어.

동명사는 명사처럼 쓰여 주어, 목적어, 보어 역할을 하지만, 현재분사는 진행을 나타내거나 형용사처럼 쓰여 명사를 꾸민다는 것을 기억해.

GOOD JOB!

적중 4 역할에 따른 관계대명사를 구분하자.
적중 5 다양한 접속사의 종류와 역할을 알아두자.
적중 6 간접의문문을 만드는 방법을 알아두자.

관계대명사 who, which, that, whose는
선행사와 선행사를 수식하는 절을
연결하고, 역할에 따라
주격, 목적격, 소유격으로 나뉘어.

관계대명사 what은 the thing(s) that의
의미로 선행사를 포함하고,
문장에서 명사처럼 주어, 목적어,
보어 역할을 해.

관계사절에서
관계대명사가 어떤 역할을
하는지 파악해야 해.

접속사 that, if, whether는 명사절을
이끌며, 이 명사절은 주로 목적어로 많이 쓰여.

when(~할 때)은 시간,
because(~ 때문에)는 이유,
if(만약 ~라면)는 조건,
although(~에도 불구하고)는
양보를 나타내.

부사절을 이끄는 접속사는
연결하는 두 문장 사이의 관계에
따라 다양한 형태와 의미로 쓰여.

상관접속사는 두 개 이상의
단어가 하나의 접속사처럼 쓰이는
것을 말해.

상관접속사에는
「both A and B」 (A와 B 둘 다),
「either A or B」 (A와 B 둘 중 하나) 등이 있어.

간접의문문은 의문문이 다른 문장의
일부가 될 때 사용해.
「의문사 / if [whether] +주어+동사」
형태로 쓰는 것에 유의해.

GOOD JOB!

신유형·신경향·서술형 전략

1 주어진 표현 중 불필요한 것 하나를 제외하고, 나머지 단어를 모아 문장을 완성하시오.

> **sample**
>
> The　interesting　was　really　interested　movie
>
> ➡ The movie was really interesting.

(1)

> was　by　My　shocked　father　the　shocking　news
>
> ➡ _____
>
> _____

(2)

> coaster　a　exciting　is　Riding　roller　excited　very
>
> ➡ _____
>
> _____

2 네모 표시한 명사를 수식하는 부분에 밑줄 긋고, 문장을 해석하시오.

> **sample**
>
> Who is the girl singing beside the piano?
>
> ➡ 피아노 옆에서 노래하고 있는 소녀는 누구니?

(1)

> There is a flight leaving for Los Angeles at 3:40.
>
> flight 항공편
>
> ➡ _____

(2)

> Helen finally discovered her hidden talents .
>
> discover 발견하다　hide 숨다, 숨기다
>
> ➡ _____

(3)

> The flea market is full of used items .
>
> flea market 벼룩시장　item 물품, 물건
>
> ➡ _____

> **Tip**
>
> 감정을 나타내는 동사의 경우, 주어가 감정을 일으키는 원인일 때는 ❶_____를, 감정을 느끼게 되는 주체일 때는 ❷_____를 쓴다.
>
> 📋 ❶ 현재분사 ❷ 과거분사

> **Tip**
>
> 분사는 형용사처럼 쓰여 명사를 수식하는데, 단독으로 쓰일 때는 명사 앞에서 수식하고, 수식어구가 이어질 때는 명사 ❶_____에서 수식한다. 현재분사는 능동·진행의 의미를, ❷_____는 수동·완료의 의미를 가진다.
>
> 📋 ❶ 뒤 ❷ 과거분사

3 그림을 보고, 〈보기〉에서 알맞은 단어를 골라 쓰시오. (단, 어법상 필요한 경우 단어를 변형할 것)

┌─ 보기 ┐
| study | play | surf |
| lose | keep | break |

(1)

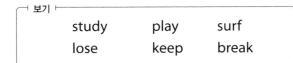

Matthew decided _____ for the math exam.

(2)

I enjoy _____ the Internet very much.

(3)

Tom promised _____ a secret, but I cannot trust him.

Tip

동사에 따라 to부정사나 동명사가 목적어 자리에 올 수 있다. decide, promise, want, wish 등은 [❶_____]를 목적어로 쓰며, avoid, enjoy, mind, stop 등은 [❷_____]를 목적어로 쓴다.

🔒 ❶ to부정사 ❷ 동명사

4 다음 문장을 so와 that을 포함한 문장으로 바꿔 쓰시오.

sample

This problem is too hard for me to solve.

= This problem is so hard that I can't solve it.

(1)

This hat is too big for him to wear.

= _____

(2)

My mouth is big enough to eat the whole apple.

= _____

(3)

I ran fast enough to catch the bus.

= _____

Tip

「[❶_____]+형용사/부사+to부정사」는 '…하기에는 너무 ~한'의 뜻으로, 「so+형용사/부사+that+주어+can't+동사원형」으로 바꿔 쓸 수 있다. 「형용사/부사+[❷_____]+to부정사」는 '…할 만큼 충분히 ~한'의 뜻으로, 「so+형용사/부사+that+주어+can+동사원형」으로 바꿔 쓸 수 있다.

🔒 ❶ too ❷ enough

5 괄호 안의 우리말과 같도록 주어진 표현을 바르게 배열하여 문장을 완성하시오.

> **sample**
>
> | things | the | easy | to change |
> | Focus on | | are | that |
>
> ➡ Focus on the things that are easy to change.
> (바꾸기 쉬운 것에 집중하라.)

(1)

> | We | rock | a | queen's head |
> | which | saw | a | like | looked |
>
> ➡ _____
> (우리는 여왕의 머리처럼 생긴 바위를 봤다.)

(2)

> | A | Ms. Gambini | woman | in |
> | whom | invited | walks |
>
> ➡ _____
> (Gambini 씨가 초대한 한 여자가 들어온다.)

(3)

> | I | learned | forget | today |
> | I | won't | what |
>
> ➡ _____
> (나는 내가 오늘 배운 것을 잊지 않을 것이다.)

Tip

주격, 목적격 관계대명사가 이끄는 절은 선행사를
❶_____에서 수식하는 형태로 쓴다. 관계대명사
❷_____은 선행사를 포함하므로 동사 바로 뒤에 목적어로 온다.

답 ❶뒤 ❷what

6 다음 문장에서 명사절을 이끄는 접속사에 네모 표시하고, 문장을 해석하시오.

> **sample**
>
> I learned [that] everyone is equal.
>
> ➡ 나는 모든 사람이 평등하다는 것을 배웠다.

(1)

> The important thing is that we have to protect the environment.
>
> protect 보호하다   environment 뜻 환경
>
> ➡ _____

(2)

> I don't remember if I locked the door.
>
> ➡ _____

(3)

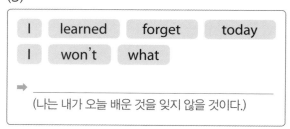

> He asked whether it was a real diamond.
>
> ➡ _____

Tip

명사절을 이끄는 접속사 ❶_____은 '~하는 것'이라는
뜻으로 문장에서 주어, 목적어, 보어 역할을 한다. 명사절을
이끄는 접속사 if와 whether는 '❷_____'의 뜻으로
쓰인다.

답 ❶that ❷~인지 아닌지

7 괄호 안의 접속사를 이용하여 두 문장을 한 문장으로 쓰시오. (단, 문장의 순서를 바꾸지 말 것)

sample

A woman spoke to him. He walked down the street. (when)

➡ A woman spoke to him when he walked down the street.

(1)

Don't take selfies. You are walking. (while)

➡ _____

_____

(2)

I will get to the train station on time. I will catch the train. (if)

on time 제 시간에

➡ _____

_____

(3)

You can choose milk. You can choose orange juice. (either, or)

➡ _____

_____

Tip

부사절을 이끄는 접속사 while은 '~하는 **❶** [ ]'이라는 뜻이고, if는 '만약 ~라면'이라는 뜻이다. 상관접속사 「either A or B」는 'A 또는 B **❷** [ ]'라는 뜻이다.

🔑 ❶동안 ❷둘 중 하나

8 그림을 보고, 〈보기〉에서 알맞은 것을 골라 어법에 맞게 문장을 완성하시오.

보기

Where is the museum?

What does it mean?

Is this building taller than that building?

(1)

Do you know _____ ?

(2)

© Keko Ka/shutterstock

I wonder _____ .

(3)

I don't understand _____ .

Tip

의문사가 있는 의문문의 간접의문문은 「의문사+주어+ **❶** [ ]」 형태로 쓰며, 의문사가 없는 간접의문문은 「**❷** [ ]+주어+동사」의 형태로 쓴다.

🔑 ❶동사 ❷if(whether)

적중 예상 전략 | ❶

1 다음 문장의 빈칸에 들어갈 말을 <u>모두</u> 고르면?

© Getty Images Bank

I _____ to go camping with my family.

① enjoy   ② wish

③ keep   ④ want

⑤ give up

3 다음 우리말을 영어로 옮길 때, 필요 <u>없는</u> 단어는?

내일 어디에서 만날지 제게 알려 주세요.

➡ Let me _____.

① where   ② know

③ to   ④ meet

⑤ meeting

4 두 문장의 의미가 같도록 빈칸에 들어갈 말이 순서대로 짝 지어진 것은?

© BuleRingMedia/shutterstock

He is tall _____ to reach the ceiling.
= He is _____ tall that he can reach the ceiling.

① enough – too

② too – so

③ enough – enough

④ too – too

⑤ enough – so

2 다음 중 밑줄 친 부분의 쓰임이 나머지 넷과 <u>다른</u> 것은?

① Her hobby is <u>growing</u> vegetables.

② <u>Eating</u> too much is not good for your stomach.

③ I was <u>watching</u> TV when you called me.

④ He is packing a <u>sleeping</u> bag.

⑤ You can smoke in the <u>smoking</u> area.

>> 정답과 해설 22쪽

5 다음 문장의 밑줄 친 부분을 바르게 고친 것끼리 짝지어진 것은?

- I heard <u>surprise</u> news from the professor.
- The customers are <u>satisfy</u> with our product.

① surprise – satisfy
② surprised – satisfied
③ surprising – satisfying
④ surprised – satisfying
⑤ surprising – satisfied

6 다음 중 어법상 옳은 문장의 개수로 알맞은 것은?

ⓐ I can catch falling leaves.
ⓑ I like to read an interested book.
ⓒ The girl biting by a dog is Judy.
ⓓ I don't know the boy standing at the door.
ⓔ The kids planted a tree are my daughters.

① 1개　　② 2개　　③ 3개
④ 4개　　⑤ 5개

7 우리말을 영어로 바르게 옮긴 것을 <u>모두</u> 고르면?

나는 그에게 먼저 말을 걸 수 없을 정도로 수줍었다.

① I was too shy to talk to him first.
② I was shy enough to talk to him first.
③ I was so shy that I could not talk to him first.
④ I was so shy that I could talk to him first.
⑤ I was not shy to talk to him first.

8 다음 중 밑줄 친 부분의 쓰임이 〈보기〉와 같은 것은?

┌ 보기 ┐
She heard her baby <u>crying</u>.

① She enjoys <u>taking</u> pictures of animals.
② He was tired of <u>waiting</u> in line.
③ Do you mind <u>turning</u> off the radio?
④ I saw the dog <u>jumping</u> into the sea.
⑤ The serious problem is not <u>knowing</u> the right method.

9 우리말과 같도록 주어진 표현 중 필요한 것을 골라 바르게 배열하시오.

> 슈퍼맨이라 불리는 남자가 우리를 구해 줄 것이다.
> (Superman, save, the, man, calling, called, will, us)

➡ _____

10 다음 문장을 우리말로 해석하시오.

> Don't forget to turn off the lights before you leave.

➡ _____

11 다음 문장에서 어법상 어색한 곳을 두 군데 찾아 바르게 고치고, 그 이유를 쓰시오.

> The salesperson didn't avoid go into new areas. He enjoyed to work.

정답: _____ ➡ _____
　　　 _____ ➡ _____

이유: _____

12 두 문장이 같은 뜻이 되도록 빈칸에 알맞은 말을 쓰시오.

> The sunshine was too bright to look at directly.
> = The sunshine was so _____
> _____

13 주어진 단어를 바르게 배열하여 문장을 완성하시오.

> know / the / don't / to / when / start / I / race

➡ _____

14 괄호 안의 단어를 빈칸 (A), (B)에 각각 알맞은 형태로 써서 문장을 완성하시오.

> My parents are ready to give my sister a ___(A)___ present. She will be ___(B)___ at the present. (surprise)

(A) _____　　　(B) _____

[15~16] 다음 대화를 읽고, 물음에 답하시오.

A: What are you doing?

B: I'm thinking about ⓐ what to eat.

A: How about ⓑ baking some potatoes in the oven?

B: ⓒ Baking potatoes are my favorite food.
   (A) 하지만 나는 오븐을 사용하는 법을 몰라.

A: It's simple. Press this button and set the dial to 180 degrees.

B: It's easy ⓓ enough to use. Thanks for ⓔ letting me know.

press 누르다   degree (온도의) 도

15 밑줄 친 ⓐ~ⓔ 중 어법상 어색한 것을 골라 바르게 고쳐 쓰시오.

_____ ➡ _____

16 밑줄 친 (A)의 우리말과 같은 뜻이 되도록 주어진 단어를 알맞은 순서로 배열하시오.

the / how / know / use / I / oven / to / don't

➡ But _____.

[17~18] 다음 대화를 읽고, 물음에 답하시오.

© Anson-shutterstock/shutterstock

A: I saw a boy ___(A)___ (text) on the crosswalk. There was almost a traffic accident, so I was very ___(B)___ (surprise). Texting while crossing the street is not safe. We need ___(C)___ (be) careful. I think it should be made illegal. Safety is very important.

B: I don't agree with you. I think (D) nobody has the right to tell us what to do. This is a free country. People can do whatever they want if they don't harm others.

text 문자를 보내다   illegal 불법의   whatever 무엇이든

17 괄호 안의 단어를 (A)~(C)의 빈칸에 알맞은 형태로 쓰시오.

(A) _____

(B) _____

(C) _____

18 밑줄 친 (D)를 우리말로 해석하시오.

➡ _____

1 다음 문장의 빈칸에 들어갈 말을 <u>모두</u> 고르면?

> This Saturday is an Indian festival _____ is called *Diwali*.

① whom ② which ③ whose
④ that ⑤ what

2 우리말을 영어로 바르게 옮긴 것은?

> 그녀는 누구나 안전하고 쉽게 사용할 수 있는 상품들을 디자인했다.

① She designed products who anybody could use safely and easily.

② She designed products that anybody could use safely and easily.

③ She designed products which anybody could use them safely and easily.

④ She designed products whose anybody could use safely and easily.

⑤ She designed products what anybody could use safely and easily.

3 다음 빈칸에 들어갈 말이 순서대로 짝지어진 것은?

> • I have a friend ____(A)____ has a twin brother.
> • Do you understand ____(B)____ I said?
> • It is a novel ____(C)____ was written by a Korean author.

	(A)	(B)	(C)
①	who	which	that
②	who	what	whom
③	who	what	which
④	which	what	who
⑤	which	whose	that

4 다음 빈칸에 들어갈 말로 알맞은 것은?

> I wonder _____ I'll be able to see a rainbow.

① because ② when
③ since ④ as soon as
⑤ before

5 우리말과 같도록 단어를 배열할 때 빈칸에 필요 <u>없는</u> 것은?

나는 영어책을 가져오지 않았다는 것을 깨달았다.

➡ I realized _____ _____ _____ _____ my English book.

① I   ② didn't   ③ if
④ that   ⑤ bring

6 다음 빈칸에 들어갈 말이 같은 것끼리 짝지어진 것은?

ⓐ Maddie is both a singer _____ an actress.
ⓑ Alex speaks not only Spanish _____ also French.
ⓒ You can either walk _____ take the bus.
ⓓ The biggest city in Korea is not Busan _____ Seoul.

① ⓐ, ⓑ   ② ⓐ, ⓒ   ③ ⓑ, ⓒ
④ ⓑ, ⓓ   ⑤ ⓒ, ⓓ

7 다음 빈칸에 들어갈 말이 바르게 짝지어진 것은?

• Don't forget to call me _____ you arrive.
• _____ he invited me to his birthday party, I couldn't go.

① even though – If
② because – Though
③ when – If
④ because – Unless
⑤ as soon as – Although

8 우리말을 영어로 바르게 옮긴 것은?

내가 가장 좋아하는 계절은 여름이 아니라 봄이다.

① My favorite season is neither spring nor summer.
② My favorite seasons are both spring and summer.
③ My favorite season is either spring or summer.
④ My favorite season is not summer but spring.
⑤ I like spring as well as summer.

9 우리말과 같도록 괄호 안의 단어를 바르게 배열하여 문장을 완성하시오.

> 이것은 자신의 경험을 나누고 싶어 하는 한 아버지로부터 온 편지이다.
>
> (to / share / who / a / father / wants / his / experience)

➡ These are letters from _____

_____ .

10 다음 두 문장에 공통으로 들어갈 알맞은 말을 쓰시오.

> • I'm not sure _____ I can take off my mask.
> • I wonder _____ the store is open or not.

11 우리말과 같도록 괄호 안의 단어를 배열하여 문장을 완성하시오.

> 밤에 해변이 너무 밝아서 바다거북들은 알을 낳을 곳을 쉽게 찾지 못한다.
>
> (a / place / too / find / to lay / eggs / are / beaches / since / bright

➡ Sea turtles cannot easily _____

_____ at night.

12 (A)와 (B)를 합쳐 (C)로 만들 때, 밑줄 친 (B)에 들어갈 문장을 쓰시오.

> (A) I wonder .... + (B) _____
> ➡ (C) I wonder where the highest waterfall in the world is.

(B) _____

13 밑줄 친 우리말을 〈조건〉에 맞게 영작하시오.

> I want to say to my mom, "저는 엄마가 저를 사랑하신다는 것을 알아요, but I'm not a baby anymore."

┌ 조건 ┐
1. 명사절 접속사를 이용할 것
2. 밑줄 친 부분의 '엄마'는 you로 쓸 것

➡ _____

14 다음 대화를 읽고, 밑줄 친 부분을 바르게 고쳐 문장을 다시 쓰시오.

> **A:** Do you know <u>what is the capital of Peru</u>?
> **B:** I have no idea. What is it?
> **A:** It's Lima.

➡ _____

[15~16] 다음 글을 읽고, 물음에 답하시오.

© MANDYGODBEHEAR/shutterstock

I want to change my phone habit. I use my phone (A) w_____ I feel bored. I text my friends or play games on the phone. (B) <u>나는 그 것이 시간 낭비라는 것을 안다.</u> From now on, I will do two things to break the habit. I will turn off my phone after 10 p.m. I will also download a phone control app to use my phone less often. (C) I_____ I feel bored, I will talk to my family or read comic books.

15 (A)와 (C)의 빈칸에 들어갈 접속사를 각각 쓰시오.

(A) w_____   (C) I_____

16 밑줄 친 (B)와 같은 뜻이 되도록 주어진 단어를 바르게 배열하시오.

> know / it / of / time / that / is / I / a / waste

➡

[17~18] 다음 글을 읽고, 물음에 답하시오.

© Ollyy/shutterstock

According to a recent report, about 80% of the world's population lives under skies (A) that / what are not dark enough at night. Especially in big cities, people often cannot see a starry night. (B) <u>They can also suffer from sleep problems.</u> (C) <u>The natural rhythm of day and night is disturbed by artificial light.</u>

17 (A)의 네모 안에서 알맞은 것을 골라 쓰시오.

(A) _____

18 다음 우리말을 참고하여 밑줄 친 (B)와 (C)를 한 문장으로 만들 때, 빈칸에 들어갈 접속사를 쓰시오.

> 또한 인공조명에 의해 낮과 밤의 자연적인 리듬이 흐 트러져서 사람들이 수면 문제를 겪기도 한다.

➡ They can also suffer from sleep problems _____ the natural rhythm of day and night is disturbed by artificial light.

단기간 고득점을 위한 2주

전략 질주

중학 전략

내신 전략 시리즈

국어/영어/수학

필수 개념을 꽉~ 잡아 주는 초단기 내신 대비서!

일등전략 시리즈

국어/영어/수학/사회/과학 (국어는 3주 1권 완성)

철저한 기출 분석으로 상위권 도약을 돕는 고득점 전략서!

book.chunjae.co.kr

교재 내용 문의 ························ 교재 홈페이지 ▶ 중학 ▶ 교재상담

교재 내용 외 문의 ···················· 교재 홈페이지 ▶ 고객센터 ▶ 1:1문의

발간 후 발견되는 오류 ·············· 교재 홈페이지 ▶ 중학 ▶ 학습지원 ▶ 학습자료실

실력 향상 필수학습!
고득점을 예약하자!

구문

영어전략
중학 2
BOOK 2

천재교육

고득점을 예약하는 내신 대비서

구문

영어전략

중학2

시험에 잘 나오는

개념BOOK 2

천재교육

구문

영어전략
중학 2

시험에 잘 나오는
개념BOOK 2

차례

개념BOOK 하나면
영어 공부 끝!

- 현재완료는 과거의 일이 ❶[   ]까지 영향을 미치는 경우에 쓰는 시제로, 「have(has)+❷[   ]」의 형태로 쓴다.
- 현재완료는 과거의 경험(~해 본 적이 있다), 과거에 시작하여 현재까지 계속되거나 영향을 미치는 일(계속 ~해 왔다), 현재에 이르러 완료된 상황(막 ~했다, ~해 버렸다) 등을 나타낸다.

Sumin **has learned** Chinese since last year.
　　　　　has + 과거분사: 현재완료　　　　　since+과거 시점
(수민이는 작년부터 죽 중국어를 배워 왔다.)

답 ❶ 현재 ❷ 과거분사

바로 **확인**

다음 괄호 안의 동사를 현재완료 형태로 바꿔 써서 문장을 완성하시오.

❶ They _____ oranges since 2017. (grow)

❷ He _____ at the hotel for 2 weeks. (stay)

❸ I _____ to Europe many times. (be)

- 현재완료의 부정문은 have(has) 뒤에 **❶** [   ]이나 **❷** [   ]를 쓴다.
- have not은 haven't, has not은 hasn't로 줄여 쓸 수 있다.

I **have not met** our new science teacher <u>yet</u>.
<u>have + not + 과거분사: 현재완료 부정문</u>   yet
(나는 새로 오신 과학 선생님을 아직 만나지 못했다.)

탑 ❶ not ❷ never

바로 확인

다음 괄호 안의 단어를 이용하여 현재완료 부정문을 완성하시오.

❶ I _____ anything all day. (eat, not)

❷ He _____ reading the book yet. (start, not)

❸ She _____ online before. (shop, never)

- 현재완료의 의문문은 ❶ [   ]를 주어 앞에 쓴다.
- 대답할 때는 Yes, 주어+have(has). / No, 주어+❷ [   ].로 한다.

A: **Have you finished** your English homework?
　　 Have + 주어 + 과거분사 ~?: 현재완료 의문문
　　(너는 영어 숙제를 다 끝냈니?)

B: Yes, I **have.** (응, 끝냈어.)
　　긍정 (= Yes, I have finished my English homework.)

　　No, I **haven't.** (아니, 안 끝냈어.)
　　부정 (= No, I haven't finished my English homework.)

© Getty Images Bank

📋 ❶ Have(Has) ❷ haven't(hasn't)

바로 **확인**

주어진 B의 대답을 참고하여 A의 질문을 완성하시오.

❶ A: _____

B: Yes, I have thought about traveling to the past.

❷ A: _____

B: No, I have never ridden a camel.

❸ A: _____

B: No, I haven't talked to a famous singer.

개념 04 현재완료의 의문문 2

>> 정답 p. 42

- 의문사가 있는 현재완료의 의문문은 「의문사+❶[＿＿＿＿]+주어+과거분사 ~?」로 쓴다.
- 의문사가 있는 현재완료 의문문에 대한 대답의 시제 또한 ❷[＿＿＿＿]로 답한다.

A: How long **have you been** married?
　　의문사　+　 have + 주어+과거분사 ~?
(결혼하신 지 얼마나 되셨나요?)

B: We**'ve been** married for 20 years.
　　　현재완료　　　　　　　for+기간
(우리는 결혼한 지 20년 되었어요.)

© Getty Images Korea

답 ❶ have (has) ❷ 현재완료

바로 확인

다음 괄호 안에서 알맞은 것을 고르시오.

❶ A: What have you (ate / eaten) for the first time in Korea?

　 B: I have eaten *galbi* for the first time in Korea.

❷ A: How many movies (does / has) he directed?

　 B: He has directed 11 movies.

개념 05 현재완료의 쓰임 (완료)

>> 정답 p. 42

- 과거에 일어난 동작이나 상태가 ❶ [   ] 완료된 상황을 나타낼 때 현재완료 시제를 쓴다.
- 현재완료와 함께 부사 just(지금 막), ❷ [   ](이미), yet(아직) 등을 써서 '지금 막(이미) ~했다, 아직 ~하지 않았다'의 의미로 완료를 나타낼 수 있다.

She has just sent e-mail to her friends.
has + just + 과거분사: 지금 막 ~했다 (완료)
(그녀는 친구들에게 지금 막 이메일을 보냈다.)

답 ❶ 현재 ❷ already

바로 확인

다음 문장을 우리말로 옮기시오.

❶ I have just had dinner.　　➡ _____

❷ I have already finished my homework. ➡ _____

❸ The airplane has just landed.　　➡ _____

현재완료의 쓰임 (경험)

>> 정답 p. 42

- 현재완료는 과거에서 현재까지의 경험을 나타낸다.
- 현재완료는 ❶[   ](전에), once(한 번, 한때), ever(어느 때고, 언제든), never(한 번도 ~없다, 결코 ~없다) 등과 함께 써서 ❷[   ]을 나타낸다.

Have you ever ridden a horse?
<u>Have</u> + <u>ever</u> + 과거분사: ~해 본 적이 있다 (경험)

(너는 말을 타 본 적이 있니?)

답 ❶ before ❷ 경험

바로 **확인**

다음 문장이 어떤 의미로 쓰였는지 괄호 안에서 고르시오.

❶ Have you ever played cricket? (완료 / 경험)

❷ The train has just arrived at the station. (완료 / 경험)

❸ I have seen the movie before. (완료 / 경험)

07 현재완료의 쓰임 (계속)

>> 정답 p. 43

- 과거에 일어난 상태가 이어져 현재까지 [❶ _____]되고 있을 때 현재완료를 쓴다.
- 「for+기간」, 「❷ _____+과거 시점」 등과 함께 '~동안〔~ 이후로〕계속 …해 왔다'의 의미가 된다.

We **have lived** here **since** 2019.

<u>have+과거분사</u> since+과거 시점: ~ 이후로 계속 …해 왔다 (계속)

(우리는 2019년부터 죽 여기에서 살고 있다.)

❶ 계속 ❷ since

바로 **확인**

우리말과 같도록 괄호 안의 단어를 이용하여 문장을 완성하시오.

① 나는 지난달 이후로 그를 보지 못했다. (see)

➡ I _____ _____ him _____ last month.

② 이 건물은 50년 동안 여기에 있어 왔다. (be)

➡ This building _____ _____ here _____ 50 years.

③ 나는 2년 동안 프랑스어를 공부해 왔다. (study)

➡ I _____ _____ French _____ 2 years.

- 과거시제는 과거에 끝난 일을 나타내는 반면, 현재완료는 과거의 경험을 말하거나, 과거에 시작한 일이 현재까지 ❶[　　　　]되거나 완료된 상황 등을 나타낸다.
- 현재완료는 현재와 관련이 있는 과거를 말하는 것으로, 특정한 ❷[　　　　] 시점을 나타내는 표현(yesterday, last night, two years ago, when I was young 등)과 같이 쓸 수 없다.

My aunt **has been** to Spain before. 〈현재완료〉
　　　has+과거분사: 가 본 적이 있다 (경험)
(나의 이모는 전에 스페인에 가 본 적이 있다.)

My aunt **went** to Spain **two years ago.** 〈과거〉
　　　과거: 갔다　　　　　　　과거의 특정 시점
(나의 이모는 2년 전에 스페인에 갔다.)

© Getty Images Bank

답 ❶ 계속 ❷ 과거

바로 확인

다음 문장이 어법상 옳으면 ○표, 틀리면 ✕표 하시오.

❶ The team has finished the project last week. ＿＿＿＿＿

❷ We have worked on this project for 6 months. ＿＿＿＿＿

❸ I have worn glasses when I was 12 years old. ＿＿＿＿＿

09 have been to vs. have gone to >>정답 p. 43

- have(has) been to는 '~에 가 본 적이 있다'라는 의미로 [❶   ]을 나타낸다.
- have(has) gone to는 '~에 가 버리고 없다'라는 의미로 결과를 나타낸다.
- have(has) gone to는 '가 버리고 없다'는 뜻이므로 'I'를 주어로 쓸 수 [❷   ].

I have been to Italy with my family.
가 본 적이 있다 (경험)
(나는 가족들과 이탈리아에 가 본 적이 있다.)

She **has gone to** London.
가 버리고 없다 (결과)
(그녀는 런던에 가 버리고 없다.)

답 ❶ 경험 ❷ 없다

바로 확인

우리말과 같도록 빈칸에 알맞은 말을 써 넣어 문장을 완성하시오.

❶ 나는 독일에 가 본 적이 없다.
➡ I _____ Germany.

❷ Jennifer는 전에 호주에 가 본 적이 있다.
➡ Jennifer _____ Australia before.

❸ 그는 스페인에 가고 없다.
➡ He _____ Spain.

원급·비교급·최상급

≫ 정답 p. 43

- 원급 비교의 기본 형태는 「as+형용사/부사의 원급+❶[   ]」이다.
- 비교급 비교의 기본 형태는 「형용사/부사의 비교급+than」이다.
- 최상급 비교의 기본 형태는 「❷[   ]+형용사/부사의 최상급(+in/of ~)」
  이다.

I am **as tall as** my mother.
　　　as+원급+as
(나는 엄마만큼 키가 크다.)

Sonya runs **faster than** Dan.
　　　　　비교급+than
(Sonya는 Dan보다 더 빨리 달린다.)

My homeroom teacher is <u>the most handsome</u> <u>in</u> our school.
　　　　　　　　　　　　　the+최상급　　　　　 in
(나의 담임 선생님은 우리 학교에서 가장 잘생겼다.)

답 ❶ as ❷ the

바로 **확인**

다음 괄호 안에서 알맞은 것을 고르시오.

❶ I think Mt. Halla is the (much / most) beautiful mountain in Korea.

❷ Today is as cold (as / than) yesterday.

❸ Lakes and rivers are (small / smaller) than oceans.

개념 11 비교급 강조 부사

>> 정답 p. 43

● 비교급을 ❶ [   ]할 때, 비교급 앞에 much, even, a lot, far, still 등을 쓴다.
'❷ [   ] 더 ~한(하게)'로 해석한다.

주의 원급은 very를 써서 강조한다.

My sister's room is **much bigger** than mine.

much + 비교급: 비교급 강조

(내 여동생의 방은 내 방보다 훨씬 더 크다.)

My sister's room is **very big**.

very + 원급: 원급 강조

(내 여동생의 방은 아주 크다.)

답 ❶ 강조 ❷ 훨씬

바로 확인

다음 괄호 안에서 알맞은 것을 고르시오.

❶ My brother is (a lot / very) more diligent than me.

❷ The train is (much / very) faster than the car.

❸ The math exam was (even / very) more difficult than the English exam.

개념 12 The + 비교급 ~, the + 비교급 …

>> 정답 p. 43

• 「❶[   ]+비교급(+주어+동사) ~, ❶[   ]+비교급(+주어+동사) …」은 '~하면 ❷[   ], 더욱더 …하다'라는 의미이다.

The more you practice, **the better** you will play.
The + 비교급 + 주어 + 동사　　the + 비교급 + 주어 + 동사
(더 많이 연습하면 할수록, 너는 더 잘 할 수 있을 거야.)

답 ❶ The/the ❷ 할수록

바로 확인

우리말과 같도록 괄호 안의 단어를 이용하여 문장을 완성하시오. (단, 필요하면 형태를 바꿀 것)

❶ 더 많이 바라면 바랄수록, 더 실망하게 될 거야. (much)
　➡ _____ _____ you want, _____ _____ you will be disappointed.

❷ 더 빨리 출발할수록, 더 일찍 도착할 것이다. (early, soon)
　➡ _____ _____ you leave, _____ _____ you'll get there.

❸ 과일이 신선하면 신선할수록, 더욱더 좋은 맛이 난다. (fresh, good)
　➡ _____ _____ fruit is, _____ _____ it tastes.

개념 13 비교급＋and＋비교급

>> 정답 p. 43

- 「비교급＋① [　　　]＋비교급」은 get, become, grow 등의 동사와 함께 쓰여 '② [　　　] 더 ~한(하게)'의 뜻을 나타낸다.

It's getting <u>**warmer and warmer**</u> these days.
<u>비교급＋and＋비교급</u>
(요즘 점점 더 따뜻해지고 있다.)

답 ❶ and ❷ 점점

바로 **확인**

우리말을 참고하여 다음 문장을 완성하시오.

❶ Your writing is getting ＿＿＿ ＿＿＿ ＿＿＿.
(너의 글쓰기가 점점 더 나아지고 있다.)

❷ The boat started to move ＿＿＿ ＿＿＿ ＿＿＿.
(배가 점점 더 빠르게 움직이기 시작했다.)

❸ The boy has become ＿＿＿ ＿＿＿ ＿＿＿.
(그 소년은 점점 더 건강해졌다.)

개념 14 more and more + 형용사/부사

>> 정답 p. 43

- 앞에 more를 붙여서 비교급을 만드는 형용사나 부사의 경우, 「❶ [   ] and ❶ [   ] + 형용사/부사」를 써서 '❷ [   ] 더 ~한'의 뜻을 나타낸다.

Those people were becoming **more and more excited**.
<u>more and more + 형용사</u>

(그 사람들은 점점 더 흥분하고 있었다.)

© Csaba Peterdi/shutterstock

📋 ❶ more ❷ 점점

바로 확인

다음 문장을 우리말로 옮길 때 빈칸에 알맞은 말을 쓰시오.

❶ The story gets more and more interesting.

➡ 그 이야기는 _____.

❷ The train moved more and more slowly.

➡ 기차는 _____ 움직였다.

❸ The Internet has made our lives more and more convenient.

➡ 인터넷은 우리의 삶을 _____ 만들었다.

개념 15 the+최상급+단수 명사(+that)+주어 +have[has] (+ever) +과거분사

>> 정답 p. 43

- 「the+최상급+❶ [　　　　](+that)+주어+have[has](+ever)+과거분사」는 '지금까지 ~한 것 중에 ❷ [　　　　] …한 명사'의 의미를 나타낸다.

It is **the most delicious** **melon** that I **have** ever eaten.
   the+최상급 + 단수 명사 + that+주어+have+ever+ 과거분사

(이것은 내가 먹어본 것 중 가장 맛있는 멜론이다.)

📋 ❶ 단수 명사 ❷ 가장

바로 확인

다음 문장을 우리말로 옮기시오.

❶ Seoul is the most interesting city I've ever been to.
 ➡ _____

❷ This is the nicest necktie that I've ever worn.
 ➡ _____

❸ It is the biggest crocodile I've ever seen.
 ➡ _____

개념 16 one of the + 최상급 + 복수 명사 >> 정답 p. 44

- 「one of the + 최상급 + ❶ [   ]」는 '가장 ~한 ⋯들 중의 ❷ [   ]'의 의미를 나타낸다.

This is **one of the** most beautiful mountains in Korea.
       one of the   +   최상급   +   복수 명사
(이것은 한국에서 가장 아름다운 산 중의 하나이다.)

❶ 복수 명사 ❷ 하나

바로 확인

우리말을 참고하여 다음 밑줄 친 부분을 바르게 고치시오.

❶ Korean is one of the most difficult language to learn.
(한국어는 가장 배우기 어려운 언어 중 하나이다.)

❷ Pasta is one of the easier dishes to make.
(파스타는 가장 만들기 쉬운 요리 중 하나이다.)

❸ Paris is one of the most beautiful city in Europe.
(파리는 유럽에서 가장 아름다운 도시 중 하나이다.)

배수 표현＋as＋원급＋as

＞＞정답 p. 44

- twice(두 배), three times(세 배) 등과 같은 ❶⬚⬚⬚ 표현을 이용하여 원급 비교 구문을 쓸 수 있다.
- 「배수 표현＋as＋❷⬚⬚⬚＋as」는 '～보다 몇 배 더 …한/하게'의 뜻이다.

This snake is **three times as long as** that one.
　　　　　　　　배수 표현　＋　as＋원급＋as
(이 뱀은 저 뱀보다 세 배 더 길다.)

답 ❶배수 ❷원급

바로 **확인**

다음 문장에서 어법상 <u>어색한</u> 부분을 찾아 바르게 고쳐 쓰시오.

❶ Our living room is two as large as our bedroom.
　　　　　　　　　➡ ＿＿＿＿＿＿＿＿

❷ Seoul is three times as big than Busan.
　　　　　　　　　➡ ＿＿＿＿＿＿＿＿

❸ My hair is twice as longer as my sister's.
　　　　　　　　　➡ ＿＿＿＿＿＿＿＿

개념 18 배수 표현+비교급+than

>> 정답 p. 44

- 배수 표현을 이용하여 비교급 비교 구문을 쓸 수 있다.
- 「배수 표현+❶[   ]+than」은 '~보다 몇 ❷[   ] 더 …한/하게'의 뜻이다.

This bag is **twice more expensive than** that one.
      배수 표현   +   비교급   +   than
(이 가방은 저 가방보다 두 배 더 비싸다.)

답 ❶ 비교급 ❷ 배

바로 확인

우리말과 같도록 빈칸에 알맞은 말을 써 넣으시오.

❶ 이 건물은 저 건물보다 세 배 더 높다.
➡ This building is _____ _____ taller _____ that one.

❷ 역사책은 영어책보다 두 배 더 두껍다.
➡ The history book is _____ _____ than the English book.

❸ 이 수박은 이 오렌지보다 네 배 더 크다.
➡ This watermelon is _____ _____ _____ than this orange.

개념 19 비교 구문의 비교 대상 1

>> 정답 p. 44

- 비교 구문에서 비교되는 두 대상은 ❶ [   ]으로 같은 역할을 하며, 의미상 ❷ [   ]해야 한다.

비교 대상 1　　비교 대상 2
There are more girls than boys in the hallway.
　　　　　　　　명사　　　　명사
(복도에 남학생보다 여학생이 더 많이 있다.)

비교 대상 1　　　　　　　　　　　　비교 대상 2
He needs more money than he has.
　주어+동사　　　　　　　　　　　주어+동사
(그는 가진 것보다 더 많은 돈이 필요하다.)

답 ❶ 문법적 ❷ 동등

바로 확인

다음 문장에서 비교하는 두 대상에 밑줄 치시오.

❶ A polar bear is heavier than a rabbit.

❷ Baking cookies is as difficult as making bread.

❸ The chocolate cake is much sweeter than the bagel.

- 비교 구문에서 비교하는 두 대상이 같은 종류의 명사인 경우, ❶ [＿＿＿＿]을 피하기 위해 소유대명사나 ❷ [＿＿＿＿]를 사용한다.

비교 대상 1　　　　　　　　　비교 대상 2
My notebook is as useful as **yours**.
<u>소유격 + 명사</u>　　　　　　　<u>소유대명사 (= your notebook)</u>
(내 공책은 너의 것(너의 공책)만큼 유용하다.)

비교 대상 1　　　　　　　　　　비교 대상 2
This book is much thicker than **that one**.
<u>this + 명사</u>　　　　　　　　　<u>that + 부정대명사 (= that book)</u>
(이 책이 저것(저 책)보다 훨씬 더 두껍다.)

📘 ❶ 반복 ❷ 부정대명사

바로 확인

다음 괄호 안에서 알맞은 것을 고르시오.

❶ His idea is a lot more creative than (me / mine).

❷ This ruler is longer than that (one / it).

❸ Your bag is lighter than (him / his).

21 수동태의 의미와 형태

>> 정답 p. 44

- 능동태는 '주어가 ~하다'의 뜻이고, 수동태는 '주어가 …에 의해 ~되다, 당하다, 받다'의 뜻이다. 따라서 수동태 문장의 주어는 행위의 **❶ [   ]** 이 된다.
- 수동태는 「**❷ [   ]** +과거분사」 형태로 쓰며, 뒤에 「by+행위자」의 형태로 행위자가 올 수 있다.

Hamlet **was written by** Shakespeare around 1601.
<u>　　be동사+과거분사　　</u>　＋　<u>by+행위자</u>
(《햄릿》은 1601년경에 셰익스피어에 의해 쓰였다.)

답 ❶ 대상 ❷ be동사

바로 확인

다음 밑줄 친 부분을 어법상 바르게 써서 수동태 문장으로 만드시오.

❶ The green bus <u>is power</u> by trash. ➡ _____

❷ The blue car <u>was sell</u> at a high price. ➡ _____

❸ Paper <u>is use</u> for books and magazines. ➡ _____

개념 22 능동태의 수동태 문장 전환

>> 정답 p. 44

- 능동태를 수동태로 바꿀 때, 능동태의 목적어가 수동태의 **❶**[   ]가 되고, 능동태의 주어 즉, 행동의 주체가 뒤에 「by+목적격」으로 쓰인다.
- 수동태의 행위자를 밝힐 필요가 없거나 알려지지 않았을 때에는 **❷**[   ]할 수 있다.

Vincent van Gogh **painted** *The Starry Night*.
주어 (행위의 주체)   동사   목적어 (행위의 대상)

➡ *The Starry Night* **was painted by** Vincent van Gogh.
주어 (행위의 대상)   동사   by+목적격(행위의 주체)

(빈센트 반 고흐가 〈별이 빛나는 밤〉을 그렸다.

→ 〈별이 빛나는 밤〉은 빈센트 반 고흐에 의해 그려졌다.)

© delcarmat/shutterstock

답 ❶ 주어 ❷ 생략

바로 **확인**

다음 문장을 수동태로 바꿀 때 빈칸에 알맞은 말을 쓰시오.

❶ Many teens love this book.

➡ This book _____ many teens.

❷ The kids broke the window.

➡ The window _____ the kids.

❸ The police caught the thief.

➡ The thief _____ the police.

수동태를 쓸 수 없는 문장

>> 정답 p. 44

- 능동태 문장에서 행위의 대상인 목적어가 수동태 문장의 주어로 쓰이므로,
  ❶ [   ]가 없는 1형식, ❷ [   ] 문장은 수동태를 쓸 수 없다.

Something unexpected happened last night. 〈1형식〉 – 수동태 불가
　　　주어　　　　　　　　동사　　　　　부사구

(어젯밤에 예상치 못한 일이 일어났다.)

The food smells good. 〈2형식〉 – 수동태 불가
　　주어　　동사　　보어

(이 음식은 냄새가 좋다.)

© bonchan/shutterstock

답 ❶ 목적어 ❷ 2형식

바로 **확인**

다음 문장을 수동태로 만들 수 있으면 ○표, 만들 수 없으면 ✕표 하시오.

❶ I went to Hawaii last month. 　　_____

❷ My sister made the lemon cake. 　　_____

❸ We arrived at the airport in time. 　　_____

개념 24 수동태의 현재시제

>> 정답 p. 45

- 수동태의 시제는 ❶ [   ]의 시제로 나타낸다.
- 수동태의 현재시제는 「am / are / ❷ [   ]+과거분사」로 쓴다.

The car **is kept** in the garage.
　　　　 is+과거분사: 수동태 현재

(자동차는 차고에 보관되어 있다.)

Portuguese **is spoken** in Brazil.
　　　　　 is+과거분사

(포르투갈어는 브라질에서 말하여진다.)

답 ❶ be동사 ❷ is

바로 확인

괄호 안의 단어를 활용하여 현재시제 수동태 문장을 완성하시오.

❶ Scissors _____ _____ by hairdressers. (use)

❷ Babies _____ _____ by their parents. (love)

❸ This book _____ _____ in English. (write)

개념 25 수동태의 과거시제

>> 정답 p. 45

- 수동태의 **❶ [　　　　]** 는 be동사의 시제로 표현한다.
- 수동태의 과거시제는 「**❷ [　　　　]** / were+과거분사」로 쓴다.

The picnic was canceled because of the rain.
　　　　　　was+과거분사: 수동태 과거

(비 때문에 소풍이 취소되었다.)

답 **❶** 시제 **❷** was

바로 확인

우리말과 같도록 괄호 안의 단어를 사용하여 문장을 완성하시오. (단, 필요하면 형태를 바꿀 것)

❶ Jane은 숲속에서 뱀에 물렸다. (bite)

➡ Jane _____ _____ _____ a snake in the forest.

❷ 한글은 세종대왕에 의해 창제되었다. (create)

➡ *Hangeul* _____ _____ _____ King Sejong.

❸ 이 의자들은 우리 엄마가 만드셨다. (make)

➡ These chairs _____ _____ _____ my mom.

- 수동태의 시제는 be동사의 시제로 표현한다.
- 수동태의 미래시제는 「❶⬚⬚⬚⬚⬚+be+❷⬚⬚⬚⬚⬚」로 쓴다.

A new house **will be built** next to my house.
will+be+과거분사: 수동태 미래
(우리 집 옆에 새로운 집이 지어질 것이다.)

© Getty Images Bank

🔑 ❶ will ❷ 과거분사

바로 **확인**

다음 수동태 문장을 미래시제로 바꿔 쓰시오.

❶ The flowers are planted in the garden.

　➡ _____

❷ A new mayor was elected.

　➡ _____

❸ These items were wrapped for our customers.

　➡ _____

개념 **27** 수동태의 부정문

>> 정답 p. 45

- 수동태의 부정문은 be동사 ❶[　　　]에 not을 넣어 「be동사+❷[　　　]+과거분사」로 쓴다.
- 「be동사+not」은 축약형으로 쓸 수 있다.

The Statue of Liberty was not built by Americans.

be동사+not+과거분사

(자유의 여신상은 미국인들에 의해 만들어지지 않았다.)

© dc975/shutterstock

답 ❶ 뒤 ❷ not

바로 확인

다음 문장을 부정문으로 바꿔 쓰시오.

❶ The cookies were baked by my dad.

　➡ _____

❷ Our new products were sold quickly.

　➡ _____

❸ America was discovered by Marco Polo.

　➡ _____

- 수동태의 의문문은 「**❶**[   ]+주어+과거분사 ~?」로 쓰며, 응답은 be동사를 사용하여 「Yes, 주어+be동사.」, 「No, 주어+be동사+not.」으로 한다.
- 수동태의 의문문에 의문사가 쓰일 경우, 의문사는 문장의 맨 **❷**[   ]에 쓴다.

A: **Were they shocked** by the news?
　　Be동사+주어+과거분사 ~?

(그들이 그 뉴스에 충격받았니?)

B: Yes, they **were**. (응, 충격받았어.)
　　(= Yes, they were shocked by the news.)

　No, they **weren't**. (아니, 충격받지 않았어.)
　　(= No, they weren't shocked by the news.)

Why is he loved by many people?
의문사+be동사+주어+과거분사 ~?

(왜 그가 많은 사람들에게 사랑받나요?)

정답 ❶ Be동사 ❷ 앞

바로 확인

다음 괄호 안의 단어를 배열하여 의문문을 완성하시오.

❶ _____ by your sister?
(this shirt, designed, was)

❷ _____
(the library, was, built, when)

개념 29 · 조동사와 함께 쓰인 수동태

>> 정답 p. 45

- 조동사가 쓰인 수동태는 조동사를 be동사 앞에 써서 「조동사+be+❶ 」 형태로 쓴다.
- '가능', '의무', '미래' 등 ❷ 의 다양한 의미가 수동태와 함께 쓰여 '~될 수 있다', '~되어야 한다', '~될 것이다' 등으로 해석된다.

Your skin should be protected from the sun.
조동사+be+과거분사: ~되어야 한다 (의무)
(여러분의 피부는 햇빛으로부터 보호되어야 한다.)

© yomogi1/shutterstock

답 ❶ 과거분사 ❷ 조동사

바로 확인

우리말을 참고하여 알맞은 조동사와 괄호 안의 동사를 사용하여 수동태 문장을 완성하시오.

❶ The camera ＿＿＿＿＿＿＿＿＿ in water. (use)
(그 카메라는 물속에서 사용될 수 있다.)

❷ These products ＿＿＿＿＿＿＿＿＿ by next Monday. (deliver)
(이 상품들은 다음 주 월요일까지 배달되어야 한다.)

❸ The scientist ＿＿＿＿＿＿＿＿＿ forever. (remember)
(그 과학자는 영원히 기억될 것이다.)

2주

개념 30 조동사와 함께 쓰인 수동태의 부정문 >> 정답 p. 45

- 조동사가 쓰인 수동태의 **❶** [　　　]은 조동사 뒤에 **not**을 넣어 「조동사+
❷ [　　　]+be+과거분사」로 쓴다.

The music cannot be downloaded from the Internet.
　　　　　　조동사+not+be+과거분사
(그 음악은 인터넷에서 다운받을 수 없다.)

© abstract/shutterstock

❶ 부정문 **❷** not

바로 확인

다음 밑줄 친 부분을 바르게 고쳐 쓰시오.

❶ Some diseases <u>not can be cured</u> naturally. ➡ _____

❷ The letter <u>won't is sent</u> by next week. ➡ _____

❸ It <u>should be kept not</u> near water. ➡ _____

조동사와 함께 쓰인 수동태의 의문문

>> 정답 p. 46

- 조동사가 쓰인 수동태의 의문문은 「❶[   ]+주어+be+과거분사 ~?」로 쓴다.
- 응답할 때에도 조동사를 사용하여 「Yes, 주어+조동사.」, 「No, 주어+❷[   ]+not.」으로 한다.

A: **Can** wrapping paper **be recycled**?
　　　조동사+주어+be+과거분사 ~?

(포장지가 재활용될 수 있나요?)

B: Yes, it **can**. (네, 재활용될 수 있어요.)
　(= Yes, it can be recycled.)

　No, it **can't**. (아니요, 재활용될 수 없어요.)
　(= No, it can't be recycled.)

답 ❶ 조동사 ❷ 조동사

바로 **확인**

다음 문장을 의문문으로 바꿔 쓰시오.

❶ This project should be done by tomorrow.

➡ _____

❷ The festival will be held in April.

➡ _____

❸ The food can be cooked in 30 minutes.

➡ _____

by 이외의 전치사를 쓰는 수동태 1

>> 정답 p. 46

● 수동태에서 행위자 앞에 ❶ [   ] 대신에 다른 전치사를 쓰는 경우가 있다.

수동태	의미
be covered with	~으로 덮여 있다
be filled with	~으로 가득 차다
be satisfied ❷ [ ]	~에 만족하다
be pleased with(about)	~에 기뻐하다
be surprised at	~에 놀라다

The vase **was filled with** beautiful flowers.
be filled with: ~로 가득 차다
(그 꽃병은 예쁜 꽃들로 가득 차 있었다.)

답 ❶ by ❷ with

바로 확인

다음 괄호 안에서 알맞은 것을 고르시오.

❶ I'm satisfied (in / with) my grades.

❷ The land is covered (at / with) ice.

❸ Many people were surprised (at / with) the sight.

by 이외의 전치사를 쓰는 수동태 2

>> 정답 p. 46

- 수동태에서 행위자 앞에 **by** 대신에 다른 **❶**[   ]를 쓰는 경우가 있다.

수동태	의미
be excited about	~에 흥분해 있다
be worried about	~에 대해 걱정하다
be interested **❷**[ ]	~에 흥미가 있다
be made of (from)	~으로 만들어지다
be known to	~에게 알려져 있다

Her dress **was made of** cotton.
be made of: ~로 만들어지다
(그녀의 옷은 면으로 만들어졌다.)

답 ❶ 전치사 ❷ in

바로 확인

다음 괄호 안에서 알맞은 것을 고르시오.

❶ The children are excited (in / about) the toys.

❷ She is worried (about / to) her son.

❸ I'm interested (by / in) cooking.

가정법 과거의 의미와 형태

>> 정답 p. 46

- 가정법 과거는 [❶   ] 사실과 반대되는 일이나 현재 불가능한 일을 가정할 때 사용하며, '만약 ~한다면, …할 텐데'로 해석한다.

형태	If+주어+동사의 [❷] ~, 주어+조동사의 과거형+동사원형 …
의미	만약 ~한다면, …할 텐데

- 가정법 과거에서 be동사는 인칭이나 수에 관계없이 [❸   ]를 쓴다. 단, 구어 체에서는 was를 쓰기도 한다.

If I had enough apples, I would bake an apple pie.
If+주어+동사의 과거형   주어+조동사의 과거형+동사원형

(내게 사과가 충분히 있다면, 사과파이를 구울 텐데.)

If I were a superhero, I could help people in need.
If+주어+were   주어+조동사의 과거형+동사원형

(내가 슈퍼 히어로라면, 나는 도움이 필요한 사람들을 도울 수 있을 텐데.)

답 ❶ 현재 ❷ 과거형 ❸ were

바로 확인

다음 괄호 안의 단어를 알맞은 형태로 바꿔 가정법 과거 문장을 완성하시오.

❶ If the purse _____ not too expensive, I would buy it. (be)

❷ If I were you, I _____ _____ him. (will, forgive)

❸ If my knee _____ _____, I _____ soccer with you.
(not, hurt, can, play)

가정법 과거의 직설법 문장 전환

>> 정답 p. 46

- 현재 사실과 ❶ [　　　]되는 일이나 현재 불가능한 일을 가정하는 가정법 과거 문장은 현재의 사실을 나타내는 직설법 문장으로 전환할 수 있다.
- 가정법과 직설법은 서로 ❷ [　　　]의 의미가 된다.

If you didn't live so far away, **we would visit** you often.
If+주어+동사(과거) – 부정　　　　　　　주어+조동사(과거)+동사원형 – 긍정　　〈가정법 과거〉

(네가 그렇게 멀리 떨어져 살지 않는다면, 우리가 너를 자주 방문할 텐데.)

➡ **As you live** so far away, **we don't visit** you often.
주어+동사(현재) – 긍정　　　　　　주어+동사(현재) – 부정　　〈직설법 현재〉

(네가 너무 멀리 떨어져 살기 때문에, 우리는 너를 자주 방문하지 않는다.)

답 ❶ 반대 ❷ 반대

바로 확인

두 문장의 의미가 같도록 빈칸에 알맞은 말을 쓰시오.

❶ If I _____ an umbrella, I _____ _____ out.
　➡ As I don't have an umbrella, I can't go out.

❷ If he spoke more slowly, we could understand him better.
　➡ As he _____ _____ slowly, we _____ _____ him better.

개념 36 가정법 과거 vs. 단순 조건절

>> 정답 p. 46

- 가정법은 현재 사실과 반대되는 일 또는 현재 불가능한 일을 가정하는 반면, 직설법 문장의 if 조건절은 '(어떻게 될지 모르지만) 만일 ~한다면'의 의미로 단순 ❶[　　　]을 나타낸다.
- 단순 조건을 나타내는 절에서는 현재형이 미래시제를 대신하므로 if절의 동사는 ❷[　　　]으로 쓴다.

If it didn't rain, we would go on a picnic. 〈가정법 과거〉
_{If+주어+동사(과거)}　　　_{주어+조동사(과거)+동사원형}

(만약 비가 오지 않는다면, 우리는 소풍을 갈 텐데.)

If it rains, my mom will stay home. 〈단순 조건절〉
_{If+주어+동사(현재)}　_{주어}　+　_{동사(미래)}

(만일 비가 오면, 엄마는 집에 계실 것이다.)

답 ❶ 조건 ❷ 현재형

바로 확인

다음 문장이 가정법이면 ○표, 단순 조건을 나타내면 △표 하시오.

❶ If you get up earlier, you won't be late for school. _____

❷ If he were taller, he could be a basketball player. _____

❸ If he tells her the news, she will be very happy. _____

개념 37 I wish 가정법 과거

>> 정답 p. 46

- 「I wish + ❶ [   ] 과거」는 '~라면(한다면) 좋을 텐데'의 뜻으로 현재 사실과 반대되거나 현재 이룰 수 없는 일을 ❷ [   ] 할 때 쓴다.

형태	I wish + 주어 + 동사의 과거형 ~
의미	'~라면(한다면) 좋을 텐데

I wish I could go to the party.
I wish + 주어 + 조동사의 과거형 + 동사원형
(내가 그 파티에 갈 수 있다면 좋을 텐데.)

I wish we were on vacation now.
I wish + 주어 + were
(우리가 지금 방학 중이라면 좋을 텐데.)

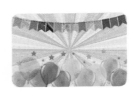

目 ❶ 가정법 ❷ 소망

바로 확인

다음 빈칸에 알맞은 말을 써서 가정법 문장을 완성하시오.

❶ I wish I _____ a new laptop. (have)

❷ I wish he _____ in Seoul. (be)

❸ I wish anyone _____ me the answer. (will tell)

• 「I wish+가정법 과거」는 실현 불가능한 소망이나 ❶[ ] 사실에 대한 유감 〔아쉬움〕을 나타내므로 「I'm ❷[ ]+직설법 현재」와 바꿔 쓸 수 있다.

I wish I were good at sports. 〈가정법 과거〉
I wish+주어+were(과거) – 긍정
(내가 운동을 잘하면 좋을 텐데.)

➡ **I'm sorry** that **I am not** good at sports. 〈직설법 현재〉
I'm sorry(+that)+주어+동사(현재) – 부정
(내가 운동을 잘하지 못해서 유감이다.)

답 ❶ 현재 ❷ sorry

바로 확인

두 문장의 의미가 같도록 빈칸에 알맞은 말을 쓰시오.

❶ I wish I knew how to play the violin.

➡ _____ _____ that I _____ _____ how to play the violin.

❷ _____ _____ I _____ a driver's license.

➡ I'm sorry that I don't have a driver's license.

❸ I wish I were as tall as Jacob.

➡ _____ _____ that _____ _____ as tall as Jacob.

정답 및 해석

p. 04 답 ❶ have grown ❷ has stayed ❸ have been / ❶ 그들은 2017년부터 오렌지를 키워 왔다. ❷ 그는 그 호텔에서 2주 동안 지내 왔다. ❸ 나는 유럽에 여러 번 가 보았다.

p. 05 답 ❶ have not eaten / haven't eaten ❷ has not started / hasn't started ❸ has never shopped / ❶ 나는 하루 종일 아무것도 먹지 않았다. ❷ 그는 아직 그 책을 읽기 시작하지 않았다. ❸ 그녀는 전에 온라인 쇼핑을 해 본 적이 없다.

p. 06 답 ❶ Have you (ever) thought about traveling to the past? ❷ Have you (ever) ridden a camel? ❸ Have you (ever) talked to a famous singer? / ❶ A: 과거를 여행하는 것에 대해 생각해 본 적 있어? B: 응, 과거를 여행하는 것에 대해 생각해 본 적 있어. ❷ A: 낙타를 타 본 적 있니? B: 아니, 낙타를 타 본 적 없어. ❸ A: 유명한 가수와 이야기를 나눠 본 적이 있니? B: 아니, 유명한 가수와 이야기를 나눠 본 적 없어.

p. 07 답 ❶ eaten ❷ has / ❶ A: 한국에서 처음으로 무엇을 먹어 보았나요? B: 한국에서 갈비를 처음 먹어 보았어요. ❷ A: 그는 몇 편의 영화를 감독해 왔나요? B: 그는 11편의 영화를 감독해 왔어요.

p. 08 답 ❶ 나는 지금 막 저녁 식사를 했다. ❷ 나는 숙제를 이미 끝냈다. ❸ 비행기가 지금 막 착륙했다.

p. 09 답 ❶ 경험 ❷ 완료 ❸ 경험 / ❶ 크리켓을 해 본 적 있니? ❷ 기차가 지금 막 역에 도착했다. ❸ 나는 전에 이 영화를 본 적이 있다.

p. 10 탑 ❶ haven't seen, since ❷ has been, for ❸ have studied, for

p. 11 탑 ❶ × ❷ ○ ❸ × / ❶ 그 팀은 지난주에 그 프로젝트를 끝냈다. ❷ 우리는 6개월 동안 이 프로젝트에서 일해 왔다. ❸ 나는 12살 때부터 안경을 써 왔다.

p. 12 탑 ❶ have not (haven't) been to ❷ has been to ❸ has gone to

p. 13 탑 ❶ most ❷ as ❸ smaller / ❶ 나는 한국에서 한라산이 가장 아름다운 산이라고 생각한다. ❷ 오늘은 어제만큼 춥다. ❸ 호수와 강은 바다보다 작다.

p. 14 탑 ❶ a lot ❷ much ❸ even / ❶ 우리 형은 나보다 훨씬 더 부지런하다. ❷ 기차는 차보다 훨씬 더 빠르다. ❸ 수학 시험은 영어 시험보다 훨씬 더 어려웠다.

p. 15 탑 ❶ The more, the more ❷ The earlier, the sooner ❸ The fresher, the better

p. 16 탑 ❶ better and better ❷ faster and faster ❸ healthier and healthier

p. 17 탑 ❶ 점점 더 흥미로워진다 ❷ 점점 더 느리게 ❸ 점점 더 편리하게

p. 18 탑 ❶ 서울은 내가 가 본 곳 중에 가장 흥미로운 도시이다. ❷ 이것은 내가 매 본 것 중에 가장 멋진 넥타이이다. ❸ 그것은 내가 본 것 중에 가장 큰 악어이다.

p. 19 답 ❶ one of the most difficult languages ❷ one of the easiest dishes ❸ one of the most beautiful cities

p. 20 답 ❶ two → twice ❷ than → as ❸ longer → long / ❶ 우리 거실은 침실보다 두 배 더 넓다. ❷ 서울은 부산보다 3배 더 크다. ❸ 내 머리는 내 여동생 머리보다 두 배 더 길다.

p. 21 답 ❶ three times, than ❷ twice thicker ❸ four times bigger

p. 22 답 ❶ A polar bear, a rabbit ❷ Baking cookies, making bread ❸ The chocolate cake, the bagel / ❶ 북극곰은 토끼보다 무겁다. ❷ 과자 굽기는 빵 만들기만큼 어렵다. ❸ 초콜릿 케이크는 베이글보다 훨씬 더 달다.

p. 23 답 ❶ mine ❷ one ❸ his / ❶ 그의 아이디어는 내 아이디어보다 훨씬 더 창의적이다. ❷ 이 자는 저 자보다 더 길다. ❸ 네 가방은 그의 가방보다 더 가볍다.

p. 24 답 ❶ is powered ❷ was sold ❸ is used / ❶ 친환경 버스는 쓰레기로부터 동력을 공급받는다. ❷ 그 파란색 자동차는 비싼 값에 팔렸다. ❸ 종이는 책과 잡지를 만드는 데 사용된다.

p. 25 답 ❶ is loved by ❷ was broken by ❸ was caught by / ❶ 많은 10대들이 이 책을 좋아한다. → 이 책은 많은 10대들에게 사랑받는다. ❷ 아이들이 창문을 깨뜨렸다. → 창문이 아이들에 의해 깨졌다. ❸ 경찰이 도둑을 잡았다. → 도둑이 경찰에게 잡혔다.

p. 26 답 ❶ × ❷ ○ ❸ × / ❶ 나는 지난달에 하와이에 갔다. ❷ 내 여동생이 그 레몬 케이크를 만들었다. ❸ 우리는 공항에 제시간에 도착했다.

p. 27 **정답** ❶ are used ❷ are loved ❸ is written / ❶ 가위는 미용사들에 의해 사용된다. ❷ 아기들은 부모님들에게 사랑받는다. ❸ 이 책은 영어로 쓰여 있다.

p. 28 **정답** ❶ was bitten by ❷ was created by ❸ were made by

p. 29 **정답** ❶ The flowers will be planted in the garden. ❷ A new mayor will be elected. ❸ These items will be wrapped for our customers. / ❶ 꽃들이 정원에 심어져 있다. → 꽃들이 정원에 심어질 것이다. ❷ 새로운 시장이 선출되었다. → 새로운 시장이 선출될 것이다. ❸ 이 상품들은 우리 고객들을 위해 포장되었다. → 이 상품들은 우리 고객들을 위해 포장될 것이다.

p. 30 **정답** ❶ The cookies were not(weren't) baked by my dad. ❷ Our new products were not(weren't) sold quickly. ❸ America was not(wasn't) discovered by Marco Polo. / ❶ 그 쿠키는 우리 아빠가 구우셨다. → 그 쿠키는 우리 아빠가 구우신 것이 아니었다. ❷ 우리의 새로운 제품은 빠르게 팔렸다. → 우리의 새로운 제품은 빠르게 팔리지 않았다. ❸ 아메리카는 마르코 폴로에 의해 발견되었다. → 아메리카는 마르코 폴로에 의해 발견된 것이 아니었다.

p. 31 **정답** ❶ Was this shirt designed ❷ When was the library built? / ❶ 이 셔츠는 당신 여동생에 의해 디자인되었나요? ❷ 그 도서관은 언제 지어졌나요?

p. 32 **정답** ❶ can be used ❷ must(should) be delivered ❸ will be remembered

p. 33 **정답** ❶ cannot(can't) be cured ❷ won't be sent ❸ should not (shouldn't) be kept / ❶ 어떤 질병은 자연적으로 치유될 수 없다. ❷ 그 편지는 다음 주까지 보내지지 않을 것이다. ❸ 그것은 물 가까이 보관되어서는 안 된다.

p. 34 🔑 ❶ Should this project be done by tomorrow? ❷ Will the festival be held in April? ❸ Can the food be cooked in 30 minutes? / ❶ 이 프로젝트는 내일까지 완성되어야 한다. → 이 프로젝트가 내일까지 완성되어야 하나요? ❷ 축제는 4월에 열릴 것이다. → 축제가 4월에 열릴까요? ❸ 그 음식은 30분 안에 조리될 수 있다. → 그 음식이 30분 안에 조리될 수 있나요?

p. 35 🔑 ❶ with ❷ with ❸ at / ❶ 나는 내 성적에 만족한다. ❷ 그 땅은 얼음으로 덮여 있다. ❸ 많은 사람들이 그 광경에 놀랐다.

p. 36 🔑 ❶ about ❷ about ❸ in / ❶ 아이들은 장난감을 보고 신이 났다. ❷ 그녀는 그녀의 아들이 걱정된다. ❸ 나는 요리에 흥미가 있다.

p. 37 🔑 ❶ were(was) ❷ would forgive ❸ didn't hurt, could play / ❶ 그 지갑이 너무 비싸지 않다면, 내가 그것을 살 텐데. ❷ 내가 너라면, 그를 용서할 텐데. ❸ 내 무릎이 아프지 않다면, 내가 너와 축구를 할 텐데.

p. 38 🔑 ❶ had, could go ❷ doesn't speak, can't understand / ❶ 내게 우산이 있다면, 밖에 나갈 수 있을 텐데. → 우산이 없어서 나는 밖에 나갈 수 없다. ❷ 그가 조금 더 천천히 말한다면, 우리가 그를 더 잘 이해할 수 있을 텐데. → 그가 천천히 말하지 않아서 우리는 그가 하는 말을 더 잘 이해할 수 없다.

p. 39 🔑 ❶ △ ❷ ○ ❸ △ / ❶ 네가 더 일찍 일어나면, 너는 학교에 늦지 않을 것이다. ❷ 그의 키가 더 크다면, 그는 농구선수를 할 수 있을 텐데. ❸ 그가 그녀에게 그 소식을 알려주면, 그녀는 매우 행복해할 것이다.

p. 40 🔑 ❶ had ❷ were(was) ❸ would tell / ❶ 나에게 새 노트북이 있다면 좋을 텐데. ❷ 그가 서울에 있다면 좋을 텐데. ❸ 누구든 내게 답을 알려주면 좋을 텐데.

p. 41 답 ❶ I'm sorry, don't know ❷ I wish, had ❸ I'm sorry, I'm not / ❶ 내가 바이올린 연주하는 법을 안다면 좋을 텐데. → 내가 바이올린 연주하는 법을 몰라서 유감이다. ❷ 나에게 운전면허가 있다면 좋을 텐데. → 나에게 운전면허가 없어서 유감이다. ❸ 내가 Jacob만큼 키가 크다면 좋을 텐데. → 내가 Jacob만큼 키가 크지 않아서 유감이다.

영어전략

이 책의 **구성과 활용**

이 책은 3권으로 이루어져 있는데
본책인 BOOK1, 2의 구성은 아래와 같아.

주 도입

만화를 읽은 후 간단한 퀴즈를 풀며 한 주 동안 학습
할 구문을 익혀 봅니다.

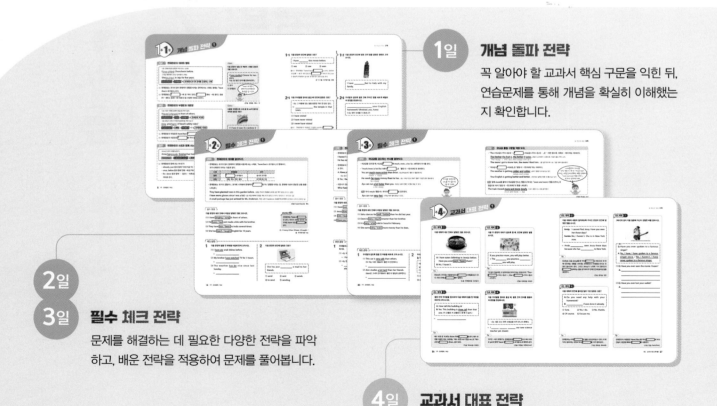

1일 **개념 돌파 전략**
꼭 알아야 할 교과서 핵심 구문을 익힌 뒤,
연습문제를 통해 개념을 확실히 이해했는
지 확인합니다.

2일
3일 **필수 체크 전략**
문제를 해결하는 데 필요한 다양한 전략을 파악
하고, 배운 전략을 적용하여 문제를 풀어봅니다.

4일 **교과서 대표 전략**
내신 기출 문제의 대표 유형을 풀어 보며 실제 학교 시험
유형을 익힙니다.

부록 **시험에 잘 나오는 개념 BOOK**

부록은 뜯어서 미니북으로 활용하세요!
시험 전에 개념을 확실하게 짚어 주세요.

주 마무리와 권 마무리의 특별 코너들로
영어 실력이 더 탄탄해질 거야!

주 마무리 코너

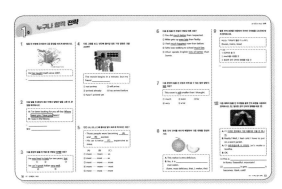 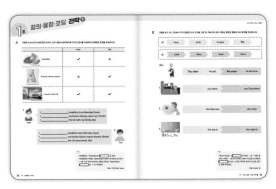

누구나 합격 전략

난이도가 낮은 문제들을 통해 앞서 학습한 내용에 대한 기초 이해력을 점검합니다.

창의·융합·코딩 전략

융복합적 사고력과 문제 해결력을 키울 수 있는 재미있는 문제들을 풀어 봅니다.

권 마무리 코너

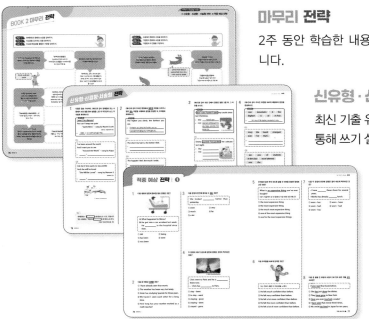

마무리 전략

2주 동안 학습한 내용을 이미지나 만화를 통해 총정리합니다.

신유형·신경향·서술형 전략

최신 기출 유형을 반영한 다양한 서술형 문제들을 통해 쓰기 실력을 키웁니다.

적중 예상 전략

실제 학교 시험 유형의 예상 문제를 풀며 실전에 대비합니다.

이 책의 차례

현재완료 / 비교

1 현재완료

Have you decided what you want for dinner?

Not yet. What about lasagna? We haven't had it for so long.

대화의 내용과 일치하지 <u>않는</u> 것은?
a. 두 사람은 저녁에 먹을 메뉴를 정했다.
b. 두 사람은 라자냐를 안 먹은 지 오래됐다.

2 비교급 강조

I think I'm doing a lot better than the last time. What do you think?

Watch out for the wave! It's much bigger than the last one!

대화에서 여학생이 남학생에게 소리친 이유로 알맞은 것은?
a. 훨씬 더 큰 파도가 밀려오고 있어서
b. 남학생이 서핑을 아주 잘해서

3 비교급 활용 구문

Can I have a chicken wrap, please?

How much lettuce would you like?

The more, the better. Eating vegetables is becoming more and more popular among young people.

대화에서 남학생이 원하는 양상추의 양은?
a. 적을수록 좋다.
b. 많을수록 좋다.

4 최상급 활용 구문

Look at the panda over there. It's one of the most popular animals in this zoo.

That's the cutest animal I've ever seen!

판다에 대한 여학생의 생각으로 알맞은 것은?
a. 다른 동물들만큼 귀엽다.
b. 지금까지 본 동물 중 가장 귀엽다.

개념 1 현재완료의 의미와 형태

> 나는 전에 춘천을 방문한 적이 있다. (경험)
> I **have visited** Chuncheon before.
>
> 그녀는 제주에서 5년간 살아왔다. (계속)
> She **has lived** in Jeju for five years.
>
> **have(has)** + **과거분사** → 현재완료(과거와 현재를 연결하는 시제)

○ 현재완료는 과거의 일이 현재까지 영향을 미치는 경우에 쓰는 시제로, 형태는 「have (has)+과거분사」이다.

○ 현재완료는 [①_____](~해 본 적이 있다), [②_____](계속 ~해 왔다), 완료 (막 ~했다), 결과(~해 버렸다) 등 다양한 의미로 쓰인다.

Quiz

다음 문장의 밑줄 친 부분의 시제로 알맞은 것을 고르시오.

> I **have studied** Chinese for two years.
> (나는 2년 동안 중국어를 공부해 왔다.)

① 과거
② 현재완료

「have+과거분사」 형태이므로 현재완료의 문장임을 알 수 있어.

답 ❶ 경험 ❷ 계속 / ②

개념 2 현재완료의 부정문과 의문문

> 나는 다른 사람들 앞에서 춤을 춘 적이 없어.
> I **haven't danced** in front of others.
>
> **have(has)** + **not** + **과거분사** → 현재완료 부정문
>
> 너는 바닷가 안전 수칙에 대해 들어본 적이 있니?
> **Have** you **heard** of beach safety rules?
>
> **Have(Has)** + **주어** + **과거분사** ~? → 현재완료 의문문

○ 현재완료의 부정문은 have(has) [①_____]에 not이나 never를 쓴다.

○ 현재완료의 의문문은 [②_____]를 주어 앞에 쓴다.

Quiz

다음을 부정문으로 고쳐 쓸 때 not이 들어갈 위치로 알맞은 것은?

> I ① have ② seen ③ a rainbow ④ before ⑤.

답 ❶ 뒤 ❷ Have(Has) / ②

개념 3 현재완료의 쓰임과 함께 쓰는 부사(구)

> Anne은 이미 숙제를 끝냈다.
> Anne **has already** finished her homework.
>
> **have(has)** + **already, just** + **과거분사** → 완료: 이미/지금 막 ~했다

○ 현재완료와 함께 쓰는 부사(구)
　– already, just 등과 함께 '이미(지금 막) ~했다'라는 '완료'의 의미로 쓴다.
　– once, before 등과 함께 '전에 ~해 본 적이 있다'라는 '[①_____]'의 의미로 쓴다.
　– for, since 등과 함께 '… 동안(… 이후로) 계속 ~해 왔다'라는 '[②_____]'의 의미로 쓴다.

Quiz

우리말과 같도록 밑줄 친 동사의 형태를 고쳐 쓰시오.

© Getty Images Bank

> He lived in New York since 2020.
> (그는 2020년 이후 계속 뉴욕에서 살고 있다.)

답 ❶ 경험 ❷ 계속 / has lived

1-1 다음 문장의 빈칸에 알맞은 것은?

> I have _____ this movie before.

① see   ② saw   ③ seen

풀이 | 현재완료는 「have (has)+❶[   ]」로 쓴다. before 와 함께 '〜 해 본 적이 있다'는 ❷[   ]의 의미가 된다. see 는 불규칙 변화하는 동사로 과거분사는 seen으로 쓴다.

🖫 ③ / ❶ 과거분사 ❷ 경험

1-2 다음 문장의 빈칸에 괄호 안의 말을 알맞은 형태로 고쳐 쓰시오.

> I have _____(be) to Italy with my family.

2-1 다음 우리말을 영어로 옮길 때 빈칸에 알맞은 것은?

> 나는 그 마을에 있는 절을 방문한 적이 한 번도 없다.
> ➡ _____ the temple in that town.

① I have visited

② I have never visited

③ I never have visited

풀이 | 현재완료의 부정문은 부정어 not이나 ❶[   ]를 have (has)와 과거분사 ❷[   ]에 쓴다. '〜한 적이 (결 코/한 번도) 없다'로 해석한다.

🖫 ② / ❶ never ❷ 사이

2-2 우리말과 같도록 괄호 안에 주어진 말을 바르게 배열하 여 문장을 완성하시오.

> _____ your English homework? (finished, you, have)
> (너는 영어 숙제를 다 끝냈니?)

3-1 우리말과 같도록 빈칸에 알맞은 말을 고르면?

> He has grown apples _____ 2015.
> (그는 2015년 이후로 사과를 재배해 왔다.)

① since   ② for   ③ ever

풀이 | '… 이후로 (계속) 〜해 왔다'는 현재완료 시제와 ❶[   ]를 함께 써서 나타낸다. 「since+과거 시점」은 '❷[   ]'라는 의미이다.

🖫 ① / ❶ since ❷ … 이후로

3-2 우리말과 같도록 빈칸에 알맞은 말을 쓰시오.

> He has stayed at the hotel _____ _____.
> (그는 2주 동안 그 호텔에 머물고 있다.)

개념 4 비교급 강조 부사

너는 나보다 훨씬 더 키가 크다.
You are much **taller than me.**

| much / far / a lot / even / still | + | 비교급+than |

➜ 훨씬 더 ~한(하게)

○ 비교급 **❶**□□□ 에 much / **❷**□□□ / a lot / even / still 등을 써서 '훨씬 더 ~한(하게)'의 뜻으로 비교급을 강조할 수 있다.

주의 원급은 very를 써서 강조한다.

Quiz

다음 괄호 안에서 알맞은 것을 고르시오.

The girl is (very / much) bigger than her brother.

답 ❶앞 ❷far / much

개념 5 비교급 활용 구문

많이 읽으면 읽을수록, 더욱더 잘 쓸 수 있다.
The more you read, **the better** you can write.

| The+비교급 | + | (주어+동사) | ~, | the+비교급 | + | (주어+동사) | …

➜ ~하면 할수록, 더욱더 …하다

하늘이 점점 더 어두워지고 있다.
The sky is getting darker and darker.

| 비교급 | + | and | + | 비교급 | ➜ | 점점 더 ~한(하게)

○ 「The+비교급 ~, the+**❶**□□□ …」은 '~하면 할수록, 더욱더 …하다'의 뜻이다.
○ 「비교급+**❷**□□□+비교급」은 '점점 더 ~한(하게)'의 뜻을 나타낸다. 동사 get, become, grow 등과 자주 함께 쓰인다.

Quiz

우리말과 같도록 빈칸에 공통으로 들어갈 말을 쓰시오.

_____ earlier we leave, _____ sooner we will arrive.
(우리가 일찍 출발하면 할수록, 우리는 더욱더 빨리 도착할 것이다.)

답 ❶비교급 ❷and / The, the

개념 6 최상급 활용 구문

그것은 내가 본 것 중에 가장 큰 배이다.
It's the biggest ship that I've ever seen.

| the+최상급 | + | 단수 명사 | (+that)+ | 주어 | + | have(has) | (+ever)+ | 과거분사

서울은 세계에서 가장 큰 도시들 중의 하나이다.
Seoul is one of the largest cities in the world.

| one of | + | the+최상급 | + | 복수 명사

○ 「the+최상급+**❶**□□□(+that)+주어+have(has)(+ever)+과거분사」는 '(지금까지) ~한 것 중에 가장 …한 명사'의 의미로 쓰인다.
○ 「one of the+최상급+**❷**□□□」는 '가장 ~한 것들 중의 하나'의 의미이다.

Quiz

우리말과 같도록 괄호 안의 단어를 알맞은 형태로 써서 문장을 완성하시오.

It's the _____ dog I've ever seen. (small)
(그것은 내가 본 것 중에 가장 작은 강아지이다.)

답 ❶단수 명사 ❷복수 명사 / smallest

4-1 다음 문장의 빈칸에 알맞은 것은?

> They feel _____ happier now than before.

① very ② much ③ more

풀이 | happier는 형용사 happy의 **❶**[_____]이므로 앞에 much, far, a lot, even, still 등을 써서 강조한다. very는 **❷**[_____]을 강조한다.

图 ② / ❶비교급 ❷원급

4-2 다음 문장의 빈칸에 들어갈 말로 어색한 것은?

> Somin sings _____ better than her friends.

① even ② very ③ a lot

5-1 다음 문장의 밑줄 친 부분을 어법에 맞게 고쳐 쓰시오.

> The hotter the weather is, <u>I am the lazier</u>.

➡ _____

풀이 | 「The+비교급(+주어+동사) ~, the+**❶**[_____](+주어+동사) …」는 '~하면 할수록, **❷**[_____] …하다'의 의미이다.

图 the lazier I am / ❶비교급 ❷더욱더

5-2 다음 문장의 밑줄 친 부분을 바르게 고쳐 쓰시오.

> <u>Much</u> you exercise, <u>healthy</u> you will become.

➡ _____, _____

6-1 괄호 안의 단어를 활용하여 우리말과 같도록 문장을 완성하시오.

> Shakespeare is one _____ writers. (great)
> (셰익스피어는 가장 위대한 작가들 중 한 명이다.)

풀이 | '가장 ~한 것들 중의 하나'의 의미가 되어야 하므로, 「one of the+최상급+**❶**[_____]」의 형태가 되도록 주어진 형용사 great를 **❷**[_____]으로 고쳐 쓴다.

图 of the greatest / ❶복수 명사 ❷최상급(the greatest)

6-2 괄호 안의 단어를 활용하여 우리말과 같도록 문장을 완성하시오.

© Nadiia Korol/shutterstock

> This is _____ in the store. (expensive, bag)
> (이것은 매장에서 가장 비싼 가방 중 하나이다.)

CHECK UP

My aunt has (be / been) to Spain twice.

· 구문 현재완료 시제는 「❶ [   ]+과거분사」
의 형태로 쓴다.

· 해석 나의 이모는 스페인에 ❷ [   ] 번 가
본 적이 있다.

© Getty Images Bank

📖 been / ❶ have(has) ❷ 두

CHECK UP

(Have ridden you / Have you ridden) a
horse before?

· 구문 현재완료의 의문문에서는 ❶ [   ]를
주어 앞에 쓴다.

· 해석 너는 ❷ [   ] 말을 타
본 적이 있니?

📖 Have you ridden / ❶ Have(Has) ❷ 전에

CHECK UP

Sumin has learned Chinese (since / for)
last year.

· 구문 since는 '~ 이후로/부터'라는 의미의 전치
사로, 뒤에 과거 시점이 와서 현재완료와 함
께 ❶ [   ]의 의미를 나타낸다.

· 해석 수민이는 ❷ [   ] 죽 중국어를 배워
왔다.

📖 since / ❶ 계속 ❷ 작년부터

1 밑줄 친 동사를 현재완료 시제에 맞게 고쳐 쓰시오.

(1) James and Kate <u>be</u> friends for ten years.

➡ _____

(2) I <u>meet</u> a famous actor in this theater.

➡ _____

actor 배우   theater 극장

2 다음 문장의 밑줄 친 부분을 바르게 고쳐 쓰시오.

(1) I <u>didn't have seen</u> David for about a month.
(나는 약 한 달간 David를 본 적이 없다.)

➡ _____

(2) <u>Did you ever heard</u> of the Jeonju *Bibimbap* Festival?
(전주 비빔밥 축제에 대해 들어본 적이 있니?)

➡ _____

about 약, 대략   hear of ~에 대해 듣다

3 우리말과 같도록 괄호 안의 말을 빈칸에 넣어 문장을 완성하시오.

(1) 민준이는 이미 과학 프로젝트를 끝냈다.

Minjun _____ _____ his science project _____.
(has, already, finished)

(2) 그들은 이 마을에 2주 동안 머무르고 있다.

They _____ _____ in this village _____ two
weeks. (for, stayed, have)

project 프로젝트   village 마을   stay 머무르다

CHECK UP

My sister's room is (more / much) bigger than mine.

· 구문 much나 a lot 등은 ❶ [　　　]을 강조하여 '훨씬'의 뜻으로 쓰인다. even, far, still 등도 비교급을 강조한다.

· 해석 내 여동생의 방이 내 방 보다 ❷ [　　　] 더 크다.

📖 much / ❶비교급 ❷훨씬

4 다음 밑줄 친 표현에 유의하여 문장을 해석하시오.

(1) The subway is <u>much faster</u> than the bus.

　➡ _____

(2) He invited <u>a lot more</u> friends than I wanted.

　➡ _____

subway 지하철　invite 초대하다

CHECK UP

(The older / The oldest) we grow, (the wiser / the wisest) we become.

· 구문 「The+비교급(+주어+동사) ~, the+ ❶ [　　　](+주어+동사) …」는 '~하면 할수록, 더욱더 …하다'의 뜻이다.

· 해석 우리는 나이가 들면 들수록, ❷ [　　　] 현명해진다.

📖 The older, the wiser / ❶비교급 ❷더욱더

5 우리말과 같도록 괄호 안의 말을 알맞은 형태로 써서 문장을 완성하시오.

(1) 운동을 많이 하면 할수록, 너는 더욱더 강해진다.

　The _____ (much) you exercise, the _____ (strong) you get.

(2) 더 오래 기다릴수록, 그녀는 더욱더 화가 났다.

　_____ _____ (long) she waited, _____ _____ (angry) she got.

exercise 운동하다　angry 화가 난

CHECK UP

This is one of the oldest (building / buildings) in Korea.

· 구문 「one of the+최상급+❶ [　　　]」는 '가장 ~한 것들 중 하나'의 의미이다.

· 해석 이것은 한국에서 가장 오래된 건물 중 ❷ [　　　]이다.

© Ji-eun Lee/shutterstock

📖 buildings / ❶복수 명사 ❷하나

6 우리말과 같도록 괄호 안의 말을 배열하여 문장을 완성하여 다시 쓰시오.

(1) 지민이는 이 반에서 가장 키가 큰 학생 중 한 명이다.

　Jimin is (of / tallest / the / one / students) in this class.

　➡ _____

(2) 그는 한국에서 가장 유명한 코미디언 중 한 명이다.

　He is (most famous / one / comedians / of / the) in Korea.

　➡ _____

class 학급　famous 유명한　comedian 코미디언

전략 1 현재완료의 의미를 알아두자.

- 현재완료는 과거의 일이 현재까지 영향을 미칠 때 쓰는 시제로, 「have〔has〕+과거분사」의 형태이다.
  과거시제와의 차이는 다음과 같다.

시제	현재완료	과거
형태	❶　　　　　　+과거분사	동사의 과거형
쓰임	경험, 계속, 완료, 결과	과거에 끝난 일

- 현재완료는 과거의 경험이나, 과거에 시작하여 현재까지 ❷　　　　　되거나 영향을 미치는 일, 현재에 이르러 완료된 상황 등을 나타낸다.

  They **have planted** trees in this garden before. 그들은 전에 이 정원에 나무를 심은 적이 있다. (과거의 경험)
  I **have worn** glasses since I was a kid. 나는 어릴 때부터 안경을 계속 쓰고 있다. (과거부터 현재까지 계속되는 일)
  A small package **has** just **arrived** for Ms. Anderson. 작은 소포가 Anderson 씨에게 막 도착했다. (현재에 이르러 완료된 일)

답 ❶ have〔has〕 ❷ 계속

필수 예제

다음 문장의 네모 안에서 어법상 알맞은 것을 고르시오.

(1) I have | singing / sung | in front of others.

(2) He | have / has | just made a kite with his brother.

(3) They have | was / been | to India several times.

(4) She has | teach / taught | English for 10 years.

문제 해결 전략

현재완료는 「have+❶　　　　　」로 쓴다. 주어가 3인칭 단수인 경우에는 have 대신 ❷　　　　　를 쓴다.

답 (1) sung (2) has (3) been (4) taught /
❶ 과거분사 ❷ has

확인 문제

1 다음 문장의 밑줄 친 부분을 어법에 맞게 고치시오.

(1) I have ate snail dishes before.

　➡ _____

(2) My brother have watched TV for 3 hours.

　➡ _____

(3) The weather has be nice since last Sunday.

　➡ _____

2 다음 문장의 빈칸에 알맞은 것은?

She has just _____ e-mail to her friends.

① send　　② sent　　③ sends

④ to send　　⑤ sending

전략 2 현재완료의 부정문과 의문문에 대해 알아두자.

- 현재완료의 부정은 have〔has〕의 **❶** [ ] 에 not 또는 never를 써서 나타낸다.

 I **haven't seen** Ella for days. 나는 며칠 동안 Ella를 본 적이 없어.

 He **has not bought** the cake or flowers yet. 그는 아직 케이크나 꽃을 사지 못했다.

- 현재완료의 의문문은 Have〔Has〕를 주어 앞에 써서 만든다. 대답은 「Yes, 주어+**❷** [ ] .」 또는 「No, 주어+**❸** [ ] .」
 로 한다.

 A: **Have** you **heard** of safety rules for mountain hiking?

  너는 등산 안전 수칙에 대해 들어 본 적이 있니?

 B: Yes, I **have**. / No, I **haven't**. 응, 들어본 적이 있어. / 아니, 들어본 적이 없어.

- 의문사가 있는 현재완료의 의문문은 「의문사+have〔has〕+주어+과거분사 ~?」로 쓴다.

 What **have** you **learned** from that book? 너는 그 책에서 무엇을 배웠니?

현재완료에서 have〔has〕는 조동사처럼 쓴다고 생각하면 이해가 쉬워.

🖺 **❶** 뒤 **❷** have〔has〕 **❸** haven't〔hasn't〕

필수 예제

다음 문장의 네모 안에서 어법상 알맞은 것을 고르시오.

(1) I have | not done / done not | anything all day.

(2) Jessy | doesn't / hasn't | bought a car yet.

(3) | Did / Has | John arrived at the station already?

(4) | Have you ever / Did you ever | met Megan before?

문제 해결 전략

현재완료의 부정은 **❶** [ ] 뒤에 not이나 never를 써서 나타내고, 현재완료의 의문문은 Have〔Has〕를 **❷** [ ] 의 앞에 써서 만든다.

🖺 (1) not done (2) hasn't (3) Has
(4) Have you ever / **❶** have〔has〕 **❷** 주어

확인 문제

1 우리말과 같도록 괄호 안의 표현을 활용하여 문장을 완성하시오.

(1) 나는 아직 결정하지 못했어. (decide)

 ➡ I have _____ yet.

(2) 너는 한국에 대한 책을 읽은 적이 있니? (have, read)

 ➡ _____ any books
  about Korea?

2 우리말과 같도록 밑줄 친 부분을 바르게 고친 것은?

How many movies <u>did he</u> directed?
(그는 몇 편의 영화를 감독해 왔니?)

① does he   ② had he   ③ is he

④ have he   ⑤ has he

전략 3 현재완료와 같이 쓰는 부사(구)를 알아두자.

- 현재완료는 다음과 같은 부사(구)와 자주 함께 쓰인다.

현재완료	같이 쓰는 부사(구)	의미
경험	ever, ⬛❶, before, once〔twice, three times …〕	한 번이라도, (한 번도) ~않다, 전에, 한 번〔두 번, 세 번…〕
계속	for+기간, since+과거 시점	~ 동안, ⬛❷
완료	just, already, yet	지금 막, ⬛❸, 아직 ~않다

A: **Have** you *ever* **cooked** fried rice? B: No, I've *never* **cooked** fried rice.

　볶음밥을 요리해 본 적이 있나요?　　　　　　아니요, 저는 볶음밥을 요리해 본 적이 한 번도 없어요.

A: Would you like something to eat? B: No, thanks. I've *just* **had** lunch.

　무엇을 좀 드시겠어요?　　　　　　고맙지만, 사양할게요. 지금 막 점심을 먹었어요.

- 부사구 「for+기간」은 '~하는 동안'의 의미로, 「since+과거 시점」은 '~ 이후로'의 의미로 계속의 의미를 나타내는 현재완료와 함께 쓰인다.

A: How long **have** you **been** married? B: We've **been** married *for* 30 years.

　결혼한 지 얼마나 되셨나요?　　　　　　저희는 결혼한 지 30년 되었어요.

　　　　　　　　　　C: We've **been** married *since* 2017.

　　　　　　　　　　저희는 2017년 이후로 결혼한 상태예요.

🔑 ❶ never ❷ ~ 이후로〔이래로/부터〕 ❸ 이미〔벌써〕

필수 예제

우리말을 참고하여 다음 문장의 네모 안에서 알맞은 것을 고르시오.

(1) The airplane has | just / ever | landed.

　(비행기가 지금 막 착륙했다.)

(2) You've never given me flowers | ago / before |.

　(너는 전에 나에게 꽃을 준 적이 없다.)

문제 해결 전략

부사 just는 현재완료와 함께 쓰여 ⬛❶ 의 의미를 나타내고, before는 '전에'라는 뜻으로 현재완료와 함께 쓰여 ⬛❷ 의 의미를 나타낸다.

🔑 (1) just (2) before / ❶ 완료 ❷ 경험

확인 문제

1 우리말과 같도록 대화의 빈칸에 알맞은 말을 쓰시오.

(1) **A**: Have you ever played cricket?

　B: No, I have _____ played cricket.

　(아니, 나는 크리켓을 한 번도 해 본 적이 없어.)

(2) **A**: This tower looks very old.

　B: Yes, it has been here _____ about 50 years. (그래, 그것은 약 50년간 여기 있어 왔어.)

2 다음 문장의 밑줄 친 부분 중 어법상 어색한 것은?

Have you ever reading the story about
①　②　③　④　　　　　　⑤
Aladdin?

전략 4 현재완료에서 주의할 점에 대해 알아두자.

- 현재완료는 현재와 관련이 있는 과거에 대해 말할 때 쓰며, 특정한 **❶**⬚⬚⬚ 시점을 나타내는 표현(yesterday, last night, two years ago, when I was young 등)과 같이 쓸 수 없다.

My father **has visited** China many times. (○) 우리 아버지는 중국에 여러 번 가 본 적이 있다.
My father **has visited** China *last year*. (×)

- 특정한 과거 시점을 나타내는 표현은 **❷**⬚⬚⬚ 시제와 함께 쓴다.

My father **visited** China *last year*. (○) 우리 아버지는 작년에 중국을 방문했다.

- 주의해야 할 현재완료 표현

have gone to 는 '가 버리고 없다'라는 의미이므로 I(나)를 주어로 해서는 쓸 수 없다는 점에 주의해야 해.

	have(has) been to	have(has) gone to
의미	경험: ~에 가 본 적이 있다	결과: ~에 가 버리고 없다
예문	I **have been to** London. 나는 런던에 가 본 적이 있어.	She **has gone to** London. 그녀는 런던에 가 버리고 없다.

🔑 ❶ 과거 ❷ 과거

필수 예제

다음 문장이 어법상 옳으면 ○에, 어색하면 X에 표시하시오.

(1) The English class has started a few minutes ago. ○ / X
(2) Jennifer has worked for this company for 11 years. ○ / X
(3) James has been to Paris twice. ○ / X
(4) I have gone to Australia. ○ / X

문제 해결 전략

특정한 과거 시점을 나타내는 표현은 **❶**⬚⬚⬚와 함께 쓰지 않으며, '~에 가 버리고 없다'라는 의미로 쓰이는 have(has) **❷**⬚⬚⬚ to는 I를 주어로 하여 쓸 수 없다.

🔑 (1) X (2) ○ (3) ○ (4) X /
❶ 현재완료 ❷ gone

확인 문제

1 우리말과 같도록 다음 문장에서 <u>어색한</u> 부분을 찾아 바르게 고치시오.

We live here since 2019.
(우리는 2019년부터 죽 여기에서 살고 있다.)

_____ ➡ _____

2 우리말과 같도록 괄호 안의 표현을 배열하여 문장을 완성할 때 세 번째에 오는 것은?

Jim is away on holiday. (Spain / he / to / gone / has)
(Jim은 휴가를 떠났다. 그는 스페인에 가고 없다.)

① Spain ② he ③ to
④ gone ⑤ has

1 민호가 오늘 계획했던 일에 대한 글을 읽고, (A), (B)의 네모 안에서 알맞은 것을 고르시오.

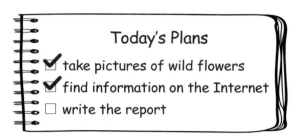

Today's Plans
- ✓ take pictures of wild flowers
- ✓ find information on the Internet
- ☐ write the report

Minho has already (A) | taking / taken | pictures of wild flowers. And he has found information on the Internet. But he (B) | didn't / hasn't | written the report yet.

2 다음 중 어법상 어색한 문장은?

① I have already met our new teacher.

② He hasn't eaten anything yet today.

③ They have won the soccer game last Sunday.

④ She has played the piano for two hours.

⑤ I haven't slept well since I saw the horror movie.

3 주어진 문장에 이어질 알맞은 말을 〈보기〉에서 골라 빈칸에 쓰시오.

┌ 보기 ┐
- I can't find it anywhere.
- She has been there many times.
- He has seen it three times.
- We're going to the concert.

(1) Seho really loves that movie. _____

(2) I have lost my pencil case. _____

(3) I've booked the tickets. _____

(4) She knows a lot about India. _____

[4~5] 다음 글을 읽고, 물음에 답하시오.

Words
selfie 셀피 (스마트폰 등을 사용하여 스스로 찍은 자기 사진)
post 게시하다
water 물을 주다
join 가입하다, 함께하다
create 창조하다, 만들다

I think we can use selfies to make a better school life. We can do good things at school and take selfies. Then we can post the photos on our school website. (A) <u>나는 한 달 동안 학교에서 식물과 꽃에 물을 주어 왔다.</u> I've also (B) <u>help</u> the teacher at the school library many times. Look at my selfies of those things. How about joining me to create a better school life?

4 밑줄 친 (A)의 우리말과 같도록 괄호 안의 표현을 알맞게 배열하여 문장을 완성하시오.

(watered / the plants and the flowers / I / have)

➡ _____ at school for one month.

문제 해결 전략

「for+기간」은 '~ 동안'의 뜻으로 [❶ _____]의 의미를 나타내는 현재완료 문장에서 쓴다. 현재완료 시제는 「have(has)+❷ _____」로 쓴다.

🖪 ❶ 계속 ❷ 과거분사

5 밑줄 친 (B)를 어법상 알맞게 고쳐 쓰시오.

➡ _____

문제 해결 전략

앞에 나온 I've는 I ❶ _____를 줄여 쓴 것이므로 현재완료의 문장이다. 그러므로 빈칸에는 ❷ _____가 와야 한다.

🖪 ❶ have ❷ 과거분사

전략 1 비교급을 강조하는 부사를 알아두자.

- 비교급을 강조할 때, 비교급 **❶**[   ]에 much, even, a lot, far, still 등의 부사를 쓴다.

- 「much/even/a lot/far/still+**❷**[   ]」은 '훨씬 더 ~한(하게)'로 해석한다.

  You are **much more active than** Brian. 너는 Brian보다 훨씬 더 활동적이다.
  ___much___ + 비교급

  He needs **far more** money **than** he has. 그는 가지고 있는 것보다 훨씬 더 많은 돈이 필요하다.
  ___far___+비교급

  Jiyu can run **a lot faster than** you. 지유는 너보다 훨씬 더 빨리 달릴 수 있다.
  ___a lot___+비교급

  주의 부사 very는 형용사나 부사의 **❸**[   ]을 강조한다.

  Jiyu can run **very fast**. 지유는 매우 빨리 달릴 수 있다.

> 비교급을 강조할 때는 very를 쓰지 않는다는 것을 꼭 기억해!

답 ❶ 앞 ❷ 비교급 ❸ 원급

필수 예제

다음 문장의 네모 안에서 어법상 알맞은 것을 고르시오.

(1) Seho dances far | well / better | than he did last year.

(2) Dami is | very / much | smarter than her brother.

(3) It is | very / a lot | cold in Seoul in February.

(4) She earns | very / even | more money than he does.

문제 해결 전략

비교급을 **❶**[   ]할 때에는 비교급 앞에 much, even, still, far, a lot 등을 쓰며, '**❷**[   ] 더 ~한(하게)'의 의미를 나타낸다.

답 (1) better (2) much (3) very
(4) even / ❶ 강조 ❷ 훨씬

확인 문제

1 우리말과 같도록 밑줄 친 부분을 바르게 고쳐 쓰시오.

(1) This car is **very safe** than others.
   (이 차는 다른 것들보다 훨씬 더 안전하다.)
   ➡ _____

(2) Ann studies **a lot hard** than her friends.
   (Ann은 그녀의 친구들보다 훨씬 더 열심히 공부한다.)
   ➡ _____

2 우리말과 같도록 문장을 완성할 때 빈칸에 들어갈 수 <u>없</u>는 것은?

His idea is _____ more creative than yours.
(그의 아이디어는 네 것보다 훨씬 더 창의적이다.)

① much   ② far   ③ a lot

④ still   ⑤ very

전략 2 비교급 활용 구문을 익혀 두자.

- 「The+비교급(+주어+동사) ~, ❶ [　　] +비교급(+주어+동사) …」은 '~하면 할수록, 더욱더 …하다'라는 의미이다.

The fresher fruit is, **the better** it tastes. 과일이 신선하면 신선할수록, 더욱더 좋은 맛이 난다.
　The+비교급＋ 주어＋동사, the+비교급+주어+동사

The more I got to know him, **the more** I liked him. 그를 알게 되면 될수록 나는 그를 더욱더 좋아했다.

- 「비교급+❷ [　　] +비교급」은 '점점 더 ~한(하게)'라는 의미이다.

The weather is getting **colder and colder**. 날씨가 점점 더 추워지고 있다.
　　　　비교급+and+비교급

Your English is getting **better and better**. 너의 영어 실력은 점점 더 좋아지고 있다.

주의 앞에 more를 붙여서 비교급을 만드는 형용사/부사는 「more and more+형용사/부사의 원급」으로 써서 '점점 더 ~한(하게)'의 뜻을 나타낸다.

The train moved **more and more slowly**. 기차가 점점 더 느리게 움직였다.
　　　　more and more ＋ 원급

more를 붙여서 비교급을 만드는 형용사나 부사는 「비교급+and+비교급」 구문을 쓸 때, 반복되는 부분을 생략해서 「more and more+형용사/부사」로 쓴다고 생각하면 쉬워.

답 ❶ the ❷ and

필수 예제

우리말과 같도록 괄호 안의 표현을 바르게 배열하여 문장을 완성하시오.

(1) 더 많이 나누면 나눌수록, 우리는 더 행복해진다.

(happier / we / the / become / share / we / the / more)

➡ _____

(2) 방이 점점 더 어두워지고 있다. (darker / is / the room / and / darker / getting)

➡ _____

문제 해결 전략

(1) 「The +❶ [　　] (+주어+동사) ~, the+비교급(+주어+동사) …」은 '~하면 할수록, 더욱더 …하다'의 의미이다.
(2) 「비교급+❷ [　　] +비교급」은 '점점 더 ~한(하게)'의 의미이다.

답 (1) The more we share, the happier we become.
(2) The room is getting darker and darker. / ❶ 비교급 ❷ and

확인 문제

1 우리말과 같도록 할 때 빈칸에 들어갈 말이 바르게 짝지어진 것은?

> The _____ you are, the _____ it is to learn a new language.
> (어리면 어릴수록, 새로운 언어를 배우기가 더욱더 쉽다.)

① young – easy
② younger – easier
③ youngest – easiest
④ younger – easiest
⑤ more young – more easier

2 괄호 안의 말을 알맞은 형태로 변형하여 다음 대화를 완성하시오.

> **A**: It's very warm today, isn't it?
> **B**: Yes, it is. It's getting _____(warm) and _____(warm) these days.

전략 3 최상급을 활용한 구문을 익혀 두자.

- 「the+최상급+단수 명사(+that)+주어+have(has)(+ever)+과거분사」는 '지금까지 ~한 것 중에 [❶_____] …한 명사'의 의미를 나타낸다.

That is **the strangest story I've ever heard**. 그것은 내가 지금까지 들었던 것 중에 가장 이상한 이야기이다.
<u>the+최상급+단수 명사+주어+have+ever+과거분사</u>

What's **the best movie that you have ever seen?** 네가 여태 본 것 중에 가장 좋았던 영화는 뭐니?

- 「one of the+최상급+[❷_____]」는 '가장 ~한 …들 중의 하나'의 의미를 나타낸다.

Mt. Halla is **one of the highest mountains** in Korea. 한라산은 한국에서 가장 높은 산들 중 하나이다.
<u>one of the+최상급+복수 명사</u>

Suha is **one of the most diligent students** in her class.
수하는 그녀의 반에서 가장 부지런한 학생들 중 한 명이다.

구문의 의미에 따라 명사의 수가 다르니 주의하자!

🔖 ❶ 가장 ❷ 복수 명사

필수 예제

다음 문장의 네모 안에서 어법상 알맞은 것을 고르시오.

(1) London is one of the busiest | city / cities | in the world.

(2) Rome is the most beautiful | city / cities | that I've ever visited.

(3) Monaco is one of the | smaller / smallest | countries in the world.

(4) *The Lord of the Rings* is the | more / most | exciting movie that I've ever seen.

문제 해결 전략

「one of the+[❶_____]+복수 명사」는 '가장 ~한 … 중의 하나'의 의미이고, 「the+최상급+[❷_____](+that)+주어+have(has)(+ever)+과거분사」는 '지금까지 ~한 것 중에 가장 …한 명사'의 의미이다.

🔖 (1) cities (2) city (3) smallest (4) most / ❶ 최상급 ❷ 단수 명사

확인 문제

1 우리말과 같도록 할 때 빈칸에 들어갈 말로 알맞은 것은?

That is _____ I've ever heard.
(그것은 내가 이제껏 들었던 것 중 가장 재미있는 농담이다.)

① funny joke
② funnier joke
③ the funniest joke
④ the funniest jokes
⑤ more funnier joke

2 괄호 안의 말을 알맞은 형태로 변형하여 문장을 완성하시오.

Air pollution is one of the _____ _____ problems in Korea. (important)

전략 4 기타 비교 구문 활용 표현과 주의할 점을 확인하자.

- 「배수 표현+as+❶[ ]+as」와 「배수 표현+비교급+than」은 둘 다 '~보다 몇 배 더 …한(하게)'의 뜻이다.

  배수 표현: twice(두 배), three times(세 배), four times(네 배) ...

  This apple is **three times as big as** that one. 이 사과는 저것(저 사과)의 세 배만큼 크다.
  <u>배수 표현 + as+원급+as</u>

  = This apple is **three times bigger than** that one. 이 사과는 저것(저 사과)보다 세 배 더 크다.
  <u>배수 표현 + 비교급+than</u>

- 비교 구문에서 비교되는 두 대상은 문법적으로 같은 역할을 하며, 의미상 동등해야 한다.

  Soccer is more popular than **tennis**. 축구는 테니스보다 더 인기가 많다.
  <u>명사</u>   ❷[ ]

  Your happiness is as important as **mine**. 너의 행복은 나의 것(나의 행복)만큼 중요하다.
  <u>소유격+명사</u>   <u>소유대명사 (= my happiness)</u>

  Your happiness is as important as **me**. (×)
  <u>   </u>   '너의 행복'과 '나'를 비교하는 것은 어색함

  This **pencil** is longer than that **one**. 이 연필은 저것(저 연필)보다 길다.
  <u>단수 명사</u>   <u>부정대명사(= pencil)</u>

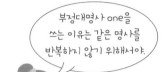

부정대명사 one을 쓰는 이유는 같은 명사를 반복하지 않기 위해서야

🔑 ❶ 원급 ❷ 명사

필수 예제

다음 그림을 참고하여 네모 안에서 알맞은 것을 고르시오.

(1)

This snake is three / third / three times as long as that one.

(2)

My scarf is more beautiful than you / your / yours .

확인 문제

1 우리말과 같도록 빈칸에 알맞은 말을 쓰시오.

> 내 방은 너의 방보다 두 배 더 넓다.

➡ My room is _____ _____ large _____ your room.

2 주어진 표현을 바르게 배열하여 문장을 완성하시오.

> is / much / than / that / faster / one

➡ This car _____.

1 다음 우리말을 영어로 바르게 옮긴 것을 <u>모두</u> 고르면?

> 나는 어제보다 오늘 훨씬 더 기분이 좋다.

① I'm feeling much better today than yesterday.

② I'm feeling very better today than yesterday.

③ I'm feeling far better today than yesterday.

④ I'm feeling a lot better today than yesterday.

⑤ I'm feeling a lot of better today than yesterday.

Words

feel good 기분이 좋다

문제 해결 전략

비교급을 ❶ [   ]할 때에는 비교급 앞에 much, ❷ [   ], a lot, even, still 등을 쓴다.

답 ❶ 강조 ❷ far

2 다음 중 밑줄 친 even의 의미가 나머지 넷과 <u>다른</u> 것은?

① He did it <u>even</u> better than you.

② It's <u>even</u> colder than yesterday.

③ It was cold there <u>even</u> in summer.

④ She's <u>even</u> more intelligent than her sister.

⑤ The movie is <u>even</u> more interesting than I expected.

Words

intelligent 지적인, 똑똑한
expect 기대하다

문제 해결 전략

even은 부사로 '❶ [   ]'라는 의미인데, 비교급 앞에서는 비교급을 강조하여 '❷ [   ]'이라는 의미를 나타낸다.

답 ❶ 심지어 ❷ 훨씬

3 다음 〈예시〉와 같이 주어진 문장을 바꾸어 쓰시오.

┌ 예시 ┐

If you practice harder, you'll do better.

➡ The harder you practice, the better you'll do.

If you get to know Jinsu more, you'll like him more.

➡ _____

Words

practice 연습하다

문제 해결 전략

주어진 문장의 의미가 '더 ~하면, 더 … 할 것이다'이므로 「❶ [   ]+비교급+주어+동사 ~, the+❷ [   ]+주어+동사 …」로 바꿔 쓸 수 있다.

답 ❶ The ❷ 비교급

[4~5] 다음 글을 읽고, 물음에 답하시오.

Words
The Atacama 아타카마 사막
dry 건조한
desert 사막
at all (부정문에서) 전혀 ~ (아닌)
ground 지면, 땅
area 지역, 구역
soil 토양, 흙
similar 비슷한
Mars 화성
prepare for ~을 준비하다
outer space 우주

© Getty Images Bank

The Atacama is the (A)dry desert on Earth. In some parts, it gets almost no rain at all — only 1–3 millimeters per year! The ground in some areas is so dry that no plants can grow. Do you know what scientists do in such a dry place? The soil in this desert is very similar to the soil on Mars, so they prepare for trips to outer space. (B) 또한 아타카마 사막은 지구상에서 별을 관측하기에 가장 좋은 장소들 중의 하나이다.

4 밑줄 친 (A)를 '가장 더운'의 의미가 되도록 알맞은 형태로 고쳐 쓰시오.

➡ _____

문제 해결 전략
'가장 ~한[하게]'의 의미는 형용사/부사의 ❶[   ]으로 나타내고, 최상급 앞에는 대개 ❷[   ]를 쓴다.

답 ❶최상급 ❷the

5 밑줄 친 (B)의 우리말과 같도록 주어진 단어를 활용하여 문장을 완성하시오. (단, 필요한 경우 형태를 바꿀 것)

➡ The Atacama is also _____ to watch stars. (one, good, place, on Earth)

문제 해결 전략
'가장 ~한 것들 중의 하나'는 「one of the+❶[   ]+❷[   ]」로 표현한다.

답 ❶최상급 ❷복수 명사

대표 예제 **1**

다음 대화의 네모 안에서 알맞은 것을 고르시오.

© bonchan/shutterstock

> **A:** I have eaten *bibimbap* in Jeonju before. Have you ever [went / been] there?
> **B:** No, I haven't.

Tip

Have로 시작하는 의문문이므로, ❶ _____ 시제임을 알 수 있다. 네모 안에는 ❷ _____ 형이 알맞다.

🔑 ❶ 현재완료 ❷ 과거분사

대표 예제 **2**

다음 두 문장의 의미가 같도록 할 때, 빈칸에 알맞은 말을 쓰시오.

> If you practice more, you will play better.
> = The _____ you practice, _____ _____ you will play.

Tip

'더 많이 연습하면, 더 잘하게 될 것이다'라는 의미이므로 「The+ ❶ _____ +주어+동사 ~, the+ ❷ _____ +주어+동사 …」로 쓴다.

🔑 ❶ 비교급 ❷ 비교급

대표 예제 **3**

괄호 안의 우리말을 참고하여 다음 대화의 밑줄 친 부분을 바르게 고쳐 쓰시오.

> **A:** How tall this building is!
> **B:** Yes. This building is three tall than that one. (이 건물은 저 건물보다 세 배 더 높아.)

➡ _____

Tip

배수 표현 중 '세 배'는 three 뒤에 ❶ _____ 를 쓴다. 배수 표현을 이용한 비교 구문에는 「배수 표현+as+원급+as」와 「배수 표현+ ❷ _____ +than」 등이 있다.

🔑 ❶ times ❷ 비교급

대표 예제 **4**

다음 우리말을 영어로 옮길 때, 괄호 안의 단어를 활용하여 문장을 완성하시오.

> 나는 새로 오신 과학 선생님을 아직 만나지 못했다.

➡ I _____ _____ _____ our new science teacher yet. (meet)

Tip

'(아직) ~하지 못했다'는 현재완료의 ❶ _____ 으로 써야 하므로 yet과 함께 「have+ ❷ _____ +과거분사」의 형태로 쓴다.

🔑 ❶ 부정 ❷ 부정어(not)

대표 예제 5

다음 대화의 내용과 일치하도록 주어진 문장의 빈칸에 알맞은 말을 쓰시오.

> **Andy:** I cannot find Jessy. Have you seen her these days?
>
> **Sumin:** No, I haven't. She is in New York now.

➡ Andy ＿＿＿＿＿＿ seen Jessy these days because she has ＿＿＿＿＿＿ to New York.

Tip

Andy는 요즘 Jessy를 본 적이 ❶ ＿＿＿＿ 고 했으므로 첫 번째 빈칸에는 경험을 나타내는 현재완료의 부정문을 만드는 표현이 들어가야 한다. 그리고 Jessy가 뉴욕에 가서 돌아오지 ❷ ＿＿＿＿ 상태라는 점을 생각하여 두 번째 빈칸에 들어갈 말을 결정한다.

🔒 ❶ 없다 ❷ 않은

대표 예제 6

다음 대화의 빈칸에 들어갈 말로 가장 알맞은 것은?

> **A:** Do you need any help with your homework?
>
> **B:** ＿＿＿＿＿＿ I have done it already.

① Sure. ② Yes, I do. ③ No, thanks.
④ Of course. ⑤ Excuse me.

Tip

현재완료는 이미 ❶ ＿＿＿＿ 한 일을 나타낼 때 쓸 수 있다. 이 때 '이미, 벌써'라는 의미의 부사 ❷ ＿＿＿＿ 를 자주 함께 쓴다.

🔒 ❶ 완료 ❷ already

대표 예제 7

〈예시〉와 같이 다음 질문에 자신이 경험한 바를 답하시오.

© Elena Nichizhenova/shutterstock

> **예시**
>
> **Q:** Have you ever spoken to a famous singer?
>
> **A:** Yes, I have. I have spoken to a famous singer once. / No, I haven't. I have never spoken to a famous singer.

(1) **Q:** Have you ever seen the movie *Frozen*?

　　A: ＿＿＿＿＿＿＿＿＿＿＿＿

　　＿＿＿＿＿＿＿＿＿＿＿＿＿＿

　　＿＿＿＿＿＿＿＿＿＿＿＿＿＿

(2) **Q:** Have you ever lost your wallet?

　　A: ＿＿＿＿＿＿＿＿＿＿＿＿

　　＿＿＿＿＿＿＿＿＿＿＿＿＿＿

　　＿＿＿＿＿＿＿＿＿＿＿＿＿＿

Tip

현재완료의 의문문은 Have(Has)를 주어 ❶ ＿＿＿＿ 에 써서 만들고, 응답할 때에도 ❷ ＿＿＿＿ 를 사용한다.

🔒 ❶ 앞 ❷ have(has)

대표 예제 8

다음 문장의 밑줄 친 부분과 바꿔 쓸 수 없는 것은?

> The water is far deeper than it looks.

① even
② very
③ much
④ still
⑤ a lot

Tip

비교급 앞에서 ❶ [　　　], even, still, a lot, far 등은 '❷ [　　　]'의 의미로 쓰여 비교급을 강조한다.

🔑 ❶ much ❷ 훨씬

대표 예제 9

우리말과 같도록 괄호 안의 동사를 알맞은 형태로 바꿔 써서 대화를 완성하시오.

> **A:** How long have you _____(study) for the test? (너는 시험 공부를 얼마나 오랫동안 했니?)
>
> **B:** I have _____(study) for three hours. (나는 3시간 동안 공부했어.)

Tip

과거부터 현재까지 ❶ [　　　]되어 온 일을 나타낼 때에는 기간을 나타내는 표현(how ❷ [　　　], 「for+기간」)과 현재완료 시제를 함께 사용한다.

🔑 ❶ 계속 ❷ long

대표 예제 10

우리말과 같도록 괄호 안의 말을 바르게 배열하여 문장을 완성하시오. (단, 필요한 경우 단어의 형태를 바꾸고 필요한 말은 보충할 것)

© FloridaStock/shutterstock

> 북극곰은 세계에서 가장 위험한 동물 중 하나이다.
> (one / is / the polar bear / the / animal / of / dangerous / the world / in)

➡ _____

Tip

'가장 ~한 것 중의 하나'라는 의미를 나타낼 때에는 「❶ [　　　] of the+최상급+❷ [　　　]」로 써야 한다.

🔑 ❶ one ❷ 복수 명사

대표 예제 11

다음 중 어법상 어색한 문장은?

① His score is a lot higher than mine.
② Jimin is much funnier than Minjun.
③ The lighter it is, the more expensive it is.
④ Traveling is becoming much and more expensive.
⑤ This is one of the most popular movies of the year.

Tip

'점점 더 ~한(하게)'의 의미를 나타낼 때에는 「❶ [　　　]+and+비교급, 혹은 「more and ❷ [　　　]+형용사 / 부사 원급」으로 써야 한다.

🔑 ❶ 비교급 ❷ more

대표 예제 12

다음 글의 밑줄 친 부분 중 어색한 것을 찾아 바르게 고쳐 쓰시오.

© Junne/shutterstock

Salar de Uyuni in Bolivia is ① the world's largest salt flat. Thousands of years ago, there was water, but it all dried up. Now, a large salt desert is left ② about 3,656 meters above sea level. Salar de Uyuni is ③ one of the most visited natural wonder of South America, too. All year round a lot of people visit this place ④ to take pictures of its unique natural beauty. In fact, the salt flat makes any tourist a great photographer. ⑤ Every picture you take in Salar de Uyuni will be a beautiful work of art!

flat 평지, 평원   natural wonder 자연 경관

→ _____

Tip

'가장 ~한 것 중 ❶[ ]'의 의미를 나타낼 때에는 「one of the+최상급+❷[ ]」를 써야 한다.

탑 ❶하나 ❷복수 명사

대표 예제 13

다음 글의 밑줄 친 우리말을 다음 〈조건〉에 맞게 영어로 쓰시오.

Things That Are Easy to Change

Your Friends_ You can change your friends. Does it sound strange? You may think that you have the perfect number of friends. If you add a new friend to the list, however, 여러분은 전보다 훨씬 더 기분이 좋아질 것이다.

Your Mind_ You thought one thing at first, and now you think another thing. That is okay. As someone said, "If you can change your mind, you can change your life."

조건
1. 비교급을 사용할 것
2. will, feel, even, before를 포함할 것
3. 7단어로 쓸 것

→ _____

Tip

주어진 우리말은 의미상 미래시제로 쓰는 것이 자연스럽다. 또한 비교급을 ❶[ ]하는 even은 비교급 앞에 써야 한다. 비교급 뒤에는 대게 '~보다'라는 의미의 ❷[ ]이 온다.

탑 ❶강조 ❷than

1 다음 빈칸에 들어갈 말로 어법상 어색한 것을 모두 고르면?

> I haven't seen James _____.

① recently　　　② last week

③ yesterday　　④ for one month

⑤ since last week

Tip

현재완료는 과거의 일이 ❶ [　　] 까지 영향을 미칠 때 쓴다. 따라서, 명확한 ❷ [　　] 시점을 나타내는 표현과 같이 쓸 수 없다.

🔖 ❶ 현재 ❷ 과거

2 우리말과 같도록 밑줄 친 단어의 형태를 바르게 바꾼 것이 순서대로 짝지어진 것은?

> 더 많이 바라면 바랄수록, 더욱더 실망하게 될 거야.
> ➡ The <u>much</u> you want, the <u>much</u> you will be disappointed.

① much – more　　② more – more

③ most – most　　④ most – more

⑤ more – much

Tip

'～하면 할수록, 더욱더 …하다'는 「❶ [　　] +비교급(+주어+동사) ～, the+❷ [　　] (+주어+동사) …」로 표현한다.

🔖 ❶ The ❷ 비교급

3 다음 대화의 빈칸에 들어갈 말로 알맞은 것은?

> A: Have you done the dishes?
> B: Yes, _____.

① I do　　　② I am　　　③ I did

④ I have　　⑤ I was

Tip

현재완료 의문문에 대한 응답은 「Yes, 주어+❶ [　　] .」 또는 「No, 주어+❷ [　　] .」로 한다.

🔖 ❶ have(has) ❷ haven't(hasn't)

4 다음 그림을 보고, 두 문장의 의미가 같도록 빈칸에 알맞은 말을 고르면?

> My brother cleaned the living room. It is still clean.
> ➡ My brother _____ the living room.

① is cleaning　　② cleans

③ has cleaned　　④ have cleaned

⑤ will clean

Tip

과거에 청소를 한 일이 ❶ [　　] 까지 영향을 미치는 상황이므로 ❷ [　　] 시제 문장으로 바꿔 쓸 수 있다.

🔖 ❶ 현재 ❷ 현재완료

5 다음 글을 읽고, 괄호 안의 말을 사용하여 밑줄 친 우리말을 영어로 옮겨 쓰시오.

> New forms of cartoons may appear in the future. They could be different and 훨씬 더 흥미진진한 than now, but one thing will remain the same: they will help us laugh, relax, and learn.

➡ _____ (even, exciting)

Tip

even이 비교급을 강조하여 '❶_____'의 뜻을 나타내므로, 그 뒤에 '흥미진진한'이라는 의미의 형용사 exciting의 ❷_____을 쓴다.

🔑 ❶ 훨씬 ❷ 비교급

6 다음 중 밑줄 친 부분이 어법상 어색한 것은?

① I've found a coin under my chair.
② She has heard about the news already.
③ I haven't eaten French food before.
④ Have you ever had a terrible dream?
⑤ He has became a class leader once.

Tip

과거의 일이 현재까지 영향을 미칠 때 ❶_____ 시제를 쓰며, 형태는 「have (has)+❷_____」이다. 특히 불규칙 변화하는 동사에 유의한다.

🔑 ❶ 현재완료 ❷ 과거분사

7 다음 그림을 보고, 주어진 조건에 맞게 과일 가게 주인의 말을 영작하여 문장을 완성하시오.

(1) 사과는 멜론보다 훨씬 쌉니다.

(2) 이건 이 가게에서 파는 가장 큰 멜론 중 하나입니다.

Melons $10 Peaches $2
Apples $1 Mangoes $3

(1) Apples are _____ melons. (비교급을 강조할 것)

(2) This is _____ for sale in this shop. (최상급을 사용할 것)

Tip

(1) 비교급 ❶_____를 강조하는 말을 사용해야 한다. (2) '가장 ~한 것들 중의 하나'는 「one of the+❷_____ +복수 명사」로 쓴다.

🔑 ❶ cheaper ❷ 최상급

8 괄호 안의 말을 사용하여 다음 영작을 완성하시오.

> 휴대폰은 내가 사용했던 것 중에 가장 편리한 발명품이다. (convenient, invention)

➡ Cell phones are _____

_____.

Tip

'지금까지 ~한 것 중에 가장 …한 명사'라는 의미를 표현할 때는 현재완료와 최상급을 사용하여 「the+❶_____+단수 명사(+that)+주어+have (has)(+ever)+❷_____」형태로 쓴다.

🔑 ❶ 최상급 ❷ 과거분사

1 밑줄 친 부분에 유의하여 다음 문장을 바르게 해석하시오.

© Getty Images Korea

He has taught math since 2007.

➡ _____

2 다음 밑줄 친 문장의 네모 안에서 알맞은 말을 고른 뒤, 문장을 해석하시오.

A: I've been looking for you all day. Where
were you / have you been?
B: I was in the library.

➡ _____

해석: _____

3 다음 문장의 밑줄 친 부분 중 어법상 어색한 것은?

He was lived in Italy for two years, but
      ①   ②   ③

he can't speak Italian very well.
      ④   ⑤

4 다음 그림을 보고, 빈칸에 들어갈 말로 가장 알맞은 것을 고르면?

The movie begins in a minute, but my
friend _____.

① not arrives
② will arrive
③ arrived already
④ has arrived before
⑤ hasn't arrived yet

5 빈칸 (A), (B), (C)에 들어갈 말이 바르게 짝지어진 것은?

• Those people were becoming ___(A)___
and ___(B)___ excited.
• His car is twice ___(C)___ expensive as
mine.

    (A)   (B)   (C)
① more ····· more ····· as
② most ····· most ····· as
③ most ····· more ····· more
④ more ····· more ····· most
⑤ most ····· most ····· more

6 다음 중 밑줄 친 부분이 어법상 바른 것은?

① You did <u>much better</u> than I expected.

② Mike gets up <u>even late</u> than Teddy.

③ I feel <u>much happiest</u> now than before.

④ Seho was walking to school <u>much fast</u>.

⑤ Jihun speaks English <u>lots of better</u> than Somin.

7 다음 문장의 밑줄 친 부분과 바꿔 쓸 수 있는 말로 알맞지 <u>않은</u> 것은?

> This room is <u>still</u> smaller than I thought.

① much   ② even   ③ far

④ very   ⑤ a lot

8 괄호 안의 단어를 바르게 배열하여 다음 대화를 완성하시오.

> **A:** This melon is very delicious.
> **B:** Yes, it is _____
>   ever eaten.
>   (have, most delicious, that, I, melon, the)

9 괄호 안의 표현을 이용하여 주어진 우리말을 〈조건〉에 맞게 영작하시오.

> 버스는 기차보다 훨씬 더 느리다.
> (buses, trains, slow)

┌ 조건 ┐
1. 6단어로 쓸 것
2. much를 사용할 것
3. 필요한 경우 단어의 형태를 바꿀 것

➡ _____

10 다음 대화의 밑줄 친 우리말을 괄호 안의 표현을 사용하여 영작하시오. (단, 필요한 경우 단어의 형태를 바꿀 것)

> **A:** (1) <u>이곳은 한국에서 가장 아름다운 산들 중 하나야.</u>
> **B:** Really? Well, I feel cold. I have to put on a warm jacket.
> **A:** (2) <u>어두워질수록 더 추워져.</u> Let's make a bonfire.
> **B:** OK.

(1) This is _____
    in Korea. (beautiful, mountain)

(2) _____ it gets, _____ it becomes. (dark, cold)

창의·융합·코딩 전략 ❶

A 다음은 Kate와 Ted에 관한 표이다. 표의 내용과 일치하도록 주어진 동사를 이용하여 현재완료 문장을 완성하시오.

	Kate	Ted
breakfast © Ostaf/shutterstcok	✔	✘
Korean history report © Zhukovskyi/shutterstock	✘	✔
travel to the UK © S.Borisov/shutterstock	✔	✔

1

Kate

I _____ breakfast since Monday. (have)
I _____ my Korean history report yet. (finish)
I _____ the UK with my family. (be)

2

I _____ breakfast since Monday. (have)
I _____ my Korean history report already. (finish)
I _____ the UK many times. (be)

Ted

Tip

- 현재완료는 「have(has)+❶_____」로 쓴다.
- 현재완료의 부정은 「have(has)+not+과거분사」로 쓴다.
- '~에 가 본 적이 있다'라는 경험의 의미는 「have(has) ❷_____ to ~」로 나타낸다.

답 ❶ 과거분사 ❷ been

B 그림을 보고 〈A〉, 〈B〉에서 각각 알맞은 단어 조각을 고른 뒤, 〈예시〉와 같이 어법상 알맞은 형태로 써서 문장을 완성하시오.

〈A〉 long   early   hungry   ~~old~~

〈B〉 soon   ~~wise~~   loud   short

〈예시〉

The older | he got, | the wiser | he became.

1

| you leave, | | you'll get there.

2

| the baby was, | | she cried.

3

| the day is, | | the night is.

Tip

「The+비교급 ~, ❶_____+비교급 ···」은 '~하면 할수록, 더욱더 ···하다'의 뜻이다. 「the+비교급」이 문장의 ❷_____에 오고 그 뒤로 주어와 동사의 순서로 온다는 것에 유의한다.

답 ❶the ❷앞

C 그림을 보고, 오른쪽에 주어진 말과 하단에서 알맞은 표현을 찾아 세 학생의 말을 완성하시오.

1 My aunt sent me a storybook last week. It is _____ _____ _____

the saddest story

2 I downloaded a new music game app yesterday. It is _____ _____ _____

the most interesting game

3 My mom bought me a pair of shoes on my birthday. They are _____ _____

the prettiest shoes

I have ever played   I have ever read   I have ever worn

Tip

최상급 활용 구문인 「the+최상급+❶ [_____](+that)+주어+have〔has〕(+ever)+❷ [_____]」는 '지금까지 ~한 것 중 가장 …한 명사'의 의미이다.

目 ❶ 단수 명사 ❷ 과거분사

D 문장 구조에 맞게 주어진 표현을 바르게 배열하여 아이돌 그룹의 인터뷰 대화를 완성하시오.

1

© Di Studio/shutterstcok

주어	동사	one of the + 최상급 + 복수 명사
당신들은	입니다	최고의 남성 그룹 중 하나

the / boy groups / of / best / one / are / you

Thank you.

2

Have + 주어 + 과거분사	목적어	부사구
당신들은 만난 적이 있나요	팬들을	여러 번

your fans / you / have / met / many times

Yes, we have.

3

© nathanmcc/shutterstock

주어	have + 과거분사	목적어	전치사구	부사구
우리는	만나왔다	그들을	우리의 콘서트에서	작년부터

our concerts / them / have / we / since / last year / met / at

Tip

1. '가장 ~한 것들 중 하나'는 「one of the + 최상급 + ❶_____」로 쓴다. 이때, 명사의 수에 유의한다.
2. 현재완료의 의문문은 ❷_____를 주어 앞에 써서 만든다.
3. 현재완료는 「❸_____ + 과거 시점」과 함께 쓸 때 '~부터 …해 왔다'라는 계속의 의미가 된다.

답 ❶ 복수 명사 ❷ Have(Has) ❸ since

수동태 / 가정법

1 수동태

This song is played everywhere these days.

I like this song. It was originally sung by a British singer, but I can't remember his name.

대화를 읽고 알 수 있는 사실은?
a. 남학생은 이 노래를 처음 듣는다.
b. 이 노래는 영국 가수가 불렀다.

2 by 이외의 전치사를 쓰는 수동태

I'm very interested in BTS. I'm going to their concert next month.

That's why the walls in your room are covered with their photos.

여학생이 다음 달에 할 일은?
a. BTS 콘서트 가기
b. BTS 사진으로 벽 꾸미기

3   가정법 과거

I'm going to buy some flowers for my mom.

These are all so beautiful but I can't get them all.

If I were you, I would choose only what your mom likes.

고민하는 여학생에게 남학생이 한 조언은?
a. 원하는 꽃을 전부 사라.
b. 엄마가 좋아하시는 꽃만 사라.

4   I wish 가정법 과거

I heard there's a Santa Claus village in Finland!

Really? I wish I could go there and meet Santa.

여학생이 한 말의 의미로 알맞은 것은?
a. 산타마을에서 산타를 만나고 싶다.
b. 산타마을에서 산타를 만난 적이 있다.

개념 1 수동태

나의 아버지가 이 버스를 운전하신다.

My father drives this bus.

| 주어(행위자) | + | 동사(능동태) | + | 목적어(대상) | ➡ | '주어'가 '목적어'를 ~하다 |

이 버스는 나의 아버지에 의해 운전된다.

This bus is driven by my father.

| 주어(대상) | + | be동사+과거분사(수동태) | (+by+행위자) |

➡ '주어'가 '행위자'에 의해 ~되다/당하다/받다

- 능동태는 '주어가 ~하다'의 뜻이고, 수동태는 '주어가 …에 의해 ~되다, 당하다, 받다'의 뜻이다. 따라서 수동태 문장의 주어는 행위의 **❶** [   ] 이 된다.
- 수동태는 「be동사+과거분사」 형태로 쓰며, 시제는 **❷** [   ] 로 표현한다. 뒤에 「by+목적격」의 형태로 행위자가 올 수 있다.

Quiz

다음 중 수동태 문장은?

① The box was held by her son.
② Her son was holding the box.

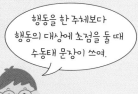

행동을 한 주체보다 행동의 대상에 초점을 둘 때 수동태 문장이 쓰여.

📝 ❶ 대상 ❷ be동사 / ①

개념 2 조동사가 포함된 수동태

이 선물 바구니는 내일까지 배달되어야 한다.

The gift basket must be delivered by tomorrow.

| 조동사 | + | be동사+과거분사 | ➡ | 조동사(가능, 의무 등의 의미)+수동태 |

- 수동태를 조동사와 함께 쓸 때 「조동사+**❶**[   ]+과거분사」가 된다.
- '가능', '의무', '미래' 등 조동사 본래의 다양한 의미를 수동태와 함께 해석한다.

Quiz

다음 밑줄 친 부분의 의미로 알맞은 것은?

The museum will be closed for a week.

① 닫혀야 한다
② 닫힐 것이다

📝 ❶ be / ②

개념 3 by 이외의 전치사를 쓰는 수동태

컵이 물로 가득 차 있었다.

The cup was filled with water.

| be동사+과거분사 | + | 전치사 (with/in/at 등) |

- 수동태에서 행위자 앞에 by 대신에 다른 전치사를 쓰기도 한다.
- '~으로 가득 차다'는 be filled **❶**[   ], '~으로 덮여 있다'는 be covered with, '~에 관심이 있다'는 be interested **❷**[   ], '~에 놀라다'는 be surprised at 등으로 쓴다.

Quiz

다음 괄호 안에서 알맞은 것을 고르시오.

© Yongyut Kumsri /shutterstock

The land is covered (by / with) ice.

📝 ❶ with ❷ in / with

1-1 다음 문장에서 수동태 동사에 밑줄을 긋고, 우리말 해석을 완성하시오.

> Paper is used for books and magazines.
> ➡ 종이는 책과 잡지를 위해 _____.

풀이 | 수동태는 동작의 대상을 ❶[____]로 할 때의 동사 형태이다. 「be동사+❷[____]」로 쓰며 '~되다'로 해석한다.

📖 is used, 사용된다 / ❶ 주어 ❷ 과거분사

1-2 다음 문장에서 수동태 동사에 밑줄을 긋고, 우리말 해석을 완성하시오.

> *Hamlet* was written by Shakespeare around 1601.
> ➡ 〈햄릿〉은 1601년경에 셰익스피어에 의해 ____.

2-1 다음 중 will이 들어갈 위치로 알맞은 곳은?

> The scientist ① be ② remembered ③ forever.

풀이 | 조동사와 수동태를 같이 쓸 때 조동사는 수동태 ❶[____]에 오며, be동사는 조동사 뒤에 원형인 ❷[____]로 쓴다.

📖 ① / ❶ 앞 ❷ be

2-2 다음 중 be가 들어갈 위치로 알맞은 곳은?

> The car ① must ② parked ③ there.

3-1 우리말과 같도록 할 때 문장의 빈칸에 알맞은 말은?

> They were interested _____ art.
> (그들은 예술에 관심이 있었다.)

① by   ② in   ③ with

풀이 | 수동태에서 행위자 앞에는 대개 ❶[____]를 쓰는데, 의미에 따라 by 대신 다른 전치사를 쓰기도 한다. be interested ❷[____]은 '~에 관심이 있다'의 뜻이다.

📖 ② / ❶ by ❷ in

3-2 우리말과 같도록 괄호 안에서 알맞은 말을 고르시오.

> Everybody was surprised (at / with) the news. (모두가 그 소식에 놀랐다.)

개념 4 가정법 과거

> 내가 슈퍼 히어로라면, 나는 도움이 필요한 사람들을 도울 수 있을 텐데.
> If I were a superhero, I could help people in need.
>
> **If** + **주어** + **동사의 과거형** ~, **주어** + **조동사의 과거형** + **동사원형** …
>
> (= As I'm not a superhero, I can't help people in need.)

○ 가정법은 실현 가능성이 거의 없거나, 실제 상황과 반대되는 일을 가정할 때 사용한다. 특히 가정법 과거는 현재 사실과 **❶**　　　되는 일을 가정할 때 쓴다.

○ 「If+주어+were/동사의 **❷**　　　 ~, 주어+조동사의 과거형+동사원형 …」으로 쓰고, '만일 ~라면, …할 텐데'로 해석한다.

개념 5 가정법 과거 vs. 단순 조건절

> 그녀가 시간이 충분히 있다면, 너를 방문할 텐데. (= 시간이 없어서 방문하지 못한다.)
> If she had enough time, she would visit you. 〈가정법〉
>
> 그녀가 시간이 충분히 있으면, 너를 방문할 것이다. (= 방문할 가능성이 있다.)
> If she has enough time, she will visit you. 〈조건절〉
>
> **If** + **주어** + **동사의 현재형** ~, **주어** + **조동사의 현재형** + **동사원형** …

○ 가정이 아닌 현재의 단순한 조건을 나타낼 때는 if절의 동사와 주절의 조동사는 **❶**　　　을 쓴다.

○ 가정법과 단순 조건절의 의미 차이:

　– 가정법 과거: (가능성은 거의 없지만) 만일 ~한다면, …할 텐데

　– 단순 조건절 현재: (어떻게 될지 잘 모르지만) 만일 ~한다면, …할 것이다

개념 6 I wish 가정법 과거

> 내가 춤추는 법을 알면 좋을 텐데. (= 나는 춤추는 법을 몰라서 아쉽다.)
> I wish I knew how to dance.
>
> **I wish** + **주어** + **동사의 과거형** ➡ 만약 ~라면 좋을 텐데
>
> (= I'm sorry that I don't know how to dance.)

○ 「I wish+가정법 과거」는 현재 실현이 불가능한 **❶**　　　을 표현할 때 사용하며, '만일 ~라면 좋을 텐데'의 뜻이 된다.

I don't have a sister, but I want to have one. → I wish I had a sister.

(나는 여동생이 없지만 한 명 있으면 좋겠다. → 여동생이 한 명 있으면 좋을 텐데.)

4-1 다음 문장의 빈칸에 들어갈 말로 알맞은 것은?

> If he _____ in his office, Ted would answer the phone.

① is   ② were   ③ been

풀이 | 가정법 과거는 「If+주어+동사의 ❶ _____ ~, 주어+조동사의 ❷ _____ +동사원형 …」으로 나타낸다.

🖉 ② / ❶ 과거형 ❷ 과거형

4-2 다음 문장의 밑줄 친 부분을 바르게 고쳐 쓰시오.

> If you <u>do</u> more exercise, you would feel better.

➡ _____

5-1 괄호 안의 말을 알맞은 형태로 바꾸어 문장을 완성하시오.

© Smit /shutterstock

If it _____, I will stay home. (rain)

풀이 | 단순한 조건을 나타내는 if절에서는 동사의 시제를 현재로 쓴다. 「If+주어+동사의 ❶ _____ ~, 주어+조동사의 ❷ _____ +동사원형 …」의 형태이다.

🖉 rains / ❶ 현재형 ❷ 현재형

5-2 우리말과 같도록 괄호 안의 단어를 배열하여 문장을 완성하시오.

> 만일 내가 시험에 통과하면, 나는 기쁠 것이다.
> (pass / I / if / the exam)

➡ _____, I will be happy.

6-1 다음 우리말을 참고하여 가정법 과거 문장이 되도록 밑줄 친 부분을 바르게 고쳐 쓰시오.

> I wish I <u>have</u> a new cell phone.
> (내게 새 휴대전화가 있다면 좋을 텐데.)

➡ _____

풀이 | I wish 뒤에 가정법 ❶ _____ 가 오면 현재 실현이 불가능한 소망을 나타낸다. 「I wish+주어+동사의 ❷ _____ ~」으로 쓴다.

🖉 had / ❶ 과거 ❷ 과거형

6-2 두 문장의 의미가 같도록 알맞은 가정법 문장을 완성하시오.

I'm sorry that I am not good at sports.
➡ I wish _____ good at sports.

가정법 과거에서 be동사는 인칭과 수에 관계없이 were를 쓴다는 점을 기억해야 해. 구어체에서는 was를 쓰기도 하지. 그래도 기본은 were! ^^

CHECK UP

Many people recycle used paper.
➡ Used paper _____ by many people.

· **구문** 수동태는 「be동사+❶ [   ]」의 형태로 쓰며 '~되다'의 뜻이다. 행위자는 뒤에 「by+목적격」의 형태로 쓴다.

· **해석** 사용된 종이는 많은 사람들에 의해 ❷ [   ].

🔑 is recycled / ❶ 과거분사 ❷ 재활용된다

1 문장의 의미가 통하도록 밑줄 친 동사를 알맞은 형태로 고쳐 쓰시오.

(1) These cup holders <u>made</u> out of recycled paper.

➡ _____

(2) A lot of letters <u>sent</u> to you yesterday.

➡ _____

CHECK UP

Many teens will love this book.
➡ This book _____ by many teens.

· **구문** 조동사가 있는 수동태는 「조동사+❶ [   ]+과거분사」의 형태로 쓴다.

· **해석** 이 책은 많은 10대들에게 ❷ [   ].

🔑 will be loved / ❶ be ❷ 사랑받을 것이다

2 우리말과 같도록 빈칸에 알맞은 말을 넣어 문장을 완성하시오.

(1) 그 보고서는 영어로 쓰여야 한다.
➡ The report should _____ _____ in English.

(2) 당신의 음식이 곧 나올 거예요.
➡ Your food _____ _____ served soon.

CHECK UP

Cheese is made (by / from) milk.

· **구문** 수동태의 행위자는 「❶ [   ]+행위자」형태로 나타내지만 by 외의 전치사를 쓰기도 한다. be made (out) of 또는 be ❷ [   ] from은 '~으로 만들어지다'의 뜻이다. 이 외에도 be known to (~에게 알려지다), be surprised at (~에 놀라다) 등이 있다.

· **해석** 치즈는 우유로 만들어진다.

🔑 from / ❶ by ❷ made

3 빈칸에 알맞은 전치사를 골라 문장을 완성하시오.

at	to	in

(1) The song is known _____ everybody.

(2) We were surprised _____ his bad manners.

(3) I'm interested _____ becoming a nurse.

CHECK UP

If I had enough apples, I _____ an apple pie. (bake)

- **구문** 현재 사실과 반대되는 일을 가정하여 말하는 가정법 과거 문장을 쓸 경우, 「If+주어+동사의 **❶**_____ ~, 주어+**❷**_____+동사원형 …」으로 쓴다.
- **해석** 내게 사과가 충분히 있다면, 사과 파이를 구울 텐데.

📖 would(could) bake / ❶ 과거형 ❷ 조동사의 과거형

---

4 우리말을 참고하여 다음 문장의 밑줄 친 동사를 어법에 맞게 고쳐 쓰시오.

(1) If you <u>tell</u> me about the problem, I would help you.
(네가 그 문제에 대해 내게 말한다면, 내가 너를 도와줄 텐데.)

➡ _____

(2) If I knew her telephone number, I <u>will</u> call her.
(내가 그녀의 전화번호를 안다면, 그녀에게 전화를 할 텐데.)

➡ _____

CHECK UP

If you (get up / got up) early, you will not be late for school.

- **구문** 가정이 아닌 단순한 조건을 나타내는 if절에서는 동사를 **❶**_____으로 쓴다. 미래의 의미라 할지라도 will을 쓰지 않고 동사를 **❷**_____으로 쓰는 점에 유의한다.
- **해석** 만일 네가 일찍 일어나면, 너는 학교에 늦지 않을 것이다.

📖 get up / ❶ 현재형 ❷ 현재형

---

5 우리말과 같도록 주어진 말을 배열하여 문장을 완성하시오.

(1) 만일 비가 오지 않으면, 나는 산책할 것이다.

(it / if / not / does / rain)

➡ I will go for a walk _____ .

(2) 네가 만일 학교까지 걸어간다면, 20분이 걸릴 것이다.

(will / take / it / 20 minutes)

➡ If you walk to school, _____ .

CHECK UP

I (want / wish) she would come back today.

- **구문** 「I wish+**❶**_____ 과거」 구문은 현재 이루지 못한 소망에 대해 '~한다면 좋을 텐데'의 의미를 나타낼 때 쓴다.
- **해석** 그녀가 오늘 돌아온다면 **❷**_____.

📖 wish / ❶ 가정법 ❷ 좋을 텐데

---

6 밑줄 친 부분에 유의하여 주어진 문장을 해석하시오.

(1) I wish we <u>could go out and play</u>.

➡ _____

(2) I wish <u>we were on vacation</u> now.

➡ _____

필수 체크 전략 ①

전략 1 수동태의 의미와 형태를 알아두자.

- 능동태는 행위의 주체를 주어로 할 때 동사의 형태인 반면, 수동태는 행위의 대상을 주어로 할 때 동사의 형태이다. 수동태는 「be동사+과거분사」로 쓰며, 행위의 주체는 「by+목적격」으로 나타낼 수 있다.

수동태의 형태	❶ [ ] +과거분사 ~ (by+목적격)
수동태의 의미	(…에 의해서) ~되다(당하다, 받다)

- 능동태의 목적어, 즉 행위의 대상이 수동태의 주어가 되고, 능동태의 ❷ [   ], 즉 행동의 주체가 수동태 뒤에 「by+목적격」으로 쓰인다.

Susan **bakes** a lemon cake every weekend. Susan은 매주 주말에 레몬 케이크를 굽는다. 〈능동태〉
행위의 주체　　　행위의 대상

A lemon cake **is baked** by Susan every weekend. 레몬 케이크가 매주 주말에 Susan에 의해 구워진다. 〈수동태〉
행위의 대상　　　　by+행위의 주체

- 수동태의 행위자를 밝힐 필요가 없거나 알려지지 않았을 때에는 ❸ [   ]이 가능하다.

Portuguese **is spoken** in Brazil. 포르투갈어는 브라질에서 말하여진다. (행위자를 밝힐 필요가 없음)

답 ❶ be동사 ❷ 주어 ❸ 생략

필수 예제

다음 문장의 네모 안에서 어법상 알맞은 것을 고르시오.

(1) The blue car | sold / was sold | at a high price.

(2) Babies | love / are loved | by their parents.

(3) Everybody | forgot / was forgotten | his nickname.

문제 해결 전략

능동태는 행위의 주체를, 수동태는 행위의 ❶ [   ]을 각각 주어로 할 때 사용한다. 수동태는 「be동사+❷ [   ]」 형태를 쓴다.

답 (1) was sold (2) are loved (3) forgot / ❶ 대상 ❷ 과거분사

확인 문제

1 다음 문장을 주어진 말로 시작하여 바꿔 쓰시오.

(1) Many boys love the song.

　➡ The song _____.

(2) Over ten million people watched the movie.

　➡ The movie _____
_____.

2 주어진 단어를 바르게 배열하여 문장을 완성하시오.

canceled / because / the picnic / of / was / the rain

➡ _____

전략 2 **수동태의 시제와 부정문/의문문을 알아두자.**

- 수동태의 시제는 be동사로 나타낸다.

현재	[①_____]/are/is+과거분사
과거	was/were+과거분사
미래	will be+과거분사

Her novel **is read** around the world. 그녀의 소설은 전 세계에서 읽힌다. 〈현재〉

Jane **was bitten** by a snake in the forest. Jane은 숲에서 뱀에게 물렸다. 〈과거〉

The apartments **will be built** by her company. 그 아파트는 그녀의 회사에 의해 지어질 것이다. 〈미래〉

- 수동태의 부정문은 「be동사+not+[②_____]」로 쓴다.

The painting **was not painted** by the artist. 그 그림은 그 작가에 의해 그려지지 않았다.

- 수동태의 의문문은 [③_____]가 주어 앞에 와서 「Be동사+주어+과거분사 ~?」로 쓴다.

  응답은 be동사를 사용하여 「Yes, 주어+be동사.」, 「No, 주어+be동사+not.」으로 한다.

Is wrapping paper easily **recycled**? 포장지는 쉽게 재활용되나요?

– No, it**'s not** easily **recycled**. 아니요, 그것은 쉽게 재활용되지 않습니다.

주의 수동태의 의문문에 의문사가 쓰일 경우, 의문사는 문장의 맨 앞에 쓴다.

That building looks very old. **When was** it **built**? 저 건물은 매우 오래되어 보인다. 언제 지어졌니?

답 ❶ am ❷ 과거분사 ❸ be동사

필수 예제

다음 대화의 네모 안에서 어법상 알맞은 것을 고르시오.

A: Were the gifts [wrapping / wrapped]?

B: No, they [did not / were not] wrapped at all.

문제 해결 전략

수동태의 의문문은 be동사를 [❶_____] 앞에 오게 한다.

수동태의 부정문은 be동사 [❷_____]에 not을 쓴다.

답 wrapped, were not / ❶ 주어 ❷ 뒤

확인 문제

1 다음 문장에서 어법상 어색한 부분을 찾아 밑줄을 긋고 바르게 고쳐 쓰시오.

© dc975/shutterstock

The Statue of Liberty didn't built by Americans.

➡ _____

2 우리말과 같도록 빈칸에 들어갈 알맞은 말을 고르면?

The first Olympic Games _____ in Greece.

(첫 번째 올림픽 경기는 그리스에서 열렸다.)

① hold　　② held　　③ are held

④ were held　　⑤ has held

전략 3 조동사와 함께 쓰인 수동태에 대해 알아두자.

- 조동사가 쓰인 수동태는 [❶⬚] 를 be동사 앞에 써서 「조동사+be+[❷⬚]」 형태로 쓴다.

  Some diseases can be cured naturally. 어떤 병들은 자연적으로 치유될 수 있다.

- 조동사가 있는 수동태의 부정문은 [❸⬚] 뒤에 not을 넣어 「조동사+not+be+과거분사」로 쓴다.

  The group project will not be done by tomorrow. 그 그룹 프로젝트는 내일까지 완료되지 않을 것이다.

- 조동사가 있는 수동태의 의문문은 「조동사+주어+be+과거분사 ~?」로 쓴다.
  응답은 조동사를 사용하여 「Yes, 주어+조동사.」, 「No, 주어+조동사+not.」으로 한다.

  A: Can the food **be delivered** in 30 minutes? 그 음식이 30분 후에 배달될 수 있나요?
  B: Yes, it **can.** / No, it **can't.** 네, 그럴 수 있습니다. / 아니요, 그럴 수 없어요.

조동사 뒤에는 항상 동사원형이 오니까 be동사도 원형인 be로 써야 해.

圄 ❶ 조동사 ❷ 과거분사 ❸ 조동사

필수 예제

다음 문장의 네모 안에서 알맞은 것을 고르시오.

(1) The windows | must / must be | fixed right now.

(2) The library can | be found / find | easily downtown.

(3) A: Should carrots | keep / be kept | in the fridge?
　　 B: Yes, they | should / are |.

문제 해결 전략

조동사가 있는 수동태는
[❶⬚] 를 먼저 쓰고 그 뒤에
수동태 「[❷⬚]+과거분사」
를 쓴다.

圄 (1) must be (2) be found
(3) be kept, should / ❶ 조동사 ❷ be

확인 문제

1 우리말과 같도록 괄호 안의 표현을 사용하여 문장을 완성하시오. (단, 필요한 경우 형태를 변형할 것)

(1) 이 집은 내일까지 페인트칠이 되어야 한다.
　　　　　　　　　　　　　　　(paint, must)

➡ This house _____
　　 by tomorrow.

(2) 그 음악은 인터넷에서 다운로드될 수 없다.
　　　　　　　　　　　　　　(download, can)

➡ The music _____
　　 from the Internet.

2 다음 문장의 밑줄 친 ①~⑤ 중 어법상 어색한 것은?

© Getty Images Bank

① A new house ② with a red roof ③ will build ④ next to ⑤ my house.

전략 4 by 이외의 전치사를 쓰는 수동태를 기억해 두자.

수동태	의미	
be covered with	~으로 덮여 있다	The playground **was covered** ❶ snow. 운동장은 눈으로 덮여 있었다.
be filled with	~으로 가득 차다	My heart **is filled with** joy. 내 마음은 기쁨으로 가득 차 있다.
be satisfied with	~에 만족하다	He **was satisfied with** my answer. 그는 내 대답에 만족했다.
be pleased with(about)	~에 기뻐하다	I **am** very **pleased with** your present. 나는 너의 선물에 매우 기뻐.
be excited about	~에 흥분해 있다	Ron **is excited about** the trip. Ron은 그 여행에 흥분해 있다.
be worried about	~을 걱정하다	She **is worried about** your health. 그녀는 너의 건강을 걱정한다.
be surprised at	~에 놀라다	I **was surprised** ❷ the noise last night. 나는 지난 밤 소음에 놀랐다.
be interested in	~에 흥미가 있다	Emma **is interested in** space travel. Emma는 우주 여행에 흥미가 있다.
be made of	~으로 만들어지다	The toys **are made** ❸ wood. 그 장난감들은 나무로 만들어져 있다.
be known to	~에게 알려져 있다	Mr. Johnson **is known to** everyone in the town. Johnson 씨는 그 마을 사람들 모두에게 알려져 있다.

> be made from은 화학적 변화에 쓰니 주의하자.
> Butter is made from milk
> (버터는 우유로 만들어져.)

❶ with ❷ at ❸ of

필수 예제

빈칸에 알맞은 전치사를 골라 문장을 완성하시오.

in	at	with

(1) The room is filled _____ so many books.

(2) The children are interested _____ playing online games.

(3) The people there were surprised _____ the sight.

문제 해결 전략

수동태의 행위자는 대개 「by+ ❶ 」으로 나타내는데, by 대신에 다른 전치사를 쓰는 수동태는 관용어구처럼 외워두는 것이 좋다.

(1) with (2) in (3) at / ❶ 목적격

확인 문제

1 우리말을 참고하여 빈칸에 알맞은 말을 쓰시오.

Her dress _____ _____ _____ cotton.
(그녀의 옷은 면으로 만들어졌다.)

2 다음 문장에서 <u>어색한</u> 부분을 찾아 바르게 고쳐 쓰고, 우리말로 옮기시오.

I'm satisfied to my grades.

_____ ➡ _____

해석: _____

1 다음 글을 읽고, (A), (B)의 네모 안에서 알맞은 말을 고르시오.

© delcarmat /shutterstock

> Look at this beautiful painting. It was (A) creating / created by the famous Dutch artist Vincent van Gogh in 1889. In Van Gogh's time, almost everyone could (B) look / be looked up and see a wonderful starry night sky.

(A) _____　　　　(B) _____

Words

painting 그림
create 창조하다
Dutch 네덜란드의
almost 거의
look up 올려다 보다
starry 별이 빛나는

문제 해결 전략

능동태와 수동태의 쓰임은 주어와의 관계로 정한다. 주어가 행위의 주체일 때 동사를 [❶   ]로 쓰고, 주어가 행위의 대상일 때 [❷   ]로 쓴다.

답 ❶ 능동태 ❷ 수동태

2 다음 중 밑줄 친 부분의 쓰임이 어색한 것은?

① The clothes should be washed soon.

② Meat must be kept in a refrigerator.

③ Should the present be sent right now?

④ The problem can be not solved by us.

⑤ Will the broken computer be repaired after school?

Words

clothes 옷, 의복
refrigerator 냉장고
present 선물
repair 수리하다

문제 해결 전략

조동사가 있는 수동태는 조동사 뒤에 「[❶   ]+과거분사」를 쓰면 된다. 부정문의 경우에는 [❷   ] 바로 뒤에 **not**을 쓴다.

답 ❶ be ❷ 조동사

3 다음 중 빈칸에 들어갈 말이 나머지 넷과 다른 것은?

① The land is covered _____ green grass.

② The air is cleaned _____ the green tower.

③ The pig was raised _____ an old woman.

④ This shirt was designed _____ my sister.

⑤ *The Scream* was painted _____ Edvard Munch.

Words

raise 기르다
design 디자인하다, 설계하다
scream 비명; 비명을 지르다

문제 해결 전략

수동태의 행위자 앞에 대개 [❶   ]를 쓰는데, 의미에 따라 다른 전치사를 쓰기도 한다.

답 ❶ by

[4~5] 다음 글을 읽고, 물음에 답하시오.

Words

throw a party 파티를 열다
trash 쓰레기
secret 비밀, 비결
wrap 포장하다
recycle 재활용하다
teddy bear 곰 인형
key ring 열쇠고리
else 그 밖에, 다른
napkin 냅킨
be good for ~에 좋다
skin 피부
cotton 면
cute 귀여운

Reporter: You threw a class birthday party, but ⓐ <u>didn't produce</u> a lot of trash. What were your secrets?

Minsu: First, we agreed not to wrap our gifts because some wrapping paper ⓑ <u>is not easily recycled</u>. So we brought gifts such as teddy bears, key rings, and hairpins that (A) 전혀 포장되지 않았다.

Reporter: What else did you do to make less trash?

Jieun: We used cloth napkins. You know, paper napkins ⓒ <u>are not good</u> for your skin.

Reporter: But where did you get the cloth napkins?

Jieun: They ⓓ <u>made by</u> Minji. She ⓔ <u>cut up</u> her old cotton shirt to make some for us. Everyone liked her cute napkins.

4 밑줄 친 ⓐ~ⓔ 중 어법상 <u>어색한</u> 것을 골라 바르게 고쳐 쓰시오.

_____ ➡ _____

문제 해결 전략

수동태의 형태는 「❶⬚⬚⬚⬚⬚+과거분사」이며, be동사는 ❷⬚⬚⬚⬚⬚의 인칭과 수에 맞춰 쓴다.

🔑 ❶ be동사 ❷ 주어

5 밑줄 친 (A)의 우리말을 〈조건〉에 맞게 영어로 옮겨 쓰시오.

┌─ 조건 ─────────────────────
  1. wrap, at all을 포함하되, 필요한 경우 형태를 변형할 것
  2. 다섯 단어로 쓸 것
└─────────────────────────────

➡ _____

문제 해결 전략

수동태의 부정문에서 not은 ❶⬚⬚⬚⬚⬚ 뒤에 쓰고, 그 뒤에 ❷⬚⬚⬚⬚⬚가 온다.

🔑 ❶ be동사 ❷ 과거분사

전략 1 가정법 과거의 의미와 형태를 알아두자.

- 가정법 과거는 현재 사실과 반대되는 일이나 현재 불가능한 일을 가정하여 말할 때 사용하며, '만일 ~한다면, …할 텐데'로 해석한다.

형태	If+주어+동사의 과거형 ~, 주어+조동사의 과거형+동사원형 …
의미	만일 ~한다면, …할 텐데

If I had an umbrella, I **would go** out. 우산이 있다면, 밖에 나갈 텐데. 〈가정법 과거〉

➡ **As I don't** ❶ [_____] an umbrella, I **won't go** out. 〈직설법 현재〉

우산이 없어서, 나는 밖에 나가지 않을 것이다.

가정법과 직설법은 의미상 서로 반대된다는 것을 기억해 둬.

- 가정법 과거에서 ❷ [_____]는 인칭이나 수에 관계없이 were를 쓴다. 단, 구어체에서는 was를 쓰기도 한다.

If I were you, I **would forgive** him. 내가 너라면, 그를 용서할 텐데.

> 🔑 ❶ have ❷ be동사

필수 예제

다음 문장의 네모 안에서 어법상 알맞은 것을 고르시오.

(1) If I [have / had] a map, I could show you the way to the library.

(2) If he spoke more slowly, we [can / could] understand him better.

문제 해결 전략

가정법 과거에서 if절의 동사는 ❶ [_____]으로 쓰고, 주절에는 조동사의 ❷ [_____]과 동사원형을 쓴다.

> 🔑 (1) had (2) could / ❶ 과거형 ❷ 과거형

확인 문제

1 다음 두 문장의 뜻이 같도록 할 때 빈칸에 들어갈 말로 알맞은 것은?

> As I don't have an invitation card, I can't go to the party.
> ➡ If I had an invitation card, I _____ to the party.

① can go ② can't go

③ don't go ④ could go

⑤ couldn't go

2 우리말과 같도록 괄호 안의 표현을 활용하여 문장을 완성하시오.

> 그 가방이 너무 비싸지 않다면, 나는 그것을 살 수 있을 텐데.
> ➡ If the backpack _____ not so expensive, I _____ it. (be, buy)

전략 2 단순 조건의 if절의 의미와 형태를 알아두자.

- 가정법이 아닌 문장에서 단순한 현재의 조건을 나타내는 if절의 동사는 현재형으로 쓴다. 이때 if절의 의미는 '(어떻게 될지 모르지만) 만일 ~한다면'이다.

형태	If+주어+동사의 ❶ [＿＿＿] , 주어+조동사의 현재형+동사원형 …
의미	(어떻게 될지 모르지만) 만일 ~한다면, …할 것이다

You **will be** late for school **if** you **miss** the bus. 만일 네가 그 버스를 놓치면 너는 학교에 지각할 것이다. 〈단순 조건절〉

- 단순한 조건을 나타내는 if절에서는 현재형이 미래시제 대신 쓰인다.

If it **rains** tomorrow, we **will cancel** the picnic. (○)
<u>현재형</u>　　　　　　　<u>will+동사원형</u>
만일 내일 비가 온다면, 우리는 소풍을 취소할 것이다.

If it will rain tomorrow, we will cancel the picnic. (×)

주의 접속사 if가 쓰인 부사절은 실제 시제에 맞춰 시제를 일치시켜야 하므로, 과거시제의 조건문은 동사를 ❷ [＿＿＿] 으로 쓴다.

If you **acted** like that, you **were** so stupid. 네가 그렇게 행동했다면, 너는 매우 어리석었다.

답 ❶ 현재형 ❷ 과거형

필수 예제

우리말과 같도록 괄호 안의 표현을 알맞은 빈칸에 넣어 문장을 완성하시오.

(1) 네가 저녁 식사를 요리하면, 내가 설거지를 할게. (will, wash, cook)

　⇒ If you ＿＿＿＿＿ dinner, I ＿＿＿＿＿ the dishes.

(2) 그가 그 소식을 그녀에게 말하면, 그녀는 매우 기뻐할 거야. (tells, will, be)

　⇒ If he ＿＿＿＿＿ her the news, she ＿＿＿＿＿ very happy.

문제 해결 전략

단순한 조건을 나타내는 if절은 「If+주어+동사의 ❶ [＿＿＿] ~, 주어+조동사의 ❷ [＿＿＿] +동사원형 …」으로 쓴다.

답 (1) cook, will wash (2) tells, will be /
❶ 현재형 ❷ 현재형

확인 문제

1 다음 〈보기〉에서 알맞은 말을 골라 문장을 완성하시오. (단, 필요한 경우 형태를 변형할 것)

┌─ 보기 ─────────────────┐
　　go　　feel　　answer
└──────────────────────┘

(1) If he ＿＿＿＿ to the island, he would spend all day fishing.

(2) If you ＿＿＿＿ hot, you can turn on the air conditioner.

2 다음 빈칸에 들어갈 말이 바르게 짝지어진 것은?

┌──────────────────────┐
- She will be angry if he ＿＿＿＿ late.
- If you ＿＿＿＿ the brush, the painting would be better.
└──────────────────────┘

① were – use　　　　② is – used

③ will be – use　　　④ is – uses

⑤ will be – used

전략 3 I wish 가정법 과거의 쓰임과 형태를 알아두자.

- 「I wish+가정법 과거」는 '~라면 좋을 텐데'의 뜻으로 현재 사실과 반대되거나 현재 이룰 수 ❶ 일을 소망할 때 쓴다.

형태	I wish+주어+동사의 과거형 ~
의미	~라면(~한다면) 좋을 텐데

I wish I **lived** in a big city. It's so boring in the country.

내가 대도시에 살면 좋을 텐데. 시골에서는 너무 지루해.

- 「I wish+가정법 과거」는 실현 불가능한 소망이나 현재 사실에 대한 아쉬움을 나타내므로 「I'm sorry+직설법 현재」로 바꿔 쓸 수 있다.

I wish I **could** speak English well. 내가 영어를 잘 말할 수 있으면 좋을 텐데.

➡ I'm ❷ I **can't** speak English well. 내가 영어를 잘 말하지 못해서 아쉬워.

가정법은 사실과 반대되는 일을 가정하여 말할 때 쓴다는 점을 기억해 둬!

답 ❶ 없는 ❷ sorry

필수 예제

우리말과 같도록 네모 안에서 어법상 알맞은 것을 고르시오.

(1) I wish people | use / used | the library as clean as their home.

(사람들이 도서관을 자기 집처럼 깨끗이 사용하면 좋을 텐데.)

(2) I wish I | can / could | sing well. But I can't.

(내가 노래를 잘할 수 있으면 좋을 텐데. 하지만 그렇지 못해.)

문제 해결 전략

「I wish+가정법 과거」는 현재 사실과 ❶ 되는 일을 소망하는 표현이다. 가정법 과거에서는 동사의 ❷ 을 쓴다.

답 (1) used (2) could /
❶ 반대 ❷ 과거형

확인 문제

1 우리말과 같도록 할 때 빈칸에 알맞은 말이 바르게 짝지어진 것은?

> I _____ there _____ more trees around here.
> (이 근처에 나무들이 더 많이 있으면 좋을 텐데.)

① wish – are

② wished – be

③ wish – were

④ wished – are

⑤ wished – were

2 다음 두 문장의 뜻이 같도록 할 때 빈칸에 알맞은 말을 쓰시오.

© Mikadun/shutterstock

> I'm sorry it snows a lot.
> ➡ I wish it _____ a lot.

전략 4 가정법과 단순 조건절을 정리해 보자.

- 가정법은 사실과 ❶[   ]되는 일 또는 실현이 불가능한 일을 가정하여 말하는 것으로, 사실 그대로를 말하는 직설법의 단순 조건절과 구별된다.
- 가정법의 시제는 가정하는 시점보다 앞선다. 즉, 현재에 대해 가정할 때 ❷[   ]시제를 사용한 가정법 과거로 나타낸다.

주의 단순한 조건을 나타내는 if절에서는 현재시제로 미래의 의미를 나타낸다.

if	단순 조건절 현재	**If** he **has** a driver's licence, he **will drive** the car. 만일 그가 운전면허증이 있으면, 그는 그 차를 운전할 것이다. <div align="right">○그에게 운전면허증이 있는지 없는지 알지 못한다.</div>
	가정법 과거	**If** he **had** a driver's licence, he **would drive** the car. 만약 그가 운전면허증이 있다면, 그는 그 차를 운전할 텐데. <div align="right">○그는 운전면허증이 없다.</div>
I wish	가정법 과거	**I wish** he **had** a driver's licence. 그가 운전면허증이 있다면 좋을 텐데. <div align="right">○그는 운전면허증이 없다.</div>

답 ❶ 반대 ❷ 과거

필수 예제

다음 문장의 네모 안에서 어법상 알맞은 것을 고르시오.

(1) I wish my dog [can / could] talk.

(2) If the weather [is / will be] nice tomorrow, we will go out.

(3) If she [doesn't / didn't] like David, she wouldn't hang out with him.

문제 해결 전략

현재 사실과 반대되는 일은 가정법 ❶[   ]로 나타낼 수 있다. 단순한 조건을 나타내는 문장일 때에는 if절에 미래시제 대신 ❷[   ]시제를 쓴다.

답 (1) could (2) is (3) didn't /
❶ 과거 ❷ 현재

확인 문제

1 우리말과 같도록 빈칸에 들어갈 알맞은 말을 고르면?

내가 수학을 잘한다면, 이 문제를 풀 수 있을 텐데.

➡ If I were good at math, I _____ this problem.

① solve   ② can solve

③ cannot solve   ④ could solve

⑤ couldn't solve

2 괄호 안의 동사를 활용하여 다음 대화를 완성하시오.

© tele52/shutterstock

A: I need a red pencil crayon.

B: Well, I _____ one for you if I _____ to the shop later. (buy, go)

1 주어진 문장을 가정법 문장으로 바꿔 쓸 때, 빈칸에 알맞은 말을 쓰시오.

> We don't visit you often because you live so far away.
> ➡ If you didn't _____, we _____ often.

Words
visit 방문하다
far away 멀리 떨어져서

문제 해결 전략

직설법 현재를 가정법으로 바꾸면 가정법 ❶_____로 써야 한다. 가정법 과거 문장에서 주절은 「주어+조동사의 ❷_____+동사원형 ~」의 형태이다.

目 ❶ 과거 ❷ 과거형

2 다음 중 밑줄 친 부분이 어법상 어색한 것은?

① I wish I could see my son more often.
② I'm sorry I have so much homework.
③ If it were sunny, she can go on a field trip.
④ If I were you, I would accept his invitation.
⑤ If it doesn't rain tomorrow, we will go hiking.

Words
field trip 현장 학습
accept 받아들이다
invitation 초대
go hiking 도보 여행을 가다

문제 해결 전략

직설법이 현재 사실을 그대로 말한다면, 가정법은 현재 사실과 ❶_____되는 일을 가정하여 말하는 표현이다. 가정법 과거에서 동사는 ❷_____으로 써야 한다.

目 ❶ 반대 ❷ 과거형

3 다음 우리말을 영어로 바르게 옮긴 것을 모두 고르면?

> 내게 시간이 충분하다면, 영화를 보러 갈 텐데.
> (나는 시간이 충분하지 않아서 영화를 보러 가지 않을 것이다.)

① If I had enough time, I would go to a movie.
② If I have enough time, I will go to a movie.
③ As I don't have enough time, I won't go to a movie.
④ I wish I have enough time, and I will go to a movie.
⑤ As I didn't have enough time, I wouldn't go to a movie.

Words
enough 충분한; 충분히
go to a movie 영화를 보러 가다

문제 해결 전략

현재 사실을 그대로 나타낼 때에는 직설법으로 ❶_____ 시제를 사용하여 쓰고, 현재 사실의 반대를 가정하여 말할 때에는 가정법 과거를 사용한다. 이때 동사를 ❷_____으로 쓰는 것에 유의한다.

目 ❶ 현재 ❷ 과거형

[4~5] 다음 글을 읽고, 물음에 답하시오.

Words

create 창조하다, 새로 만들다
own 자신의, 고유의
invention 발명품
decide 결심하다, 결정하다
prepare 준비하다
stick 막대기
empty 빈
inside ~의 안에
and so forth 기타 등등
fling 내던지다 (-flung-flung)
glue (접착제로) 붙이다
fly swatter 파리채
work 작동하다

In the afternoon science class, (A) we were told to create our own invention. I thought (B) "만약 내가 긴 파리채를 가지고 있다면, 나는 쉽게 파리들을 죽일 수 있을 텐데." So I decided to make it. I prepared three sticks which were empty inside. Because they were different in size, I could put the smaller one into the bigger one, and so forth. When I flung them into the air, they became a long stick. At the end of the stick, I glued the fly swatter. However, when I showed my invention to the class, it didn't work.

4 밑줄 친 (A)를 우리말로 해석하시오.

➡ _____

문제 해결 **전략**

「be동사+과거분사」는 ❶[　　　]로,
행위의 ❷[　　　]이 주어가 될 때 쓰
는 동사의 형태이다. 수동태는 '~되다,
~ 당하다' 등으로 해석한다.

🔒 ❶ 수동태 ❷ 대상

5 밑줄 친 (B)의 우리말을 〈조건〉에 맞게 영어로 옮겨 쓰시오.

┌─ 조건 ─────────────────
  1. 12단어의 가정법 과거 문장으로 쓸 것
  2. fly swatter, can, easily, kill을 포함할 것
  3. 필요한 경우 주어진 단어의 형태를 변형할 것
└───────────────────────

➡ _____

문제 해결 **전략**

가정법 ❶[　　　] 문장은 if절에 동사
의 과거형을 쓰고, 주절에 「조동사의
❷[　　　]+동사원형」을 쓰면 된다.

🔒 ❶ 과거 ❷ 과거형

대표 예제 1

다음 대화의 네모 안에서 알맞은 것을 고르시오.

A: Are you going to recycle / recycling the wrapping paper?
B: No. It's not easily recycling / recycled .

Tip

주어가 행위의 주체이면 동사를 능동태로 쓰고, 주어가 행위의 대상이면 ❶ _____ 로 써야 한다. 수동태의 형태는 「be동사+❷ _____ 」이다.

답 ❶ 수동태 ❷ 과거분사

대표 예제 2

두 문장이 같은 뜻이 되도록 빈칸에 들어갈 말이 순서대로 바르게 짝지어진 것은?

If you _____ me, I _____ my homework.
➡ As you don't help me, I cannot finish my homework.

① help – couldn't finish
② helped – could finish
③ helped – cannot finish
④ don't help – could finish
⑤ didn't help – could finish

Tip

현재 사실과 ❶ _____ 되거나 현재 실현 가능성이 거의 ❷ _____ 일을 가정하여 말할 때 가정법 과거를 쓴다.

답 ❶ 반대 ❷ 없는

대표 예제 3

우리말을 영어로 옮길 때 빈칸에 들어갈 말로 알맞은 것은?

내가 나의 여동생처럼 그림을 잘 그리면 좋을 텐데.
➡ I wish I _____ good at painting like my sister.

① be   ② am   ③ being
④ were   ⑤ been

Tip

I wish 뒤에 가정법 ❶ _____ 를 써서 현재 이루지 못한 소망을 나타낼 수 있다. 형태는 「I wish+주어+동사의 ❷ _____ 」으로 쓴다.

답 ❶ 과거 ❷ 과거형

대표 예제 4

다음 광고를 보고, 문구의 밑줄 친 부분을 어법상 바르게 고쳐 쓰시오.

© yomogi1/shutterstock

Your skin should <u>protect</u> from the sun.

➡ _____

Tip

주어가 행위의 ❶ _____ 일 때 동사는 수동태로 쓴다. 조동사가 있는 수동태는 「조동사+❷ _____ +과거분사」 형태로 쓴다는 점에 유의한다.

답 ❶ 대상 ❷ be

대표 예제 5

주어진 문장과 같은 뜻이 되도록 빈칸에 알맞은 말을 쓰시오.

As he doesn't have the key, he can't enter the house.

➡ If he _____ the key, he _____ the house.

Tip

현재 사실과 반대되는 일을 가정하여 말하는 가정법 과거는 「If+주어+동사의 ❶ _____ ~, 주어+❷ _____ 의 과거형+동사원형 …」으로 나타낸다.

图 ❶ 과거형 ❷ 조동사

대표 예제 6

다음 글의 밑줄 친 ⓐ~ⓔ 중 어법상 어색한 것을 골라 바르게 고쳐 쓰시오.

This is a hand puppet. It is ⓐ made by my old sock. It took only ⓑ a little time ⓒ to make this. Let's make ⓓ a few ⓔ more sock puppets and have a wonderful puppet show together.

_____ ➡ _____

Tip

수동태의 행위자는 대개 「❶ _____ +목적격」으로 나타내지만 의미에 따라 by 이외의 전치사를 쓰기도 한다.

图 ❶ by

대표 예제 7

다음 〈예시〉와 같이 자연스러운 대화가 되도록 빈칸에 알맞은 말을 쓰시오.

┌ 예시 ┤

A: Did they welcome the boy group?

B: Yes. The boy group <u>was welcomed by them</u>.

(1) **A:** Yujin washed the dishes?

B: No. The dishes _____ Yujin. I washed them.

(2) **A:** To whom did Jack give the flowers?

B: The flowers _____ to Amy.

(3) **A:** Can we use the Internet for our homework?

B: Yes. The Internet _____ for our homework.

Tip

주어가 행위의 대상일 때 동사는 「be동사+과거분사」 형태인 수동태로 쓰고, 문장의 시제와 주어의 인칭·수에 따라 ❶ _____ 를 변화시킨다. 조동사가 있는 수동태는 「조동사+be+❷ _____ 」 형태로 쓴다.

图 ❶ be동사 ❷ 과거분사

대표 예제 8

그림 속 인물에게 충고를 할 때, 빈칸에 들어갈 말로 알맞은 것은?

If I were you, I _____ food that smells bad.

① don't eat   ② won't eat   ③ will eat

④ would eat   ⑤ wouldn't eat

Tip

가정법 과거는 「If+주어+동사의 ❶ [   ] ~, 주어+조동사의 과거형+동사원형 …」으로 나타내며 현재 실현 불가능한 일을 ❷ [   ]할 때 쓴다.

📋 ❶ 과거형 ❷ 가정〔상상〕

대표 예제 9

다음 빈칸에 들어갈 말로 알맞은 것은?

If she _____ home, I will tell her the message.

① come   ② comes   ③ came

④ will come   ⑤ had come

Tip

단순한 조건을 나타내는 문장의 if절에서는 현재형이 미래시제를 대신한다. 「If+주어+동사의 ❶ [   ] ~, 주어+조동사 will의 현재형+❷ [   ] …」의 형태이다.

📋 ❶ 현재형 ❷ 동사원형

대표 예제 10

다음 문장과 같은 뜻이 되도록 가정법 문장을 완성하시오.

I'm sorry that I cannot stay here for another week.

➡ I wish _____ .

Tip

「I wish+가정법 과거」는 현재 사실에 대한 ❶ [   ]이나 유감을 나타낼 때 쓰이며, 직설법의 내용과 ❷ [   ]이다.

📋 ❶아쉬움 ❷반대

대표 예제 11

대화의 빈칸 (A), (B), (C)에 들어갈 말로 바르게 짝지어진 것은?

A: What is this bus ___(A)___ ?
B: It is ___(B)___ the green bus.
A: What is special about it?
B: The green bus is ___(C)___ by trash.

	(A)	(B)	(C)
①	call	called	powered
②	call	call	powering
③	called	call	powering
④	called	called	powered
⑤	calling	called	powered

Tip

주어가 행위의 대상일 때 동사를 ❶ [   ]로 쓴다. 수동태의 형태는 「be동사+❷ [   ]」이다.

📋 ❶수동태 ❷과거분사

대표 예제 12

다음 글의 (A), (B) 네모 안에서 알맞은 것을 골라 쓰시오.

According to a recent report, about 80% of the world's population lives under skies that are not dark enough at night. Especially in big cities, people often cannot see a starry night. They can also suffer from sleep problems because the natural rhythm of day and night is (A) disturbing / disturbed by artificial light.

Wildlife (B) is / have threatened by light pollution, too. Birds that migrate or hunt at night find their way by natural light, but light in big cities can cause them to wander off course. Every year millions of birds die after hitting buildings that have bright lights.

(A) _____

(B) _____

Tip

동사의 형태를 판단하려면 **❶** _____ 가 무엇인지 파악해야 한다. 주어가 행위의 대상이라면 수동태를 쓰고, 주어가 행위의 주체라면 **❷** _____ 로 써야 한다.

탭 **❶** 주어 **❷** 능동태

대표 예제 13

다음 글의 밑줄 친 우리말과 같도록 괄호 안의 말을 배열하여 문장을 완성하시오.

Everyone was allowed to use the grassland. Therefore, it was called "the commons." By tradition, each family only had one cow, so it was easy for each cow in the village to find enough grass to eat. The grass on the commons was green all summer long. But one day a villager broke the rule.

"내게 두 마리 소가 있다면, 나는 더 부유할 텐데. No one will notice it."

If I _____,
I _____.
(richer / two cows / be / had / would)

Tip

현재의 사실과 반대되는 일을 가정할 때 **❶** _____ 과거를 쓴다. if절의 동사와 주절의 조동사는 **❷** _____ 으로 써야 한다.

탭 **❶** 가정법 **❷** 과거형

2주 4일 교과서 대표 전략 ❷

1 다음 중 빈칸에 들어갈 말이 나머지 넷과 다른 것은?

① The window ________ broken by the kids yesterday.

② The school ________ built 50 years ago.

③ In the past, elephants ________ hunted for food.

④ I ________ woken up by a loud noise last night.

⑤ The thief ________ caught by the police officer a few hours ago.

Tip

수동태는 「❶ ________ +과거분사」 형태로 '~되다'의 뜻이다. 주어의 인칭과 ❷ ________, 문장의 시제에 따라 be동사의 형태가 달라진다.

답 ❶ be동사 ❷ 수

2 다음 대화의 빈칸에 들어갈 말로 알맞은 것은?

> **A:** Are you interested in K-pop?
> **B:** ____________ I like it a lot.

① Yes, I do. ② Yes, I am.

③ No, I don't. ④ No, I'm not.

⑤ Yes, I will.

Tip

수동태의 행위자는 「by+목적격」으로 쓰지만, by 이외의 전치사를 쓰는 수동태도 있다. 수동태의 의문문은 ❶ ________ 를 주어 앞에 쓰며, 응답도 ❷ ________ 를 사용하여 한다.

답 ❶ be동사 ❷ be동사

3 다음 중 밑줄 친 부분이 어법상 어색한 것은?

① *The Host* was directed by Bong Joonho.

② A lot of trees are cut down to make paper.

③ Your homework must is finished by tomorrow.

④ So many ideas were presented by the Earth Savers Club.

⑤ A new mayor will be elected next month.

Tip

조동사가 있는 수동태는 「❶ ________ +❷ ________ +과거분사」의 형태로 쓰고 '~되다'의 뜻에 조동사의 의미가 더해진다.

답 ❶ 조동사 ❷ be

4 다음 두 문장의 의미가 같도록 할 때 빈칸에 알맞은 것은?

> My mother didn't bake the cookies.
> ➡ The cookies ____________ baked by my mother.

① are ② aren't ③ didn't

④ wasn't ⑤ weren't

Tip

수동태의 부정문은 「❶ ________ +❷ ________ +과거분사」 형태이다.

답 ❶ be동사 ❷ not

5 다음 그림을 보고, 대화를 완성하시오.

(1)

What would you do if you were a duck?

If I _____, I would swim in a pond.

(2)

What would you do if you had wings?

If I _____, I _____ in the sky.

Tip

가정법 과거는 현재 실현이 **❶** [ ]한 일을 말할 때 쓰며, 형태는 「If+주어+동사의 과거형 ~, 주어+조동사의 과거형+**❷** [ ] …」이다.

답 **❶** 불가능 **❷** 동사원형

6 다음 문장의 빈칸에 들어갈 말이 순서대로 바르게 짝지어진 것은?

I want to go to Jejudo for my holiday. If I _____ there, I _____ Mt. Halla.

① visit – climb
② will visit – climb
③ visit – will climb
④ visited – climb
⑤ will visit – will climb

Tip

가정법은 현재 사실의 **❶** [ ]나 현재 실현이 불가능한 일을 나타낼 때 쓰고, **❷** [ ]은 사실 그대로를 나타낼 때 쓴다.

답 **❶** 반대 **❷** 직설법

7 다음 표를 보고, 내용에 맞게 주어진 단어를 사용하여 날씨에 따라 내일 할 일에 대한 문장을 완성하시오.

축구하기	파이 굽기	연 날리기

(1) If it _____, I _____ soccer. (sunny, play)

(2) If it _____, I _____ an apple pie at home. (rainy, bake)

(3) If it _____, I _____ a kite at the park. (windy, fly)

Tip

어떻게 될 지 알 수 없는 일은 단순한 조건으로 표현하여 직설법 문장을 완성한다. 조건을 나타내는 if절에서는 동사를 **❶** [ ]으로 써서 미래시제를 대신한다.

답 **❶** 현재형

8 우리말과 같도록 괄호 안의 동사를 활용하여 문장을 완성하시오.

그가 그것에 대해 말하지 않겠지만, <u>그가 말을 하면 좋을 텐데</u>.

➡ He won't talk about it, but I _____ _____ about it. (wish, talk)

Tip

사실과 반대되는 일은 **❶** [ ]으로 나타낸다. 특히 현재의 이룰 수 없는 소망은 「I **❷** [ ]+가정법 과거」로 쓸 수 있다.

답 **❶** 가정법 **❷** wish

누구나 합격 전략

1 다음 대화의 빈칸에 들어갈 말로 가장 알맞은 것은?

A: Where is the car?
B: The car _____ kept in the garage.

① be   ② is   ③ are
④ was   ⑤ does

2 다음 네모 안에서 알맞은 말을 고르고, 문장을 우리말로 해석하시오.

These flowers can plant / can be planted in the garden.

➡ _____

해석: _____

3 주어진 문장을 수동태 문장으로 바꿔 쓸 때 빈칸에 알맞은 말을 쓰시오.

King Sejong invented *Hangeul* in 1443.
➡ *Hangeul* _____ King Sejong in 1443.

4 다음 주어진 문장과 의미가 같은 것은?

He didn't write this poem.

① This poem is not written by him.
② This poem did not write by him.
③ This poem does not write by him.
④ This poem was not written for him.
⑤ This poem was not written by him.

5 우리말과 같도록 괄호 안의 동사를 활용하여 빈칸 (A), (B) 에 들어갈 알맞은 말을 쓰시오.

(1)

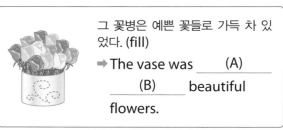

그 꽃병은 예쁜 꽃들로 가득 차 있었다. (fill)
➡ The vase was ____(A)____ ____(B)____ beautiful flowers.

(A) _____   (B) _____

(2)

이 가구는 나무로 만들어져 있다. (make)
➡ This furniture is ____(A)____ ____(B)____ wood.

(A) _____   (B) _____

6 다음 중 밑줄 친 부분이 어법상 바른 것은?

① If I had wings, I <u>can fly</u> to school.

② If it weren't raining, I <u>will go</u> for a walk.

③ If I were you, I <u>would not buy</u> those shoes.

④ If he were taller, he <u>can be</u> a basketball player.

⑤ If she were not tired, she <u>can finish</u> her work.

7 다음 문장의 빈칸에 들어갈 말로 가장 알맞은 것은?

> I wish I _____ go to the party, but I can't.

① can   ② will   ③ must

④ could   ⑤ am going to

8 두 문장의 뜻이 같도록 빈칸에 알맞은 말을 쓰시오.

> As I'm not hungry, I won't eat the pizza.
> ➡ If I _____ hungry, I _____ the pizza.

9 우리말과 같도록 괄호 안의 표현을 이용하여 〈조건〉에 맞게 영작하시오.

> 나는 John이 여기에 있으면 좋겠어.
> (I, wish, here)

┌ 조건 ┐
1. 5단어의 완전한 문장으로 쓸 것
2. 가정법 과거를 사용할 것

➡ _____

10 다음을 읽고, 밑줄 친 우리말과 같도록 괄호 안의 표현을 이용하여 영작하시오. (단, 필요한 경우 단어의 형태를 변형할 것)

(1)

> There is a small but beautiful park near the school. <u>만일 여러분이 기분 좋은 휴식을 취하기를 원한다면</u>, please visit it. You can hear birds singing in the trees.

➡ _____

(you, want, take, a nice break)

(2)

> The train leaves in 30 minutes. If he hurries, he will catch the train. <u>만일 그가 그것을 놓치지 않는다면</u>, he won't be late.

➡ _____

(he, do, miss, it)

A 학생들이 카톡으로 '위대한 발명품에 대해 말하기' 릴레이 게임을 하고 있다. 어법상 <u>틀리게</u> 말한 사람에게 표시하시오.

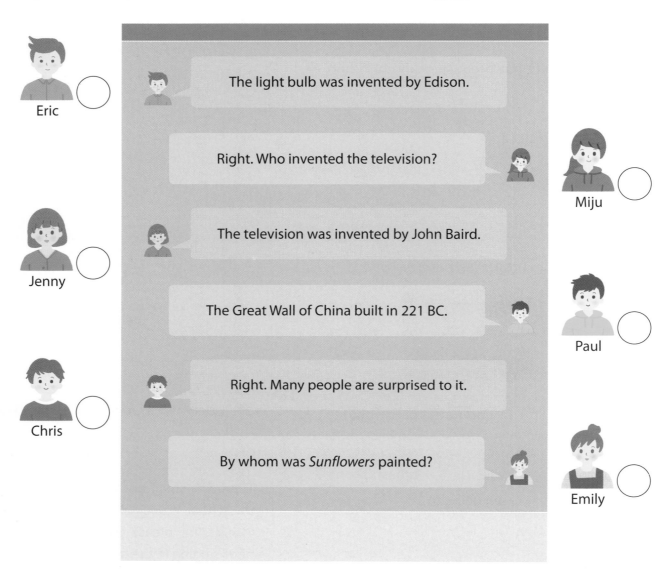

Eric

Jenny

Chris

The light bulb was invented by Edison.

Right. Who invented the television?

Miju

The television was invented by John Baird.

The Great Wall of China built in 221 BC.

Paul

Right. Many people are surprised to it.

By whom was *Sunflowers* painted?

Emily

> **Tip**
>
> 수동태는 「be동사+과거분사」로 쓴다. 수동태의 의
> 문문은 ❶   를 ❷   앞에 쓰고 그 뒤
> 에 과거분사가 이어진다.
>
> 답 ❶ be동사 ❷ 주어

B 여학생이 수학 시험을 치면서 생각하는 말이 자연스럽도록 알맞은 표현 카드를 골라 문장을 완성하시오.

1 I wish

☐ the exam is easy.

☐ the exam were easy.

2 If I had enough time,

☐ I could solve more problems.

☐ I can solve more problems.

3 The math test

☐ is filled at difficult problems.

☐ is filled with difficult problems.

4 I wish

☐ anybody will tell me the answers.

☐ anybody would tell me the answers.

Tip

현재 사실과 반대되거나 현재 실현이 불가능한 일은 가정법 **❶**〔　　　　〕로 나타낸다. 특히 현재 이룰 수 없는 소망은 「I **❷**〔　　　　〕+가정법 과거」로 나타낸다.

🔒 **❶** 과거 **❷** wish

C 각 학생이 하는 우리말과 일치하도록 알맞은 카드를 두 개씩 골라 문장을 완성하시오.

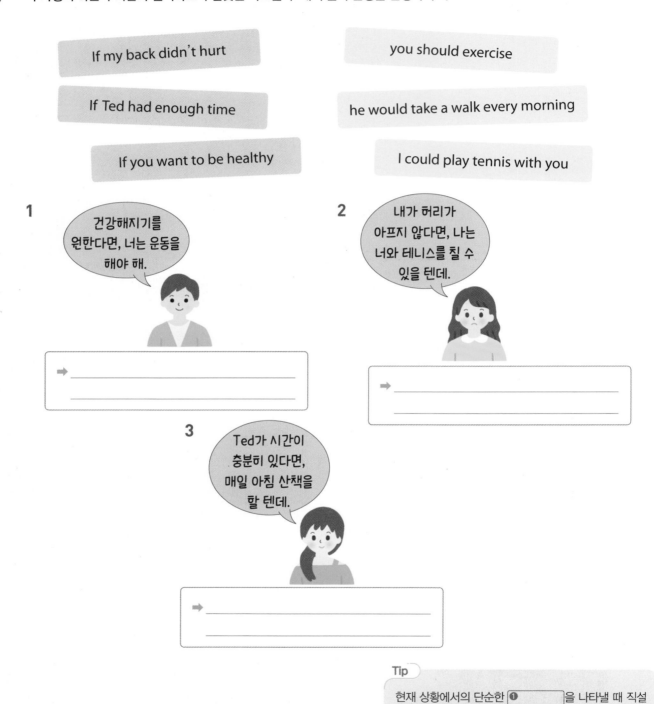

If my back didn't hurt

you should exercise

If Ted had enough time

he would take a walk every morning

If you want to be healthy

I could play tennis with you

1 건강해지기를 원한다면, 너는 운동을 해야 해.

➡ _____

2 내가 허리가 아프지 않다면, 나는 너와 테니스를 칠 수 있을 텐데.

➡ _____

3 Ted가 시간이 충분히 있다면, 매일 아침 산책을 할 텐데.

➡ _____

Tip

현재 상황에서의 단순한 ❶ [   ]을 나타낼 때 직설법 문장을 쓰며 시제는 현재 그대로 쓴다. 현재 사실과 반대를 가정하는 가정법 문장은 동사의 시제를 ❷ [   ]으로 쓴다.

답 ❶ 조건 ❷ 과거형

D 신데렐라의 모습을 보고, 주어진 표현을 바르게 배열하여 문장을 완성하시오.

1

주어	조동사	수동태	행위자
더러운 옷들은	~할 것이다	세탁되다	신데렐라에 의해

Cinderella / be / by / washed / the dirty clothes / will

2

주어	조동사	수동태	행위자
집안일은	~해야 한다	되다	신데렐라에 의해

Cinderella / done / should / house chores / be / by

3

주어	수동태	행위자
소들은	먹이가 주어졌다	신데렐라에 의해

Cinderella / the cows / by / fed / were

Tip

행위의 대상이 주어일 때, 동사는 수동태인 「be동사+과거분사」로 쓴다. 조동사와 수동태를 함께 쓸 때에는 조동사 뒤에 be동사의 원형인 ❶[   ]를 써서 「조동사+be+과거분사」로 쓴다. 행위의 주체는 「❷[   ]+목적격」으로 나타낸다.

답 ❶ be ❷ by

BOOK 2 마무리 전략

적중 1 현재완료의 형태와 쓰임을 알아두자.
적중 2 비교급을 강조하는 말을 알아두자.
적중 3 비교급/최상급을 활용한 구문을 알아두자.

현재완료는 「have(has)+과거분사」의 형태로, 과거의 일이 현재까지 영향을 미치는 경우에 써.

현재완료의 부정문은 have(has) 뒤에 not이나 never를 쓰고, 의문문은 have(has)를 주어 앞에 쓰면 돼.

현재완료는 함께 쓰는 부사(구)에 따라 다양하게 해석할 수 있어.

원급은 very를 써서 강조해.

현재완료는 just, already 등과 함께 '지금 막(이미) ~했다(완료)'의 의미로 쓰거나, once, before 등과 함께 '~해 본 적 있다(경험)'의 의미로 쓸 수 있어.

비교급 앞에 much, even, a lot, far, still 등을 써서 '훨씬 더 ~한(하게)'의 뜻으로 비교급을 강조할 수 있어.

현재완료는 현재와 과거를 연관지을 때 쓰기 때문에, 명백한 과거 시점을 나타내는 yesterday, last, ago 등과 같은 부사(구)와는 같이 쓰이지 않아.

그리고 for, since 등과 함께 '(~ 이후로) 계속 ~해왔다(계속)'의 의미로도 써.

「The+비교급 ~, the+비교급 …」은 '~하면 할수록, 더욱더 …하다'라는 뜻으로 쓰여.

「비교급+and+비교급」은 '점점 더 ~한(하게)'라는 뜻이야. more를 붙여서 비교급을 만드는 형용사/부사일 때에는 「more and more+형용사/부사」로 쓰면 돼.

「one of the+최상급+복수 명사」는 '가장 ~한 …들 중의 하나'라는 뜻이야.

「the+최상급+단수 명사(+that)+주어 +have(has)(+ever)+과거분사」는 '지금까지 ~한 것 중에 가장 …한 명사'라는 뜻이야.

적중 4 수동태의 형태와 쓰임을 알아두자.

적중 5 가정법의 형태와 쓰임을 알아두자.

적중 6 가정법과 조건절을 구분하자.

수동태는 「be동사+과거분사(+by+행위자)」의 형태로, 행위의 주체보다 대상을 강조할 때 사용해.

능동태 문장의 목적어가 수동태 문장의 주어가 되고, 시제는 be동사로 표현해.

수동태의 부정문은 「be동사+not+과거분사」로 쓰고, 의문문은 「Be동사+주어+과거분사 ~?」로 써.

조동사가 있는 수동태는 조동사를 be동사 앞에 써서 「조동사+be+과거분사」로 쓰면 돼.

가정법 과거는 「If+주어+동사의 과거형 / were ~, 주어+조동사의 과거형+동사원형 …」의 형태로, '만약 ~한다면 …할 텐데'라는 가정의 의미를 나타내.

'be interested in(~에 흥미가 있다)', 'be covered with(~로 덮여 있다)' 등 by 이외의 전치사를 사용하는 수동태도 기억해 둬.

조동사 뒤에는 동사원형을 써야 하니까 be동사의 원형인 be를 쓴다는 것을 기억해.

가정법 과거는 현재 사실과 반대되는 일을 가정할 때 사용하지만, 직설법 문장에서 조건의 if절은 '~한다면 …할 것이다'라는 의미로 단순한 조건을 나타내.

단순한 조건을 나타내는 if절의 동사는 현재형으로 미래시제를 대신한다는 것에 유의하자.

I wish 가정법 과거는 「I wish+주어+동사의 과거형」의 형태로, '~라면 좋을 텐데'라는 의미야. 현재 이룰 수 없는 소망이나 바람을 나타낼 때 써.

GOOD JOB!

1 다음은 팝송 가사이다. 〈예시〉와 같이 현재완료 또는 수동태가 쓰인 절을 찾아 밑줄을 그은 뒤 무엇인지 쓰고, 우리말로 해석하시오.

> **sample**
> I won't be silenced
> You can't keep me quiet
>   "Speechless" – sung by Naomi Scott
>   silence 조용하게 하다
>
> ➡ <u>수동태</u> / 나는 조용히 있지 않을 거예요

(1)

> I've been around the world
> And I want you to see
>   "Around the World" – sung by Aqua
>
> ➡ _____ / _____

(2)

> Ask her if she wants to stay awhile
> And she will be loved
>   "She Will Be Loved" – sung by Maroon 5
>   awhile 잠시
>
> ➡ _____ / _____

© abstract /shutterstock

2 〈예시〉와 같이 주어진 문장에서 잘못된 부분을 고치거나 필요 없는 부분을 삭제하여 문장을 완성한 뒤, 우리말로 해석하시오.

> **sample**
> The higher you climb, the farthest you see.
>
> ➡ <u>The higher you climb, the farther you see.</u>
>   더 높이 올라가면 올라갈수록, 더욱더 멀리 본다.

(1)

> The short my hair is, the better I feel.
>
> ➡ _____
> _____

(2)

> The happier I feel, the much I smile.
>
> ➡ _____
> _____

(3)

> The more earlier I get up, the more longer the day is.
>
> ➡ _____
> _____

Tip
현재완료는 「❶[   ]+과거분사」로 쓰고, 조동사가 있는 수동태는 「조동사+❷[   ]+과거분사」로 쓴다.

답 ❶ have(has) ❷ be

Tip
「❶[   ]+비교급 ~, the+❷[   ] …」은 '~하면 할수록, 더욱더 …하다'의 의미이다.

답 ❶ The ❷ 비교급

3 〈예시〉와 같이 네모 안에서 알맞은 말을 고른 후, 그 이유를 쓰시오.

sample

I don't see / haven't seen my cousin since last Christmas.

➡ 정답: ___haven't seen___

➡ 이유: since last Christmas가 지속된 기간을 나타내므로 현재완료를 쓴다.

© Verzzh/shutterstock

(1)

Emma packed / has packed her suitcase last night.

➡ 정답: _____

➡ 이유: _____

© theromb/shutterstock

(2)

Have you ever gone / been to Hawaii?

➡ 정답: _____

➡ 이유: _____

4 〈예시〉와 같이 주어진 표현을 바르게 배열하여 문장을 완성하시오.

sample

| one | mountains | it | the |
| highest | is | of | in Asia |

➡ It is one of the highest mountains in Asia.

(1)

| story | the | heard | strangest |
| ever | I've | that's | |

➡ _____

(2)

are	you	of	students
in the class	most talented	
one	the	

➡ _____

Tip

현재완료는 현재까지 영향을 미치는 과거의 일을 표현하며, ❶[_____], 경험, 완료, 결과 등의 의미를 나타낸다. 형태는 「have(has)+❷[_____]」이다.

답 ❶ 계속 ❷ 과거분사

Tip

「one of the+최상급+❶[_____]」는 '가장 ~한 …들 중의 하나'라는 뜻이다. 「the+최상급+❷[_____](+that)+주어+have(has)(+ever)+과거완료」는 '지금까지 ~한 것 중에 가장 …한 명사'의 의미이다.

답 ❶ 복수 명사 ❷ 단수 명사

5 〈예시〉와 같이 다음 ⓐ와 ⓑ 두 문장 중 어법상 옳은 것을 고른 뒤, 그 이유를 쓰시오.

> **sample**
>
> ⓐ If I were you, I would listen to him.
>
> ⓑ If I am you, I will listen to him.
>
> ➡ 정답: _____ⓐ_____
>
> ➡ 이유: 현재 사실과 반대되는 일을 가정하는 내용이므로 가정법 과거가 적절하다.

(1)

> ⓐ If he hears it, he would be angry.
>
> ⓑ If he heard it, he would be angry.
>
> ➡ 정답: _____
>
> ➡ 이유: _____

(2)

> ⓐ If this book were not expensive, I would buy it.
>
> ⓑ If this book were not expensive, I would bought it.
>
> ➡ 정답: _____
>
> ➡ 이유: _____

> **Tip**
>
> 가정법 과거는 현재 실현 가능성이 거의 없거나 사실과 ❶_____되는 일을 가정, 상상, 소망하는 것으로, 「If+주어+동사의 ❷_____ ~, 주어+조동사의 과거형+동사원형 …」의 형태로 쓴다.
>
> 답 ❶반대 ❷과거형

6 〈예시〉와 같이 우리말과 같은 뜻이 되도록, 주어진 표현 중 필요한 것만 골라 바르게 배열하여 문장을 완성하시오.

> **sample**
>
>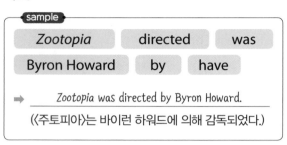
>
> ➡ _Zootopia was directed by Byron Howard._
> (《주토피아》는 바이런 하워드에 의해 감독되었다.)

(1)

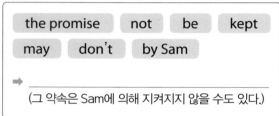

> ➡ _____
> (그 약속은 Sam에 의해 지켜지지 않을 수도 있다.)

(2)

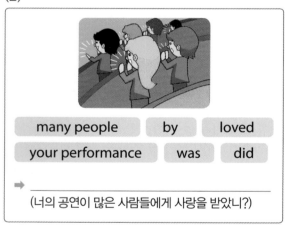

> ➡ _____
> (너의 공연이 많은 사람들에게 사랑을 받았니?)

> **Tip**
>
> 조동사 수동태는 「조동사+❶_____+과거분사」로 쓰고, 조동사 수동태의 부정문은 조동사 ❷_____에 not을 쓴다. 수동태 의문문은 be동사가 앞으로 나와서 「Be동사+주어+과거분사 ~?」 형태가 된다.
>
> 답 ❶be ❷뒤

7 〈예시〉와 같이 우리말과 같은 뜻이 되도록 영작할 때, 밑줄 친 부분을 바르게 고쳐 쓰시오.

sample
날이 점점 더 따뜻해지고 있다.
The weather is getting <u>warm and warmer</u>.

➡ _____ warmer and warmer _____

(1)

우리는 점점 더 빨리 달리기 시작했다.
We started running <u>fast and fast</u>.

➡ _____

(2)

더 많이 바랄수록, 더 많이 실망할 것이다.
The more you want, <u>the much disappointed</u> you will be.

➡ _____

8 〈예시〉와 같이 주어진 표현을 바르게 배열하여 문장을 완성하시오.

sample

wish	college	I	a
student	I	were	

➡ _____ I wish I were a college student. _____

(1)

he	wish	here	were	I

➡ _____

(2)

were	I	around	rich	I
would	the world	travel	If	

➡ _____
_____

Tip
'점점 더 ~한(하게)'는 「비교급+❶[   ]+비교급」으로 나타내고, '~하면 할수록, 더욱더 …하다'는 「❷[   ]+비교급 ~, the+비교급 …」으로 쓴다.

답 ❶ and ❷ The

Tip
현재 사실과 반대되거나, 현재 실현 가능성이 거의 ❶[   ] 일을 나타낼 때 가정법 과거를 쓰며, 이때 동사나 조동사는 ❷[   ]으로 쓴다.

답 ❶ 없는 ❷ 과거형

적중 예상 전략 | ❶

1 다음 대화의 빈칸에 들어갈 말로 알맞은 것은?

A: What happened to Minsu?
B: He got into a car accident last week. He _____ in the hospital since then.

① did
② being
③ has been
④ were
⑤ was been

2 다음 중 어법상 어색한 것은?

① I have already seen that movie.

② The weather has been very hot lately.

③ Jimin has studying Spanish for three years.

④ We haven't seen each other for a long time.

⑤ How long has your mother worked as a math teacher?

3 다음 문장의 빈칸에 들어갈 수 <u>없는</u> 것은?

She looked _____ better than yesterday.

① even
② very
③ much
④ far
⑤ a lot

4 두 문장의 의미가 같도록 빈칸에 알맞은 것끼리 짝지어진 것은?

© WDG Photo/shutterstock

Chris went to Paris and he is _____ there now.

➡ Chris has _____ to Paris.

① stay – been

② to stay – went

③ staying – gone

④ staying – been

⑤ stayed – gone

5 우리말과 같은 뜻이 되도록 밑줄 친 부분을 알맞은 형태로 고친 것은?

> What is <u>an expensive thing</u> you've ever bought?
>
> (네가 지금까지 산 것 중에서 가장 비싼 것은 뭐니?)

① the most expensive thing

② the more expensive thing

③ the much more expensive thing

④ one of the most expensive thing

⑤ one for the most expensive things

6 다음 우리말을 바르게 영작한 것은?

> 그는 전보다 훨씬 더 자신감을 느꼈다.

① He felt much confident than before.

② He felt very confident than before.

③ He felt a lot more confident than before.

④ He felt the most confident than before.

⑤ He felt a lot of more confident than before.

7 다음 두 문장의 빈칸에 알맞은 말이 바르게 짝지어진 것은?

> • I have _____ these shoes for several years.
>
> • Minho has already _____ lunch.

① wore – has

② worn – have

③ wore – had

④ worn – had

⑤ worn – has

8 다음 중 밑줄 친 부분의 쓰임이 〈보기〉와 같은 것을 <u>모두</u> 고르면?

> ┌ 보기 ┐
>
> I <u>have read</u> that book before.

① She <u>has</u> just <u>done</u> the dishes.

② They <u>have gone</u> to New York.

③ <u>Have</u> you ever <u>touched</u> a snake?

④ I <u>have seen</u> that movie three times.

⑤ My uncle <u>has lived</u> in Japan for ten years.

9 다음 문장에서 어법상 틀린 곳을 찾아 바르게 고쳐 쓰시오.

> Two scientists have discovered a new planet last weekend.

_____ ➡ _____

10 그림을 보고, 괄호 안의 말을 배열하여 문장을 완성하시오. (단, 필요하면 단어의 형태를 바꿀 것)

> When you blow up a balloon, _____ _____.
>
> (big / get / it / and / big)

11 다음 문맥에 알맞은 말을 〈보기〉에서 골라 문장을 완성하시오.

> ┌ 보기 ┐
> • our concert has been a success
> • the lesson has lasted so long

(1) He is bored because _____ _____.

(2) We are so happy because _____ _____.

12 두 문장의 빈칸에 공통으로 들어갈 말을 〈보기〉에서 골라 쓴 뒤 문장을 해석하시오.

> ┌ 보기 ┐
> little   less   least

> (1) The _____ you study, the worse your grades become.
> ➡ _____
>
> (2) Seho eats _____ than Jennie.
> ➡ _____

13 주어진 문장의 잘못된 부분은 고치고, 필요 없는 부분은 삭제하여 문장을 다시 쓰시오.

> This is the one of the bigger museum in the world.

➡ _____

14 다음 빈칸 (A), (B)에 주어진 단어를 알맞은 형태로 써서 대화를 완성하시오.

> A: What is your favorite food?
> B: It's *galbi-jjim*. It is the _____ (A)
> (delicious) food I've ever _____ (B)
> (eat).

(A) _____   (B) _____

[15~16] 다음 글을 읽고, 물음에 답하시오.

When several cartoon pictures come together and tell a story, we have a comic strip. Comic strips have (A) <u>be</u> in newspapers for many years. They are often just amusing stories. People have also (B) <u>use</u> comic strips for education. Comics can make information clearer and easier to learn. (C) <u>여러분은 아마도 만화 역사책이나 과학책을 본 적이 있을 것이다.</u>

15 밑줄 친 (A)와 (B)의 동사를 알맞은 형태로 쓰시오.

(A) _____   (B) _____

16 밑줄 친 (C)의 우리말과 같은 뜻이 되도록 주어진 단어를 알맞은 순서로 배열하여 문장을 완성하시오. (단, 필요하면 단어의 형태를 바꿀 것)

see / probably / you / have

➡ _____ comic history or science books.

[17~18] 다음 글을 읽고, 물음에 답하시오.

Founded in 1953 as Die Gute Industrieform e.V., since then iF Design (A) <u>우수한 디자인의 세계적인 상징이 되었습니다.</u> (become / excellent / global / a / design / of / symbol / has) — especially with the iF DESIGN AWARD, (B) <u>one of the more famous design award worldwide.</u>

We invite you to discover the best designs of the winners from various fields. See the magazine for more information. Read stories and interviews from famous designers and manufacturers and learn about the international design world.

17 밑줄 친 (A)의 우리말과 같은 뜻이 되도록 괄호 안의 단어를 알맞은 순서로 배열하시오.

➡ _____

18 밑줄 친 (B)를 어법에 맞게 고쳐 쓰시오.

➡ _____

1 다음 대화의 빈칸에 들어갈 말로 알맞은 것은?

A: Where are my sneakers?
B: They _____ kept in the shoebox.

① be
② being
③ are
④ have
⑤ been

2 다음 중 밑줄 친 부분이 어법상 어색한 것은?

① The temple is built a thousand years ago.

② This book was not written by my favorite author.

③ Many accidents are caused by dangerous driving.

④ The park gates are locked at 6 p.m. every day.

⑤ The new museum will be opened next month.

3 다음 중 어법상 바르게 쓰인 문장끼리 묶은 것은?

ⓐ If I had a car, I can drive you home.
ⓑ How did the ice cream served?
ⓒ *Charlie and the Chocolate Factory* was written by Roald Dahl.
ⓓ The house was destroyed by a forest fire.
ⓔ If you are honest, they would trust you.

① ⓐ, ⓒ
② ⓑ, ⓒ
③ ⓑ, ⓔ
④ ⓓ, ⓔ
⑤ ⓒ, ⓓ

4 다음 두 문장의 뜻이 같도록 할 때 빈칸에 알맞은 것은?

I wish he told me the truth.
➡ I am sorry _____.

① he tells me the truth

② he doesn't tell me the truth

③ he has told me the truth

④ he didn't tell me the truth

⑤ he hadn't told me the truth

5 다음 우리말을 바르게 영작한 것은?

네가 밤에 잠을 잘 자면, 기분이 더 나아질 것이다.

① If you sleep well at night, you will feel better.

② If you won't sleep well at night, you won't feel better.

③ If you don't sleep well at night, you will feel better.

④ If you slept well at night, you will feel better.

⑤ If you will sleep well at night, you will feel better.

6 다음 중 어법상 <u>어색한</u> 문장은?

① Was this soup cooked by my dad?

② This street is not cleaned every day.

③ The mountain is covered with snow.

④ These songs were written by Jina.

⑤ The problem will be solve by my mother.

7 다음 두 문장의 빈칸에 알맞은 말이 순서대로 짝지어진 것은?

• Mira doesn't look very well. I'm worried _____ her.

• My dad was pleased _____ the gift I gave him.

① about – with

② with – by

③ by – with

④ about – from

⑤ about – in

8 다음 글의 빈칸에 알맞은 말이 순서대로 짝지어진 것은?

Clearly, light pollution is as serious as other forms of pollution. We have to find ways to solve the problem. _____ we do not, we _____ stars only in our dreams or paintings.

① If – can't see

② If – may see

③ As – should see

④ As – couldn't see

⑤ If – wouldn't see

9 다음 우리말을 〈조건〉에 맞게 영작하시오.

> 그 집의 지붕은 며칠 전 손상되었다.

> ┌ 조건 ┐
> 1. 수동태로 쓸 것
> 2. 11 단어로 쓸 것
> 3. roof, of, damage, a few days를 포함할 것

➡ _____

10 우리말과 같도록 주어진 표현을 바르게 배열하여 대화를 완성하시오.

© happymay/shutterstock

> **A:** What's the matter?
> **B:** 나는 축구공에 맞았어.
>   (hit / the soccer ball / I / by / was)

➡ _____

11 우리말과 같도록 가정법 문장을 완성할 때 괄호 안의 동사를 빈칸에 알맞은 형태로 쓰시오.

> 네가 열심히 연습한다면, 그 시험에 합격할 수 있을 텐데.
> ➡ If you _____ hard, you _____
>   _____ the test. (practice, pass)

12 괄호 안의 단어를 바르게 배열하여 주어진 문장에 이어질 문장을 완성하시오.

> I don't know how to swim.
> _____
> (swim / I / knew / I / to / how / wish)

13 다음 두 문장의 의미가 통하도록 빈칸에 알맞은 말을 쓰시오.

> If I had enough money, I _____
> him a present.
> ➡ I _____ enough money, so I
>   can't buy him a present.

14 그림을 보고, 문장의 밑줄 친 부분을 어법에 맞게 고쳐 쓰시오.

© Getty Images Bank

> If this room is tidy, I could find things easily.

➡ _____

15 두 문장의 의미가 같아지도록 빈칸에 알맞은 말을 쓰시오.

> I'm sorry you don't trust me.
> ➡ I wish _____ .

16 다음 글을 읽고, 밑줄 친 우리말과 같도록 주어진 단어를 알맞은 순서로 배열하시오. (단, 필요하면 단어의 형태를 바꿀 것)

> One day, Sheila saw Max sitting under the desk. He was making a strange sound. "What's wrong?" asked Sheila. She looked at him closely and found a bad cut on his leg. She took him to the animal hospital. The doctor said, "He will get better 그가 충분히 쉰다면. Keep him inside for a week."

> he, get, enough rest, if

➡ _____

[17~18] 다음 글을 읽고, 물음에 답하시오.

> Calligraphy is not new. (A) Many different kinds of calligraphy works from long ago can find all around the world. Look at the two examples from Korea and the UK below. Can you tell the difference? The left one was created by Chusa in the period of the Joseon Dynasty. (B) 그 글자들은 부드러운 붓으로 칠해졌다.

17 밑줄 친 (A)에서 어법상 어색한 부분을 찾아 고쳐 쓰시오.

_____ ➡ _____

18 밑줄 친 (B)의 우리말과 같도록 〈조건〉에 맞게 영작하시오.

> ┌─ 조건 ─
> 1. 8단어로 쓸 것
> 2. 수동태 과거를 이용할 것
> 3. characters, paint, with, a brush를 포함할 것

➡ _____

기초력 다지는 중학 영어 문법서·어휘서

부담 없이 술~술~ 풀리는 중학 영어!

시작은 하루 영어
(문법 / 어휘)

EASY!

꼭 알아야 할 핵심 문법과
필수 어휘를 누구나 쉽게
학습할 수 있는 교재!

FAST!

하루 6쪽, 주 5일, 4주 완성의
체계적인 구성으로 탄탄하게!
꾸준히 공부하는 습관은 덤!

FUN!

지루하고 어려운 영어는 NO!
만화, 이미지, 퀴즈를 활용한
재미있는 영어 공부!

예비중도 OK! 쉽고 재미있는 중학 영어! 초5~중3(문법/어휘 각 3권)

book.chunjae.co.kr

교재 내용 문의 ······················· 교재 홈페이지 ▶ 중학 ▶ 교재상담

교재 내용 외 문의 ····················· 교재 홈페이지 ▶ 고객센터 ▶ 1:1문의

발간 후 발견되는 오류 ·············· 교재 홈페이지 ▶ 중학 ▶ 학습지원 ▶ 학습자료실

실력 향상 필수학습!
고득점을 예약하자!

구문

영어전략
중학2
BOOK 3 정답과 해설

영어전략

BOOK 1 정답과 해설

1주 분사 / to부정사 / 동명사

해석 | 1 여: 링 사이로 점프하는 돌고래 좀 봐!

남: 대단한데! 훈련을 잘 받은 돌고래들이네.

2 여: 이 식당에서 음식을 주문할까 생각 중이야.

남: 나는 어제 거기서 점심을 먹었어. 서비스는 조금 실망스러웠지만, 음식은 만족스러웠어.

a. 음식은 실망스러웠다. b. 음식은 만족스러웠다.

3 아빠: 이걸 어디에 놓으면 좋을지 아니? 여기에 둘까?

딸: 음... 거기에 놓기엔 화분이 너무 큰 거 같아요. 엄마한테 물어봐요.

4 남: 나 넘어졌어. 그만 웃어.

여: 내 말을 듣고 싶지 않겠지만, 길에서 핸드폰을 보면 안 된다고.

 1주 1일 개념 돌파 전략 ❶ pp. 8~11

개념 1 Quiz 해설 | '노래하는'이라는 뜻이므로 능동, 진행의 의미를 가진 현재분사가 명사 birds를 수식하는 형용사 역할을 하고 있다.

해석 | 공원에 노래하는 새들이 많다.

개념 2 Quiz 해설 | 주어인 History class(역사 수업)가 감정을 일으키는 대상이므로 현재분사 interesting(흥미로운)이 적절하다.

해석 | 역사 수업은 아주 흥미롭다.

개념 3 Quiz 해설 | how I should fix는 '어떻게 고쳐야 할지'의 의미이며, 「의문사+to부정사」 형태인 how to fix로 바꿔 쓸 수 있다.

해석 | 나는 고장 난 핸드폰을 어떻게 고쳐야 할지 모르겠다.

어휘 | fix 고치다, 수리하다 broken 고장 난 cell phone 핸드폰

1-2 분사: fallen, 수식받는 대상: leaves 2-2 shocked / shaking 3-2 how to open

---

1-1 해석 | 나는 짖고 있는 개를 보았다.

1-2 해설 | 동사 fall은 불규칙동사로, fall-fallen 형태로 쓰인다. 과거분사는 수동의 의미이므로, fallen leaves는 '떨어진 나뭇잎들', 즉 '낙엽'이라는 뜻이 된다.

해석 | 아이들은 낙엽 모으는 것을 좋아한다.

어휘 | collect 모으다 leaf 나뭇잎

2-1 해석 | Sally는 그 TV 뉴스 프로그램이 지루했다.

2-2 해설 | 동사 shock은 '충격을 주다'의 뜻으로 The boy가 충격을 받은 것이므로 과거분사 shocked가 적절하다. '떨리는' 손은 진행, 능동의 현재분사 shaking으로 쓴다.

어휘 | must be ~임에 틀림없다 shock 충격을 주다 shake 떨다, 떨리다

3-1 해석 | 나는 무엇을 먹을지 결정할 수 없다.

3-2 해설 | '어떻게 여는지'는 '어떻게'의 뜻을 가진 의문사 how와 to부정사를 이용하여 how to open으로 쓸 수 있다.

개념 4 Quiz 해설 | '…하기에는 너무 ~한'은 「too+형용사/부사+to부정사」로 쓸 수 있다.

어휘 | mountain 산 climb 등산하다

개념 5 Quiz 해설 | (1) love는 to부정사와 동명사 둘 다 목적어로 쓰는 동사이므로 to dance와 dancing 둘 다 알맞다.

(2) give up 다음에는 동명사만 목적어로 올 수 있다.

(3) decide는 to부정사만을 목적어로 가지므로 to study가 적절하다.

해석 | (1) 나는 무대에서 춤추는 것을 좋아한다.

(2) 나는 영어로 일기 쓰는 것을 포기하지 않을 것이다.

(3) 그녀는 이번 여름 방학에 중국어를 공부하기로 결심했다.

개념 6 **Quiz** 해설 | (1) is watching은 「be동사+현재분사」의 현재 진행형이며, singing은 명사 birds를 수식하는 현재분사이다.

(2) Collecting(모으기)은 문장의 주어로 쓰인 동명사이고, interesting(재미있는)은 명사 hobby를 수식하는 현재분사이다.

(3) 「go+동명사」는 '~하러 가다'의 뜻으로, 동명사의 관용구이다.

해석 | (1) 그는 노래하는 새를 보고 있다.

(2) 우표 모으기는 아주 재미있는 취미이다.

(3) 나는 내일 낚시하러 갈 것이다.

어휘 | collect 모으다 stamp 우표 hobby 취미

4-2 too small to **5-2** checking **6-2** △ / ○ / ○

4-1 해석 | 그 야구 선수는 공을 잡을 수 있을 만큼 충분히 빠르다.

4-2 해설 | 바지가 입기에는 너무 작으므로, '…하기에는 너무 ~한'의 의미인 「too+형용사/부사+to부정사」를 이용하여 문장을 완성한다.

해석 | 그 바지는 입기에 너무 작다.

어휘 | pants 바지 wear 입다

5-1 해석 | Jessica는 새 핸드폰을 사기를 원했다.

5-2 해설 | finish는 동명사를 목적어로 가지는 동사이므로 check를 checking으로 바꿔서 문장을 완성해야 한다.

해석 | Jake는 마침내 보고서 검토를 끝냈다.

어휘 | check 확인하다, 검토하다

6-1 해석 | 선생님께서는 "보는 것이 믿는 것이다.(백문이 불여일견)"라고 항상 말씀하신다.

6-2 해설 | 앞의 reading은 '읽는 것'의 뜻으로, likes의 목적어로 쓰인 동명사이다. 두 번째 reading은 진행형으로 쓰인 현재분사이고, interesting은 명사 book을 수식하는 현재분사이다.

해석 | 그녀는 책 읽는 것을 좋아한다. 그래서 그녀는 지금 흥미로운 책을 읽고 있다.

 1주 1일 개념 돌파 전략 ② pp. 12~13

1 (1) swimming, dancing / 수영하는 개와 춤추는 원숭이를 봐. (2) fried, boiled / 사람들은 공원에서 튀긴 닭과 삶은 달걀을 먹었다. **2** (1) bored → boring / 그 영화는 너무 지루했다. (2) shocking → shocked / 전쟁 뉴스에 나는 충격을 받았다. **3** (1) 그는 내게 저녁 식사로 뭘 먹어야 할지 물었다. (2) 내일 언제 만나야 할지 아니? **4** (1) too, to (2) enough, to **5** (1) to get up / 나는 매일 아침 일찍 일어나기로 약속했다. (2) talking / 너는 왜 너의 감정에 대해 이야기하는 것을 피하니? **6** (1) 형용사 / 웃고 있는 아기가 너무 귀여워 보인다. (2) 명사 / 너는 3년 전에 나와 함께 콘서트에 갔던 것을 기억하니?

1 해설 | (1) swimming은 dog을, dancing은 monkey를 수식하는 현재분사이다. 현재분사는 진행, 능동의 의미를 가진다.

(2) fried는 chicken을, boiled는 eggs를 수식하는 과거분사이다. 과거분사는 수동, 완료의 의미를 가진다.

2 해설 | (1) 영화가 지루한 감정을 불러일으키는 대상이므로 bored 대신 현재분사인 boring으로 고쳐야 한다.

(2) 전쟁 소식에 의해 내가 충격을 받은 것이므로, 과거분사 shocked가 적절하다.

3 해설 | (1) what to have는 '무엇을 먹어야 할지'로 해석한다.

(2) when to meet은 '언제 만나야 할지'로 해석한다.

4 해설 | (1) '…하기에는 너무 ~한'은 「too+형용사/부사+to부정사」로 쓸 수 있다.

(2) '…할 만큼 충분히 ~한'은 「형용사/부사+enough+to부정사」로 쓸 수 있다.

5 해설 | (1) '약속하다'라는 뜻의 동사 promise는 to부정사를 목적어로 가지므로 이 문장의 목적어는 to get up이다.

(2) '피하다'라는 뜻의 동사 avoid는 동명사를 목적어로 가지므로 이 문장의 목적어는 talking이다.

6 해설 | (1) laughing은 형용사처럼 쓰여 명사 baby를 수식

하는 현재분사이며, laughing baby는 '웃고 있는 아기'로 해석한다.

(2) remember의 목적어로 쓰인 동명사이다. 「remember +동명사」는 '(과거에) ~했던 것을 기억하다'의 의미이다.

1주 2일 필수 체크 전략 ❶ pp. 14~17

전략 1 | 필수 예제

해설 | (1) 현재분사 reading은 주어 He를 보충 설명하는 주격 보어로 쓰인 서술적 용법이다.

(2) 분사가 다른 어구와 쓰일 때는 명사 뒤에서 수식하므로 made of chocolate이 명사 the cake를 수식하는 한정적 용법으로 쓰였다.

(3) 현재분사 interesting이 The story를 보충 설명하는 주격 보어로 쓰였으므로 서술적 용법이다.

해석 | (1) 그는 앉아서 책을 읽고 있다.

(2) Todd는 초콜릿으로 만들어진 케이크를 먹었다.

(3) 그 이야기는 더 재미있어질 것이다.

어휘 | made of ~으로 만들어진

확인 문제

1 (1) broken / 한 (2) swimming / 한 (3) making / 서 2 written / 이것은 J. R. R. Tolkien에 의해 쓰인 소설이다.

1 해설 | (1) '부서진'의 수동의 의미를 가진 과거분사 broken 이 명사 car를 앞에서 수식하는 한정적 용법으로 쓰였다.

(2) '헤엄치고 있는'의 의미를 가진 현재분사 swimming이 수식어구와 함께 쓰였으므로 명사를 뒤에서 수식한다.

(3) 현재분사 making이 목적어 the baker를 보충 설명하는 목적격 보어로 쓰인 서술적 용법이다.

해석 | (1) 그 남자는 차고에서 부서진 차를 수리했다.

(2) 연못에서 헤엄치고 있는 물고기를 보아라.

(3) 나는 제빵사가 빵을 만드는 것을 보았다.

어휘 | pond 연못   baker 제빵사

2 해설 | 'J. R. R. Tolkien에 의해 쓰인'이라는 수동을 나타내는 표현이 필요하므로 과거분사 written 으로 쓴다.

어휘 | novel 소설

전략 2 | 필수 예제

해설 | (1) '이탈리아에서 만들어진 스카프'라는 수동의 의미이므로 과거분사 made가 적절하다.

(2) '짖고 있는 개'라는 뜻이므로 현재분사 barking이 적절하다.

(3) '빨간 모자를 쓴 소년'이라는 뜻이므로 현재분사 wearing이 적절하다.

(4) '레고로 지어진 성'이라는 의미이므로 과거분사 built가 적절하다.

해석 | (1) 소라는 이탈리아에서 만들어진 스카프를 샀다.

(2) 나는 짖고 있는 개들이 무섭다.

(3) 너는 빨간 모자를 쓴 소년을 아니?

(4) 레고로 지어진 성을 좀 봐.

어휘 | bark (개가) 짖다 tire 피곤하게 하다   castle 성

확인 문제

1 (1) ○ (2) × / written (3) ○
2 snail crawling

1 해설 | (1) '의자에 앉아 있는 소녀'라는 뜻이므로 현재분사 sitting이 바르게 쓰였다.

(2) '영어로 쓰인 소설'이라는 뜻이 되어야 하므로 과거분사 written으로 바꿔 써야 한다.

(3) '떨어진 잎(낙엽)'이라는 뜻이므로 수동, 완료를 나타내는 fallen이 바르게 쓰였다.

해석 | (1) 의자에 앉아 있는 여자아이는 내 여동생이다.

(2) 나는 영어로 쓰인 소설을 읽고 있다.

(3) 그는 낙엽을 집어 들었다.

어휘 | novel 소설 pick up 집어 들다

2 해설 | '기어가고 있는'의 진행을 나타내는 표현이 필요하므로 현재분사가 필요하다. 수식어구 on the window가 이어지고 있으므로 분사가 명사 뒤에 위치해야 한다.

어휘 | snail 달팽이 crawl 기다, 기어가다

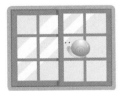

전략 3 | 필수 예제

해설 | (1) 깜짝 파티로 내가 놀란 것이므로 과거분사 surprised 가 적절하다.

(2) 나의 바보 같은 실수가 팀을 실망시키는 원인이 되었으므로 현재분사 disappointing이 적절하다.

(3) 나의 여동생이 방학에 대해 신이 난 감정을 느끼고 있는 주체이므로 excited가 알맞다.

해석 | (1) 나는 깜짝 파티에 놀랐다.

(2) 나의 바보 같은 실수가 내 축구팀에게 실망스러웠다.

(3) 내 여동생은 휴가에 대해 신이 났다.

어휘 | foolish 바보 같은 vacation 방학

[**확인 문제**]

> **1** (1) amazing (2) disappointed **2** satisfying →
> satisfied

1 **해설 |** (1) 빅토리아 폭포가 놀라운 감정을 불러일으키는 원인이 되었으므로 현재분사 amazing으로 쓴다.

(2) 당신이 실망하는 감정을 느끼게 되므로 과거분사 disappointed를 쓴다.

어휘 | Victoria Falls 빅토리아 폭포

2 **해설 |** 내가 만족스러운 감정을 느끼게 된 것이므로 과거분사가 와야 한다. 「자음+y」로 끝나는 단어에 -ed가 올 경우 -ied로 쓴다는 것에 유의한다.

해석 | 나는 어제 저녁 식사의 음식이 만족스러웠다.

어휘 | satisfy 만족시키다 be satisfied with ~에 만족하다

전략 4 [**필수 예제**]

해설 | (1) '무엇을 그려야 할지'를 to부정사를 이용하여 쓸 때는 what to paint로 쓰면 된다.

(2) '어떻게 풀어야 할지'는 how to solve로 쓸 수 있다.

어휘 | solve 풀다, 해결하다

[**확인 문제**]

> **1** where to set up **2** A crosswalk signal tells us
> when to cross the road.

1 **해설 |** '어디에 텐트를 칠 것인지'는 where we should set up the tent로 쓰거나 「의문사+to부정사」를 써서 where to set up the tent로 쓸 수 있다.

해석 | 문제는 어디에 텐트를 설치할지였다.

어휘 | set up ~을 세우다, 설치하다

2 **해설 |** 먼저 주어와 동사를 찾고 목적어로 쓰인 「의문사+to부정사」 순서로 쓴다. 주어 A crosswalk signal과 동사 tells 다음에 '~에게'에 해당하는 간접목적어와 '~을'에 해당하는 직접목적어가 온다. '언제 길을 건너야 하는지'에 해당하는 부분은 when to cross the road로 쓸 수 있다.

어휘 | road 도로, 길 crosswalk signal 교통 신호등 cross 가로질러 건너다, 횡단하다

1주 2일 **필수 체크 전략 ❷** pp. 18~19

> **1** (A) burning (B) scared **2** washing / crying /
> worried **3** ① **4** (A) what to ride (B) scaring (C)
> waiting **5** riding / Tom과 Mary는 많은 사람들이 롤
> 러코스터를 타고 있는 것을 보았다. **6** scared

1 **해설 |** (A) 진행, 능동의 상태를 나타내는 현재분사 burning이 형용사 역할을 하여 명사 house를 앞에서 수식하고 있다.

(B) 사람이 주어가 되어 감정을 느끼는 것이므로, 감정 동사 scare는 과거분사형인 scared로 쓰는 것이 적절하다.

해석 | 용감한 소방관이 불타고 있는 집으로 진입했다. 그는 전혀 두려워하지 않았다.

2 **해설 |** 첫 번째 빈칸에는 현재진행을 나타내는 현재분사 washing이 와야 한다. 두 번째 빈칸에는 목적어를 보충 설명하는 분사가 와야 하는데, 목적어와 목적격 보어의 관계가 능동이므로 현재분사 crying이 알맞다. 세 번째 빈칸에는 내가 감정을 느끼는 주체이므로 과거분사 worried가 와야 한다.

해석 | 딸: 엄마, 무엇을 하고 계세요?

엄마: 나는 지금 설거지를 하는 중이야. 왜 묻는 거니?

딸: 우리 아파트 정문 앞에서 울고 있는 고양이를 봤어요. 저는 그 고양이가 걱정돼요. 고양이가 여전히 거기에 있을까요?

엄마: 글쎄. 찾아보고 알려줄게.

3 **해설 |** '앉아 있는'이 능동 상황을 나타내므로 현재분사 sitting이 적절하다. '벤치에 앉아 있는'은 sitting 뒤에 전치사구인

on the bench를 써서 나타내므로 분사가 명사 the lady 뒤에 와야 한다.

[4~6] 해석 | Tom과 Mary는 놀이공원에 갔다. 많은 놀이기구가 있어서 그들은 무엇을 먼저 타야할지 결정할 수 없었다. Tom과 Mary는 많은 사람들이 롤러코스터를 타고 있는 것을 보았다. 그것은 무서워 보였다. "Tom, 롤러코스터를 타자." Mary가 말했다. 그러나 Tom은 대답하지 않았다. Mary는 속으로 '혼자 타야 하나 말아야 하나'라고 생각했다. 그녀는 무섭지 않았지만, 그것을 기다리는 줄이 너무 길어서 포기했다.

4 해설 | (A) 동사 decide의 목적어 자리에 온 「의문사+to부정사」이다. '무엇을 타야 할지'의 의미가 되어야 하므로 what to ride가 적절하다.

(B) 롤러코스터가 무섭게 하는 원인을 제공하는 것이므로 현재분사 scaring이 적절하다.

(C) '기다리고 있는 줄'의 의미가 되어야 하므로 waiting이 적절하다. 수식어구 for it이 분사와 함께 쓰이므로 명사 the line 뒤에 분사가 온다.

5 해설 | 목적어와 목적격 보어의 관계가 능동이므로 현재분사 riding이 쓰였고 목적어 many people을 보충 설명하고 있다.

6 해설 | 감정을 느끼는 She 가 주어이므로 동사 scare 는 과거분사 scared로 써야 한다.

1주 3일 필수 체크 전략 ❶   pp. 20~23

전략 1 필수 예제

해설 | (1) '외출하기에 너무 추운'의 의미이므로 「too+형용사/부사+to부정사」가 알맞다.

(2) 「too+형용사/부사+for+목적격+to부정사」로 쓰여 '우리가 마시기에는 너무 짠'의 뜻이다.

(3) 「형용사+enough+to부정사」 구조로 '…할 만큼 충분히 ~한'의 의미이다.

해석 | (1) 외출하기엔 날씨가 너무 춥다.

(2) 그 물은 우리가 마시기엔 너무 짜다.

(3) 새끼 고양이는 네 주머니에 들어갈 만큼 충분히 작았다.

어휘 | go out 외출하다, 밖에 나가다 salty (맛이) 짠 kitty 새끼 고양이 pocket 주머니

확인 문제

1 (1) too / tired (2) strong / enough   **2** rich enough to buy

1 해설 | (1) '…하기에는 너무 ~한'은 「too+형용사/부사+to부정사」의 순서로 쓰고, '…할 만큼 충분히 ~한'은 「형용사/부사+enough+to부정사」의 순서로 쓴다.

해석 | (1) 그녀는 파티에 가기에는 너무 피곤했다.

(2) 그 남자는 그 자동차를 들어 올릴 만큼 충분히 힘이 세다.

어휘 | lift 들어 올리다

2 해설 | '…할 만큼 충분히 ~한'은 형용사나 부사가 enough 앞에 와서 「형용사/부사+enough+to부정사」의 순서로 쓰므로, '부자의, 부유한'의 rich를 enough 앞에 쓴다.

어휘 | rich 부자의, 부유한 necklace 목걸이

전략 2 필수 예제

해설 | (1) 동사 want는 '원하다'의 뜻으로 to부정사만을 목적어로 사용한다.

(2) 동사 plan은 '계획하다'의 뜻으로 to부정사만을 목적어로 사용한다.

(3) quit은 '~을 그만두다'의 뜻으로 동명사만을 목적어로 사용한다.

해석 | (1) 나는 음악 경연대회에서 1등 상을 받고 싶다.

(2) 그 사업가는 우리에게 세탁기를 소개할 것을 계획했다.

(3) 당신은 건강을 위해 담배를 끊어야 한다.

어휘 | win first prize 1등 상을 타다 businessman 사업가 washing machine 세탁기 smoke 담배를 피우다

확인 문제

1 Avoid speaking loudly in the library.   **2** to stop eating

1 해설 | '~하는 것을 피하다'로 쓰려면 avoid는 동명사만을 목적어로 가지는 동사이다. 명령문이므로 동사가 맨 앞에 오도록 문장을 써서 Avoid speaking loudly ~의 순서로 쓴다.

어휘 | loudly 큰소리로, 크게

2 promise는 to부정사를 목적어로 가지는 동사이고, stop은 동명사를 목적어로 가지는 동사이므로 promised to stop eating이 되도록 쓴다.

해석 | 나는 밤 늦게 간식을 먹는 것을 그만두기로 약속했다.

어휘 | promise 약속하다 snack 간식, 스낵

전략 3 (필수 예제)

해설 | (1) 작년의 일을 기억하고 있는지 묻고 있으므로, remember 뒤에 과거의 일을 나타내는 동명사를 목적어로 써서 remember going to the exhibition 순서로 써야 한다.

(2) '(미래에) 가져가는 것을 잊다'라는 의미이므로 forget 다음에 to부정사 목적어인 to take를 쓰는 것이 알맞다.

어휘 | postcard 엽서 post office 우체국

[확인 문제]

1 studying → to study　**2** to take

1 해설 | '공부하려고 노력한다'고 하였으므로 「try+to부정사」를 써서 try to study로 쓰는 것이 적절하다. 「try+동명사」는 '시험 삼아 (한번) ~해 보다'의 의미로 쓰인다.

어휘 | grade 성적

2 해설 | 비가 올 것이므로 (미래에) 우산 가져가는 것을 잊지 말라는 의미이므로 「forget+to부정사」가 적절하다.

해석 | 곧 비가 올 거야. 네 우산 가져가는 걸 잊지 마.

어휘 | be going to ~할 것이다 take 가져가다 umbrella 우산

전략 4 (필수 예제)

해설 | (1) waiting은 진행형으로 쓰인 현재분사이다. yesterday 와 함께 과거진행 시제로 쓰였다.

(2) be interested in 뒤에 전치사의 목적어로 동명사가 왔다.

(3) 주어로 쓰인 동명사이다.

(4) water를 수식하는 형용사처럼 쓰인 현재분사이다. '끓는, 끓고 있는'의 의미이다.

해석 | (1) 어제 나는 버스 정류장에서 엄마를 기다리고 있었다.

(2) 나는 만화 책 읽는 것에 관심이 있다.

(3) 외국어를 배우는 것은 쉽지 않다.

(4) 끓는 물을 조심해라.

어휘 | be interested in ~에 관심이 있다 comic book 만화 책 foreign language 외국어 careful 조심하는 boil 끓다

[확인 문제]

1 ②　**2** 현재분사 / 나는 한 남자가 사무실에서 상자를 옮기는 것을 보았다.

1 해설 | 〈보기〉 closing은 동사 mind의 목적어로 쓰인 동명사이다.

① 진행하고 있는 동작을 나타내는 현재분사이다.

② my hobby = riding의 관계가 성립하는 주격 보어로 쓰인 동명사이다.

해석 | 〈보기〉 창문 좀 닫아도 될까요?

① 내 남동생이 운동장에서 스케이트보드를 타고 있다.

② 나의 취미는 운동장에서 스케이트보드를 타는 것이다.

어휘 | mind ~을 꺼리다 ride 타다 playground 운동장

2 해설 | 목적어인 a man을 보충 설명하는 현재분사이다.

1주 **3**일 필수 체크 전략 ❷　pp. 24~25

1 to eat / to eat / eating　**2** ⓐ, ⓓ / ⓑ, ⓒ　**3** ③, ④
4 (1) so busy that / couldn't go (2) 그러나 나는 너무 바빠서 그녀의 생일 선물을 사러 갈 수가 없었다.
5 ⓐ to make ⓑ used ⓒ how to　**6** It will be strong enough to carry books and notebooks.

1 해설 | 「형용사+enough+to부정사」 구문을 이용하여 '말이라도 먹을 만큼 배가 고픈'의 뜻으로 쓴다. want는 to부정사만을 목적어로 사용하므로 want to eat으로 써야 한다. remember는 '(과거에) ~했던 것을 기억하다'라는 의미일 때 동명사를 목적어로 쓴다.

해석 | A: 말이라도 먹을 만큼 배가 고파.

B: 말을 먹는다고?

A: 놀라지 마. 그냥 관용 표현이야. 뭐 좀 먹으러 가자.

B: 좋아. 뭐 먹고 싶어?

A: 지난주에 국수 먹은 거 기억

나? 그거 맛있었어.

B: 좋아. Kim's에 가자.

2 해설 | ⓐ는 명사를 수식하는 현재분사이다. ⓑ는 명사의 목적이나 용도를 나타내는 동명사로 쓰였다. ⓒ는 명사적 역할(보어)로 쓰인 동명사이다. ⓓ는 진행형으로 쓰인 현재분사이다.

해석 | ⓐ 날고 있는 연을 봐. ⓑ 나는 침낭을 사야 해. ⓒ 내 취미는 클래식 음악을 듣는 것이다. ⓓ 나는 그때 길을 걷고 있었다.

3 해설 | ③ 「forget+동명사」는 '(과거에) ~한 것을 잊다'의 의미로 쓰이고 「forget+to부정사」는 '(미래에) ~할 것을 잊다'의 의미이다. 교과서를 사는 것을 잊어서 수업 시간에 곤란했던 것이므로 forgot buying을 forgot to buy로 고쳐야 한다. ④ avoid는 동명사만을 목적어로 취하므로 to answer를 answering으로 고쳐야 한다.

해석 | ① 여행 갈 때 현지 음식을 먹어 봐. ② 나는 블로그에 그 뉴스를 올렸던 것을 기억한다. ③ 교과서를 사는 것을 잊어서 수업 시간에 곤란했다. ④ 그는 내 질문에 대답하는 것을 피했다. ⑤ 그녀는 수학에서 더 나은 성적을 얻을 것을 기대했다.

[4~6] 해석 | 내일은 내 여동생 생일이다. 그러나 나는 너무 바빠서 그녀의 생일 선물을 사러 갈 수가 없었다. 그래서 나는 특별한 선물을 주기로 결심했다. 나는 2주 전에 학교에서 헌 천으로 만든 현수막을 집에 가져왔다. 나는 이것으로 가방을 만들 것이다. 그것은 책과 공책을 가지고 다닐 수 있을 만큼 충분히 튼튼할 것이다. 그것을 어떻게 만드는지 알고 싶은가?

4 해설 | (1) 「too+형용사/부사+to부정사」는 「so+형용사/부사+that+주어+cannot+동사원형」으로 바꿔 쓸 수 있다.

(2) too busy to go는 '너무 바빠서 갈 수 없었다'로 해석할 수 있고, 「go+동명사」는 '~하러 가다'이므로 go shopping은 '쇼핑하러 가다'로 해석할 수 있다.

5 해설 | ⓐ decide는 to부정사만을 목적어로 쓰므로 to make가 알맞다. ⓑ '사용된'이라는 수동의 의미가 필요하므로 used가 알맞다. a used cloth는 '사용된 천'의 뜻이 된다. ⓒ 문맥상 '만드는 법'이 되어야 자연스러우므로 how to make가 되도록 쓴다.

6 주어가 It이고 미래시제 동사 will be 다음에 '매우 ~해서 …할 수 있다.'의 의미가 되도록 「strong(형용사)+enough +to carry(to부정사)」의 순서로 배열한다.

1 to ride   **2** try to keep this room tidy   **3** (A) singing (B) singing   **4** interested → interesting   **5** where to go   **6** ③   **7** (1) cleaning the house (2) running during the marathon (3) baking cookies   **8** so wise that / can   **9** where to begin   **10** Look at the girl finding beautiful fallen leaves.   **11** I was excited to meet my friends after a long time.   **12** ③ to eat → eating   **13** (1) avoided meeting the man (2) didn't(did not) want to sit (3) trying to hide

1 해설 | '타기에는 키가 너무 작다'로 쓰려면 「too+형용사/부사+to부정사」 구문을 사용하여 too short to ride로 쓴다.

해석 | 그 아이는 롤러코스터를 타기에는 키가 너무 작다.

2 해설 | 동사 try를 '~하려고 노력하다, 애쓰다'라는 의미로 쓸 때는 목적어로 to부정사를 써야 한다. to keep 다음에 목적어 this room이 오고 목적격 보어 자리에 형용사 tidy의 순서로 쓰면 된다.

어휘 | tidy 깔끔한 make a mess 엉망으로 만들다, 어지르다

3 해설 | (A)의 빈칸에는 진행을 나타내는 현재분사 singing이 필요하다. 현재분사 뒤에 전치사구가 이어지므로 명사 뒤에서 수식한다. practice는 동명사만을 목적어로 취하는 동사이므로 (B)의 빈칸에는 동명사 singing이 알맞다.

어휘 | beside ~ 옆에 practice 연습하다 contest 경연 대회

4 해설 | 명사 stories를 꾸며 주는 말이 필요한데 stories는 감정을 느끼는 주체가 아니라 감정을 불러일으키는 대상이므로, 현재분사형이 쓰여야 한다.

해석 | 예술가들과 작가들은 애니메이션을 통해 매력적인 캐릭터를 개발하고 흥미로운 이야기를 할 수 있다.

어휘 | artist 예술가, 화가 develop 개발하다 fascinate 마음을 사로잡다 animation 애니메이션, 만화

5 해설 | 길을 찾지 못하는 그림이므로 「의문사+to부정사」 구문과 주어진 동사 go를 활용하여 where to go를 빈칸에 넣어 대화를 완성한다.

해석 | A: 그는 어디로 가는 중이니?

B: 그는 친구 집에 가는 중이야. 그런데 어디로 가야 할지 알지 못해.

6 해설 | (A) 이미 구워진 감자이므로 수동, 완료를 나타내는 과거분사인 baked를 쓴다.

(B) '울고 있는 소년'으로 해석되므로 현재분사 crying이 필요하다.

(C) '삶고 있는 계란'이 아니라 '삶아진 계란'이므로 과거분사 boiled가 적절하다.

해석 | · 요리사가 구운 감자를 만들었다.

· 울고 있는 소년은 고작 7살이다.

· 그 소년은 삶은 계란을 먹었다.

7 해설 | (1) finish는 동명사가 목적어로 오므로 cleaning the house로 쓴다.

(2) quit은 동명사가 목적어로 오므로 running during the marathon으로 쓴다.

(3) enjoy는 동명사가 목적어로 오므로 baking cookies로 쓴다.

해석 | (1) 우리 아버지는 집 청소하는 것을 끝내셨다.

(2) 우리 오빠는 마라톤에서 달리는 것을 포기했다.

(3) 우리 할머니는 주말마다 과자 굽는 것을 즐기신다.

8 해설 | '그것을 이해할 만큼 충분히 지혜로운'의 뜻이며, 「enough+to부정사」 구문은 so+형용사/부사+that+주어+can+동사원형」 구문으로 바꿔 쓸 수 있다.

해석 | 그는 그것을 이해할 만큼 충분히 지혜롭다.

9 해설 | 「의문사+주어+should+동사원형」은 '(의문사) ~해야 할지'의 의미로, 「의문사+to부정사」로 바꿔 쓸 수 있다.

해석 | 우리는 어디서부터 청소를 시작해야 할지 궁금해하고 있었다.

어휘 | wonder 궁금해하다, ~할까 생각하다

10 해설 | find는 the girl을 수식하고 있고 능동의 의미를 나타내므로 현재분사 finding으로 변형해서 쓴다. 낙엽은 '떨어진' 나뭇잎이므로 fall을 과거분사로 바꿔 fallen leaves로 쓴다. 명령문이므로 동사를 맨 앞에 쓴다.

11 해설 | 주어가 I이고, 감정을 나타내는 동사 excite가 나오는 문장이다. 감정을 느끼는 주체가 주어이므로 과거분사 excited로 변형하는 것이 알맞다. 감정의 원인을 나타내는 부사적 용법의 to부정사가 동사 뒤에 이어진다.

12 해설 | ①, ②, ③ finish, enjoy, stop은 동명사를 목적어로 가지는 동사이다. stop 뒤에 to부정사가 오는 경우에는 '~하

기 위해'라는 뜻의 부사적 용법으로 쓰인다. ④ like는 to부정사와 동명사 둘 다 목적어로 가지는 동사이다. ⑤ 주어로 쓰인 동명사이다. 동명사가 주어로 올 경우 단수 취급한다.

해설 | 어제 우리 동아리 회원들은 파티를 했다. 내 친구들과 나는 6시까지 음식을 요리하는 것과 식탁을 차리기를 마쳤다. 파  티에서 민수는 기타를 연주하는 것을 즐겼다. 주연이는 춤을 즐겼다. 소미는 파티가 끝날 때까지 먹기를 멈추지 않았다. 준수는 고양이와 노는 것을 좋아했다. 친구들과 파티를 하는 것은 재미있었다.

어휘 | set the table 식탁을 차리다 until ~까지

13 해설 | (1) '~하는 것을 피하다'는 동사 avoid를 써서 표현한다. 동사 avoid는 동명사를 목적어로 쓰므로 '만나는 것을 피했다'는 avoided meeting으로 쓴다.

(2) 동사 want는 to부정사를 목적어로 쓰므로 '앉기를 원한다'는 want to sit으로 쓴다. 과거시제 부정문이므로 didn't 또는 did not을 앞에 넣는다.

(3) '~하려고 노력하다'는 「try+to부정사」로 쓰므로 try to hide로 쓴다. 앞에 be동사가 있고 진행의 의미를 나타내고 있으므로 현재분사형으로 써야 한다는 것에 유의한다.

해석 | 여러 면에서 42살의 Joseph Palmer는 평범한 사람이었다. 그는 직업이 있었고 가족을 돌보았다. 하지만 1830년에 매사추세츠에 있는 작은 도시로 이사를 한 후에, 그는 어려움에 직면하기 시작했다. Joseph은 다른 사람들과 달라 보였다. 그는 긴 턱수염을 기르고 있었다. 사람들은 그것을 별로 좋아하지 않았다.

마을 사람들은 수염이 있는 그 남자를 피했다. 그들은 그의 곁에 앉고 싶어 하지 않았다. 그들은 심지어 그의 등 뒤에서 "그가 무엇을 숨기려는 거지?"라고 속삭였다.

어휘 | ordinary 평범한, 보통의 care for ~을 돌보다 face 직면하다, 대면하다 beard 수염, 턱수염 whisper 속삭이다, 속닥거리다 back 등, 등뒤 hide 숨기다

1주 4일 교과서 대표 전략 ❷   pp. 30~31

1 ④ 2 ④ 3 ③ 4 I cannot〔can't〕decide what to wear. 5 satisfying / interesting / excited 6 performing / 그녀는 양말 인형을 보고 미소를 지으며 40년 전 그녀의 여동생을 위해 인형극을 공연하던 것을 떠올렸다. 7 (1) written (2) sitting / broken (3) shaking 8 This invention is useful enough to make your life much easier.

1 **해설 |** ① 동사 stop의 목적어로 쓰인 동명사이다. ② 전치사 at의 목적어로 쓰인 동명사이다. ③ 동사 start의 목적어로 쓰인 동명사이다. ④ 명사 girl을 수식하는 형용사 역할의 현재분사이다. ⑤ 주어로 쓰인 동명사이다.
해석 | ① 비가 그쳤다. ② 그는 드론을 잘 날린다. ③ 누구나 캘리그라피 쓰는 것을 시작할 수 있다. ④ 공원에서 미소 짓고 있는 소녀가 보이니? ⑤ 강에서 수영하는 것은 때때로 위험하다.
어휘 | drone 드론 canyone 누구나, 누구라도 calligraphy 캘리그라피, 서예 river 강 dangerous 위험한

2 **해설 |** '너무 ~해서 …할 수 없다'는 「too+ 형용사/부사+to부정사」를 이용하여 I was too excited to sleep.으로 영작할 수 있으므로, 네 번째 올 말은 ④ excited이다.

3 **해설 |** ① 동사 keep은 동명사를 목적어로 쓴다. ② 동사 give up은 동명사를 목적어로 쓴다. ③ 동사 decide는 to부정사를 목적어로 쓰므로 delivering을 to deliver로 고쳐 써야 한다. ④ 동사 promise는 to부정사를 목적어로 쓴다. ⑤ 동사 agree는 to부정사를 목적어로 쓴다.
해석 | ① 눈이 오더라도 계속 가라. ② 규칙적으로 운동하는 것을 포기하지 마세요. ③ 나는 그에게 그 편지를 전달하기로 결심했다. ④ 나는 그에게 야구 표를 주기로 약속했다. ⑤ 나는 그를 도와주는 것에 동의하지 않았다.
어휘 | even if ~할지라도 regularly 규칙적으로 deliver 배달하다, 전달하다

4 **해설 |** '결정하다'는 decide를, '무엇을 입을지'는 의문사와 to부정사를 사용하여 what to wear로 쓸 수 있다. I cannot decide what I should wear.와 같은 의미이다.

5 **해설 |** ① 감정을 일으키는 대상인 '그의 첫 수업'이 만족스러웠다고 했으므로 현재분사 satisfying이 적절하다. ② math activities가 감정을 일으키는 원인이므로 interesting이 적절하다. ③ I가 감정을 느끼게 되는 주체이므로 excited가 적절하다.
해석 | A: 박 선생님에 대해 어떻게 생각해?
B: 그는 아주 친절하고, 그의 첫 수업은 만족스러웠어. 수업 시간에 우리는 핸드폰으로 재미있는 수학 활동을 했어.
A: 정말? 내일 수업이 기대된다. 신이 난다.

6 **해설 |** 40년 전에 했던 일을 기억하는 것이므로 remember 뒤에 동명사가 목적어로 와야 한다. 「remember+to부정사」는 '(미래에) ~할 것을 기억하다'의 의미이다.
어휘 | puppet (인형극에 쓰는) 인형 perform 공연하다

7 **해설 |** (1) '영어로 쓰여져 있는'의 뜻으로 수동·완료를 나타내므로 과거분사 written이 알맞다.
(2) '휠체어에 앉아 있는'은 진행을 나타내므로 sitting in the wheelchair로, '부러진 다리'는 수동·완료를 나타내므로 broken leg로 쓴다.
(3) 머리를 '흔들고 있는'의 뜻으로 진행을 나타내므로 현재분사 shaking이 알맞다.
해석 | (1) 영어로 쓰여진 책은 읽기 어렵다.
(2) 부러진 다리로 휠체어에 앉아 있는 소년은 민수이다.
(3) 나는 그 소년이 머리를 흔들고 있는 것을 보았다.
어휘 | shake 흔들다

8 **해설 |** 주어와 동사로 This invention과 is를 배열하고 뒤에 「형용사/부사+enough+to부정사」의 순서로 쓴다. '너의 인생을 더 쉽게 만들다'는 5형식 문장으로 써서 make your life much easier의 순서로 배열하면 된다.
어휘 | invention 발명품 useful 유용한

1주 누구나 합격 전략   pp. 32~33

1 destroying / 우리는 자연을 파괴하는 것을 멈춰야 한다. 2 walking dictionary 3 What to do now 4 ③ 5 good enough 6 ② 7 to exercise / doing 8 ④ 9 I hope to be happy together. Stop thinking bad things. 10 (1) You look tired (2) I forgot to bring my cell phone

1 **해설** | stop은 동명사를 목적어로 쓰는 동사이므로 '파괴하는 것을 멈추다'는 stop destroying이 알맞다.
어휘 | destroy 파괴하다   nature 자연

2 **해설** | '걸어 다니는 사전'으로 쓰려면 동사 walk를 형용사처럼 사용하되, 능동의 의미가 있는 현재분사형으로 써야 하므로 walking이 적절하다.
어휘 | dictionary 사전

3 **해설** | '~해야 할지'라는 뜻의 「의문사+주어+should+동사원형」은 to부정사를 이용하여 「의문사+to부정사」로 바꿔 쓸 수 있다.
해석 | 지금 우리가 해야 할 일은 침착하게 있는 거야.
어휘 | calm 침착한

4 **해설** | 빈칸 앞에 too가 있고 이어서 to go가 나오는 것으로 보아 「too+형용사/부사+to부정사」 구문이다. '…하기에 너무 ~한'의 의미로 그림에 어린 아이가 나오므로 빈칸에는 형용사 young이 알맞다.
해석 | 그는 초등학교에 가기에는 너무 어리다.
어휘 | helpful 도움이 되는 kind 친절한 bad 나쁜

5 **해설** | 아래 문장을 보면 「so+형용사(good)+that+주어(it)+can+동사원형(win)」 구문으로 '이 연구는 노벨상을 받을 정도로 좋은가?'의 의미이다. 「형용사+enough+to부정사」 구문으로 바꿔 쓰면 good enough to win이 된다.
해석 | 이 연구는 노벨상을 받을 정도로 좋은가?
어휘 | research 연구 win 수상하다 Nobel Prize 노벨상

6 **해설** | ① '기다리고 있는 방'이 아니라 '대기실'이므로 동명사이다. ② '불 타고 있는 집'의 뜻으로 명사 house를 수식하는 능동의 현재분사이다. ③ '낚시를 하기 위한 대' 즉 '낚싯대'를 말하므로 동명사이다. ④ '수영하는 의상'이 아니라 '수영을 위한 의상'인 수영복'이므로 동명사이다. ⑤ '잠을 자는 데 사용하는'의 뜻으로 '침낭'의 의미이므로 동명사이다.
해석 | ① 이곳은 대기실입니다. ② 그들은 불 타고 있는 집으로 달려갔다. ③ 그 낚싯대를 가져올 수 있나요? ④ 나는 새 수영복을 사고 싶다. ⑤ 여분의 침낭을 가지고 계신가요?

어휘 | burn 타오르다, 불에 타다 rod 막대 suit 의복, 의상 extra 추가의, 여분의

7 **해설** | 동사 try의 목적어로 to부정사가 오면 '~하려고 노력하다'라는 뜻이고, 동명사가 오면 '시험 삼아 ~해 보다'라는 뜻이다.
어휘 | health 건강 exercise 운동하다 push-ups 팔굽혀 펴기

8 **해설** | ① 감정을 느끼게 되는 주체인 You가 주어로 왔으므로 과거분사형이 필요하다. (exciting → excited)
② 「형용사+enough+to부정사」 구문의 순서에 유의한다. (enough kind to help → kind enough to help)
③ give up은 동명사만을 목적어로 쓴다. (to contact → contacting)
④ mind는 동명사를 목적어로 쓰므로 올바른 문장이다.
⑤ promise는 to부정사만을 목적어로 쓴다. (coming → to come)
해석 | ① 너는 오늘 신이 나 보인다.
② 그는 우리를 도울 만큼 충분히 친절하다.
③ 나는 그냥 관리인과 연락하는 것을 포기했다.
④ 볼륨을 줄여 주시겠어요?
⑤ 그는 다음 주 언젠가 돌아오겠다고 약속했다.
어휘 | contact 접촉하다, 연락하다 manager 관리인 turn down (소리를) 줄이다

9 **해설** | '~을 희망하다'는 동사 hope를 쓴다. 이 동사는 to부정사만을 목적어로 가진다. '~을 멈추다'는 stop을 쓰면 되는데, 이 동사는 동명사만을 목적어로 가진다. 앞 문장은 주어, 동사, 목적어의 3형식 문장으로, 뒤 문장은 명령문으로 쓴다.

10 **해설** | (1) 주어가 감정을 느끼게 되는 주체이므로 감정 동사 tire는 과거분사형인 tired로 쓴다.
(2) '(미래에) ~할 것을 잊다'는 「forget+to부정사」로 쓴다. forget bringing은 가져왔다는 사실 자체를 잊은 것이다.
어휘 | fall 넘어지다 get hurt 다치다 to make matters worse 설상가상으로, 엎친 데 덮친 격으로
해석 | A: 안녕, 민수. 너 피곤해 보인다. 무슨 일 있니?
B: 나는 학교 가는 길에 넘어져 다쳤어. 설상가상으로, 오늘 핸드폰 가져오는 것을 잊었어.
A: 안됐구나.

A 1 crying 2 lost / scared 3 smart enough to
4 was able to 그림: 2 - 1 - 4 - 3
B 1 Jenny 2 Emily 3 Ron
C 1 Ted was too tired to go to the birtyday
party. 2 Can you tell me what to eat? 3 Eric
didn't stop playing the computer game.
D 1 to complete the marathon course. 2 how to
open the door 3 brave / enough to run into the
burning house / to save the child.

A **해설 |** 1. '울고 있는' 상황이므로 현재분사 crying이 적절하다.

2. lose는 '~을 잃다'의 뜻으로, '길을 잃은 아이'는 과거분사를 써서 lost child가 된다. 사람이 감정을 느끼게 되는 것은 과거분사 scared(겁이 난)로 쓴다.

3. 내용상 '전화번호를 기억할 만큼 똑똑하다'가 적절하므로 「형용사/부사+enough+to부정사」로 쓴다.

4. 전화를 걸어 부모를 찾았으므로, was able to가 적절하다.

해석 | 1. 나는 거리에서 울고 있는 소년을 보았다.

2. 그는 길을 잃은 아이(미아)였다. 그는 겁이 나 있었다.

3. 그는 엄마의 전화번호를 기억할 정도로 충분히 똑똑했다.

4. 그는 그의 부모를 만날 수 있었다.

어휘 | scaring 겁나게 하는 scared 겁이 난

B **해설 |** 1. 비가 오고 있으므로, '우산 가져오는 것을 잊었다'고 해야 자연스럽다. '(미래에) 할 일을 잊다'는 「forget+to부정사」로 쓰므로 Jenny가 어법상 바르게 말했다.

2. boiling eggs는 '끓고 있는 계란'이라는 뜻이 되므로, 의미상 적절하지 않다. '삶은 계란'은 boiled eggs로 쓴다. '튀겨진 닭'은 fried chicken이 알맞다.

3. 동사 enjoy와 practice는 둘 다 동명사를 목적어로 쓰는 동사이므로 enjoy to fly는 enjoy flying으로 고쳐야 한다.

해석 | 1. Jenny: 오, 이런. 비가 오네. 우산 가져오는 걸 잊었어.

Paul: 오. 이런. 비가 오네. 우산 가져왔다는 걸 잊었어.

2. Chris: 나는 삶은 계란 먹는 것을 좋아해.

Emily: 나는 튀긴 닭 먹는 것을 좋아해.

3. Betty: 나는 자유 시간에 드론 날리는 것을 즐겨.

Ron: 나도. 나는 주말마다 드론 날리는 것을 연습해.

어휘 | boil 끓다, 끓이다 fry 튀기다 on weekends 주말마다

C **해설 |** 1. 「too ~ to ....」 구문이므로 too tired 뒤에 이어질 것은 to go to the birtyday party이다.

2. '뭘 먹어야 할지'는 의문사와 to부정사를 써서 what to eat으로 표현할 수 있다. what I should eat으로도 쓸 수 있다.

3. '~하는 것을 멈추다'는 stop 뒤에 동명사가 목적어로 와야 한다. stop to play the computer game은 '컴퓨터 게임을 하기 위해 (움직임을) 멈추다'의 의미로 to부정사의 부사적 용법이다.

D **해설 |** 1. I want 뒤의 목적어 자리에 동사가 올 때는 to부정사 형태로 와야 하므로 to complete가 적절하다. 이어서 complete의 목적어 the marathon course를 배열한다.

2. knows의 목적어로 '문 여는 법을'이 오려면 의문사 how와 to부정사를 이용하여 how to open으로 쓴다.

3. '불난 집에 뛰어들 만큼 충분히 용감한'의 의미가 되려면 형용사 brave 뒤에 「enough+to부정사」의 순서로 배열한다. '~하기 위해'는 목적을 나타내는 부사적 용법의 to부정사가 와서 to save the child로 쓰면 된다.

해석 | 1. 나는 마라톤 코스를 완주하기를 원한다.

2. 내 여동생은 열쇠로 문 여는 법을 안다.

3. Sandra는 아이를 구하기 위해 불난 집에 뛰어들 만큼 충분히 용감하다.

어휘 | complete 완성하다 course 코스 brave 용감한 burning 불이 난 save 구하다

2주 관계대명사 / 접속사

해석 | 1 남: 말하는 나무에 관한 이야기를 들었어. 멋지지 않아?

여: Dan, 네가 듣는 게 항상 진짜는 아니야.

2 남: Tom Holland의 새 영화가 다음 주에 개봉하는 거 알아?

여: 당연하지! 그는 내가 제일 좋아하는 배우라서 나는 그 영화를 볼 거야.

3 여: Alex, 내가 어제 뭘 만든지 알아? 당근 케이크야!

남: 내가 당근 케이크를 먹어본 적이 있는지 잘 모르겠지만 맛있어 보인다!

4 아들: 엄마, 초콜릿 아이스크림이랑 바닐라 아이스크림 둘 다 먹어도 돼요?

엄마: 안 돼, 초콜릿이랑 바닐라 중에 하나만 골라.

2주 1일 개념 돌파 전략 ❶   pp. 40~43

개념 1   Quiz   해설 | 선행사 cookies를 꾸며 주는 관계대명사 which가 왔다. which는 관계대명사절 안에서 makes의 목적어로 쓰였다.

해석 | 나는 우리 엄마가 만드는 쿠키를 좋아한다.

개념 2   Quiz   해설 | What you see는 '네가 보는 것'의 의미로, 선행사를 포함하는 관계대명사 what이 쓰였다. 관계대명사가 이끄는 what절(What you see)은 이 문장에서 주어 역할을 한다.

해석 | 네가 보는 것이 항상 진실은 아니다.

개념 3   Quiz   해설 | 접속사 that이 이끄는 절이 동사 hope의 목적어로 쓰였다. 목적어로 쓰인 that절을 목적어절이라고 부르고, '~하는 것을'로 해석한다.

해석 | 나는 우리가 곧 다시 여행할 수 있기를 바란다.

> 1-2 whose   2-2 새 휴대폰은 내가 생일에 원하는 것〔생일 선물로 받고 싶은 것〕이다.   3-2 ②

1-1   해석 | 나는 파란색 드레스를 입고 있는 소녀를 보았다.

1-2   해설 | '집의' 지붕이 빨간 것이므로 선행사 a house의 소유격을 대신하는 관계대명사 whose를 써야 한다.

해석 | 그녀는 빨간 지붕이 있는 집으로 이사 갔다.

어휘 | roof 지붕

2-2   해설 | 관계대명사 what은 '~하는 것'으로 해석한다. 이 문장에서는 what절이 보어 역할을 한다.

3-1   해석 | 나는 네가 빨리 회복하기를 바란다.

어휘 | recover 회복하다

3-2   해설 | 동사 think의 목적어가 필요하므로 접속사 that이 think 뒤에 쓰여 목적어절을 이끄는 형태가 되어야 한다.

해석 | 내 생각에는 네가 그것을 곧 주문해야 할 것 같다.

어휘 | order 주문하다

개념 4   Quiz   해설 | 피곤했던 것이 일찍 잠자리에 든 이유이므로 because가 적절하다. although는 '~임에도 불구하고'라는 뜻으로 양보를 나타낸다.

해석 | 나는 피곤했기 때문에 일찍 잠자리에 들었다.

개념 5   Quiz   해설 | 의문사가 있는 의문문의 간접의문문은 「의문사+주어+동사」 형태로 쓴다.

해석 | 네가 그것에 대해 어떻게 생각하는지 알려 줘.

개념 6   Quiz   해설 | 「either A or B」는 'A 또는 B 둘 중 하나'라는 의미로 쓰인다.

해석 | 너는 나와 함께 가거나 여기에 있어도 된다.

> 4-2 나는 매우 피곤했음에도 불구하고 숙제를 끝냈다.
> 5-2 if she will like   6-2 either

4-1   어휘 | turn around 돌다, 돌리다

4-2   해설 | although는 '~에도 불구하고'라는 의미의 양보를 나타내는 접속사이다.

5-1   해석 | 그는 나에게 그것이 왜 필요한지 물었다.

5-2   해설 | 의문사가 없는 의문문의 간접의문문은 「if/whether+주어+동사」 형태로 쓴다.

해석 | 그녀가 이 튤립들을 좋아할지 모르겠다.

6-1   어휘 | perfect marks 만점

6-2   해설 | 「either A or B」는 'A 또는 B 둘 중 하나'라는 의미이다.

해석 | 우리는 산책을 하거나 쇼핑을 갈 것이다.

어휘 | go for a walk 산책하다

1 a friend who〔that〕　2 (1) what / 학생들은 선생님이 요청한 것을 하고 있다. (2) What / 우크라이나에서 일어나고 있는 것은 믿기 어렵다.　3 that you drink lots of water　4 because, Because　5 why zebras have stripes　6 Neither, nor

1 해설 | 관계대명사절의 수식을 받는 선행사는 a friend이고, 주어 역할을 하는 관계대명사가 필요하므로 주격 관계대명사 who 또는 that을 쓴다.
해석 | ・나는 친구가 있다. ・그 친구는 영어를 가르치기 위해 한국에 온다. → 나는 영어를 가르치기 위해 한국에 오는 친구가 있다.

2 해설 | 관계대명사 what은 선행사를 포함하며, '~하는 것'으로 해석한다. 명사처럼 쓰여 문장에서 주어, 목적어, 보어 역할을 한다.

3 해설 | 동사 recommend의 목적어절을 이끄는 접속사가 필요하다. 따라서 recommend 뒤에 명사절을 이끄는 접속사 that이 오고, 접속사 뒤에는 「주어+동사」를 포함한 절이 이어지도록 you drink lots of water 순서로 쓴다.

4 해설 | 두 문장 모두 빈칸 뒤에 이유를 나타내는 문장이 나오므로 접속사 because가 적절하다.
해석 | ・Jack은 감기에 걸려서 약을 먹었다. ・날이 흐렸기 때문에 Ben은 우산을 가져왔다.

5 해설 | 의문사가 있는 의문문의 간접의문문은 「의문사+주어+동사」의 순서로 쓴다.
해석 | 나는 왜 얼룩말에 줄무늬가 있는지 궁금해.

6 해설 | 상관접속사 「neither A nor B」는 'A도 B도 아닌'이라는 의미이다.
해석 | 그는 그 프로젝트를 위한 좋은 아이디어가 없다. 나도 역시 그 프로젝트를 위한 좋은 아이디어가 없다. → 그도 나도 그 프로젝트를 위한 좋은 아이디어가 없다.

전략 1　필수 예제

해설 | (1) 선행사 a friend가 사람이고, 관계대명사절 안에서 주어 역할을 하므로 주격 관계대명사 who가 알맞다.
(2) 선행사 The kid가 사람이고, 관계대명사절 안에서 주어 역할을 하면서 바로 동사가 이어지므로 주격 관계대명사 who가 알맞다.
(3) 선행사 monkeys가 동물이고 관계대명사절 안에서 주어 역할을 하므로 주격 관계대명사 which가 알맞다.
해석 | (1) 나는 일본에서 온 친구가 있다.
(2) 놀고 있는 아이는 Emma이다.
(3) 나는 나무에 매달려 있는 원숭이들을 보았다.
어휘 | hang on ~에 매달리다

　확인 문제

1 (1) 나는 가수가 되고 싶어 하는 소녀를 안다. (2) 나는 리본이 달린 드레스를 샀다.　2 an animal which〔that〕 has a hard shell

1 해설 | 주격 관계대명사는 관계사절에서 주어 역할을 하며, 관계사절은 형용사절로 쓰여 '~하는', '~인'으로 해석한다.

2 해설 | 두 문장에 공통되는 animal이 선행사이고 which〔that〕가 이끄는 주격 관계대명사절이 선행사를 뒤에서 수식한다.
해석 | ・거북이는 동물이다. ・그 동물은 딱딱한 등껍데기가 있다. → 거북이는 딱딱한 등껍데기가 있는 동물이다.
어휘 | turtle 거북 shell 껍데기

전략 2　필수 예제

해설 | 선행사인 the subject나 the new cell phone이 사물이고 빈칸 뒤에 「주어+동사」가 이어지면서 목적어가 없으므로, 목적격 관계대명사 which가 적절하다.
해석 | ・과학은 내가 가장 좋아하는 과목이다. ・이것은 내가 지난주에 산 새 핸드폰이다.
어휘 | subject 과목

확인 문제

1 the map which our dad gave us **2** cookies which(that) I like / 엄마는 내가 좋아하는 쿠키를 내게 주셨다.

1 해설 | 선행사인 the map을 목적격 관계대명사 which절이 수식하는 형태로 단어를 배열해야 한다. 목적격 관계대명사 뒤에는 「주어+동사」가 이어진다.

2 해설 | 두 문장에서 공통으로 나오는 cookies가 선행사이고 which(that)가 이끄는 목적격 관계대명사절이 선행사를 뒤에서 꾸미는 형태가 되어야 한다.
해석 | ·우리 엄마는 내게 쿠키를 주셨다. ·나는 그 쿠키를 좋아한다.

전략 3 [필수 예제]

해설 | (1) 선행사가 사람이고 관계대명사 뒤에 명사 mother가 이어지므로, 소유격 관계대명사가 알맞다.
(2) 선행사가 사물이고 관계대명사 뒤에 「주어+동사」가 이어지며 목적어가 없으므로, 목적격 관계대명사가 알맞다.
(3) 선행사가 사물이고 선행사와 관계대명사 뒤의 명사가 소유 관계이므로 of which가 알맞다.
해석 | (1) 나는 엄마가 선생님인 친구가 있다.
(2) 이 지하철이 내가 타야 할 지하철이다.
(3) Dave는 지붕이 초록색인 집에 산다.
어휘 | roof 지붕

확인 문제

1 whose wings **2** a cousin whose baby is two years old

1 해설 | "I saw a butterfly.(나는 나비를 보았다.)"와 "The butterfly's wings were wet.(나비의 날개가 젖었다.)"이 합쳐진 문장이다. butterfly와 wings가 소유 관계이므로 소유격 관계대명사를 이용해 문장을 연결한다.
어휘 | wing 날개

2 해설 | 두 문장에 공통되는 cousin이 선행사이고, cousin과 baby가 소유 관계이므로 소유격 관계대명사 whose를 사용해 문장을 연결한다.
해석 | ·나는 사촌이 있다. ·내 사촌의 아기는 두 살이다. → 나는 두 살 된 아기가 있는 사촌이 있다.
어휘 | cousin 사촌

전략 4 [필수 예제]

해설 | (1) 선행사를 포함하고 있고, 주어로 쓰인 명사절이므로 관계대명사 What이 적절하다.
(2) 선행사 a bird가 있고, 동사가 이어지므로 주격 관계대명사 that이 알맞다.
해석 | (1) 그녀가 말한 것은 나를 놀라게 했다.
(2) 앵무새는 말하는 것을 배울 수 있는 새이다.
어휘 | parrot 앵무새

확인 문제

1 (1) that / 나는 뭔가 매운 것이 먹고 싶다. (2) what / Josie는 내게 자신이 가져온 것을 보여 줬다. **2** is not what I ordered

1 해설 | (1) 빈칸 앞에 사물인 선행사가 있으므로 which나 that을 써야 한다. -thing으로 끝나는 대명사는 which로 바꿀 수 없으므로 that이 적절하다.
(2) 빈칸 앞에 선행사가 없으므로 선행사를 포함하는 관계대명사 what을 써야 한다. 관계대명사 what은 '~하는 것'으로 해석한다.
어휘 | spicy 매운

2 해설 | 우리말로 보아, 보어절을 이끄는 관계대명사 what을 쓰는 것이 적절하다. 관계대명사 what은 선행사를 포함하므로 동사 뒤에 바로 what I ordered 형태로 쓴다.
어휘 | order 주문하다

2주 2일 필수 체크 전략 ② pp. 50~51

1 ② **2** ③ **3** ⑤ / She gave me a lego house which(that) she built. **4** (A) that / 당신이 만지는 모든 것에는 세균이 있다. (B) which(that) / 그것들은 당신이 먹은 음식을 소화시키는 것을 돕는다. **5** germs

1 해설 | ①, ③, ④, ⑤는 관계사절에서 주어의 역할을 하는 주격 관계대명사이고, ②는 목적어 역할을 하는 목적격 관계대명사이다.

해석 | ① 그것은 추석이라고 불리는 큰 명절이다. ② 이것은 내가 풀 수 없는 문제이다. ③ 체스를 하고 있는 로봇을 봐. ④ 나는 둥근 모양의 와플을 좋아한다. ⑤ 아보카도는 가운데 큰 씨가 있는 과일이다.

2 해설 | '~한 것을'로 해석되는 것으로 보아 선행사를 포함하는 관계대명사 what이 쓰인 문장이다. 관계대명사절이 remember 뒤에서 목적어 역할을 한다. '내가 말한 것'은 what I said로 쓴다. Do you remember what I said yesterday?의 순서이므로 두 번째 빈칸에 오는 것은 what이다.

3 해설 | "She gave me a lego house."와 "She built the lego house."가 합쳐진 문장이다. 두 문장에 공통되는 lego house를 선행사로 하여 목적격 관계대명사가 lego house 를 꾸며 주는 형태가 되도록 해야 한다.
해석 | 그녀는 내게 자신이 만든 레고 집을 주었다.

[4~5] 해석 | 당신은 매일 손을 사용하여 다양한 물건을 만진다. 당신은 당신의 전화와 컴퓨터를 만진다. 문도 손으로 열고 닫는다. 당신이 만지는 모든 것에는 세균이 있다.
주된 종류의 세균에는 두 가지가 있는데 그것은 박테리아와 바이러스이다. 박테리아는 아주 작은 생물체이다. 그 중 몇몇은 이롭다. 그것들은 당신이 먹은 음식을 소화시키는 것을 돕는다. 다른 박테리아들은 해롭고 당신을 아프게 할 수 있다.
바이러스는 다른 살아 있는 몸의 세포 안에서만 살 수 있는 세균이다. 그것들은 독감과 같은 질병을 유발한다.

4 해설 | (A)와 (B) 각각 동사 touch와 eat의 목적어 역할을 하는 목적격 관계대명사가 필요하다. 선행사가 -thing으로 끝나면 관계대명사 that을 쓰고, 사물이나 동물이면 which나 that을 쓴다.

5 해설 | 관계대명사를 이용해 두 문장을 한 문장으로 만들 때는 두 문장에서 공통되는 대상을 찾아 선행사로 두고 이를 관계대명사절이 뒤에서 수식하는 형태로 쓴다.
해석 | • 바이러스는 세균이다. • 그 세균은 다른 살아있는 몸의 세포 안에서만 살 수 있다.

전략 1 [필수 예제]
해설 | (1) 의미상 '가까운 것 같다'고 해야 하므로 that이 적절하다. whether는 '~인지 아닌지'라는 뜻이다.
(2) '바른 길로 가고 있는지 (아닌지)'라고 해야 하므로 if가 적절하다.
(3) '우리를 도와줄 수 있는지 (아닌지)'의 의미가 되어야 하므로 whether가 적절하다.
해석 | (1) 내 생각에는 서점이 기차역에서 가까운 것 같다.
(2) 나는 우리가 바른 길로 가고 있는지 궁금하다.
(3) Jake에게 우리를 도와줄 수 있는지 물어보자.

[확인 문제]

1 (1) that / 나는 우리가 지난주에 만난 것을 기억한다.
(2) that / 나는 네가 잘할 거라고 확신한다.   **2** sure if the price is reasonable

1 해설 | (1), (2) 모두 목적어절을 이끄는 접속사 that이 쓰였다. 접속사 that은 '~하는 것'으로 해석한다.
어휘 | remember 기억하다

2 해설 | '잘 모르겠다(확실하지 않다)'는 not sure이고, 뒤에는 목적어절이 와야 한다. '~인지 아닌지'라는 의미의 접속사 if를 사용해 if the price is reasonable로 쓰면 된다.
어휘 | price 가격 reasonable 합리적인

전략 2 [필수 예제]
해설 | (1) 비행기에 타야 했던 것이 작별 인사를 한 이후에 일어난 일이므로 시간을 나타내는 after가 적절하다.
(2) 아들이 우산을 가지고 가지 않은 것과 내가 비가 올 것이라고 말한 것이 서로 상반되는 내용이므로 양보를 나타내는 although 가 적절하다.
해석 | (1) 우리가 작별 인사를 한 후에 나는 비행기에 타야 했다.
(2) 내가 비가 올 것이라고 말했음에도 불구하고, 내 아들은 우산을 가져가지 않았다.

1 as soon as **2** (1) meet (2) comes

1 해설 | '~하자마자'라는 의미를 가진 시간의 접속사 as soon as가 알맞다.
어휘 | leave 떠나다 (-left-left)

2 해설 | (1) 시간을 나타내는 부사절에서는 현재시제가 미래시제를 대신하므로 meet이 알맞다.
(2) 조건을 나타내는 부사절에서는 현재시제가 미래시제를 대신하므로 come의 3인칭 단수 현재형인 comes를 쓴다.
해석 | (1) 우리가 만나기 전에 나는 서점에 갈 것이다.
(2) 그녀가 그들과 함께 가면 그들은 행복할 것이다.

전략 3 필수 예제

해설 | (1) 의문사가 없는 의문문을 간접의문문으로 만들 때는 「if/whether+주어+동사」 형태로 쓴다.
(2) 의문사가 있는 의문문을 간접의문문으로 만들 때는 「의문사+주어+동사」 형태로 쓴다.

1 if(whether) **2** I wonder why penguins can't fly.

1 해설 | "Do you know...?"와 "Does Audrey like cookies?"가 합쳐진 문장이다. 의문사가 없는 의문문을 간접의문문으로 만들 때는 「if/whether+주어+동사」 형태로 쓴다.
해석 | A: Audrey가 쿠키를 좋아하는지 아니?
B: 응, 내 생각에는 좋아하는 것 같아.

2 해설 | "I wonder...."와 의문문 "Why can't penguins fly?"가 합쳐진 문장이다. 의문사(why)가 있는 의문문을 간접의문문으로 만들 때는 「의문사+주어+동사」 형태로 쓴다.

전략 4 필수 예제

해설 | (1) 「both A and B」는 'A와 B 둘 다'라는 뜻이다.
(2) 「not only A but (also) B」는 'A뿐만 아니라 B도'라는 의미이며, 「B as well as A」로 바꿔 쓸 수 있다.

1 but **2** Neither Frank nor my other friends are playing baseball. / Frank도 내 다른 친구들도 야구를 하고 있지 않다.

1 해설 | not은 but과 함께 'A가 아니라 B'라는 뜻으로 쓰인다. not only는 but (also)와 함께 'A뿐만 아니라 B도'라는 뜻으로 쓰인다.
해석 | • Green 씨는 교수가 아니라 기자이다. • 나는 노래를 할 수 있을 뿐만 아니라 춤도 출 수 있다.
어휘 | professor 교수 journalist 기자

2 해설 | 'A와 B 둘 다 아닌'은 「neither A nor B」를 이용하여 만들고, 주어로 쓰인 경우 동사는 B에 일치시킨다.
해석 | • Frank는 야구를 하고 있지 않다. • 내 다른 친구들도 야구를 하고 있지 않다.

2주 3일 필수 체크 전략 ❷ pp. 56~57

1 ① **2** I will do my homework after I have dinner. 또는 After I have dinner, I will do my homework. **3** ⑤ **4** Because(Since) **5** that
6 He asked what a memory was. / 그는 기억이 무엇인지 물었다.

1 해설 | 첫 번째 빈칸에는 hope의 목적어절을 이끄는 명사절 접속사가 필요하다. '곧 낫기를'이라는 의미이므로 that이 적절하다. 두 번째 문장은 '돼지고기인지 소고기인지'라는 뜻의 명사절을 이끄는 접속사가 필요하므로 if나 whether가 와야 한다. 세 번째 문장은 '이웃이 새 아파트로 이사 간다는 것을' 말해준 것이므로 that이 적절하다.
해석 | • 나는 네가 곧 낫기를 바란다. • 나는 이게 돼지고기인지 소고기인지 잘 모르겠다. • 우리 엄마는 우리 이웃이 새로운 아파트로 이사 간다고 말했다.

2 해설 | 숙제를 하는 것이 저녁을 먹는 것보다 나중에 발생한 것이므로 '저녁을 먹은 후에'가 되도록 after I have dinner로 쓴다. 시간을 나타내는 부사절에서는 현재시제가 미래시제를 대신하므로 after I have dinner로 쓴다는 것에 유의한다.
해석 | 나는 저녁을 먹은 후에 숙제를 할 것이다.

3 해설 | 「not only A but (also) B」는 「B as well as A」로 바꿔 쓸 수 있다. 이때, A와 B의 자리가 바뀌므로 주의한다.

해석 | 악어는 육지뿐만 아니라 물에서도 살 수 있다.

[4~6] 해석 | 어느 날, Wilfrid의 부모님이 Cooper 씨에 대해 이야기하고 있었다. "불쌍한 분이야." 그의 어머니가 말했다. "왜 불쌍한 분이에요?"라고 Wilfrid가 물었다. "기억을 잃었으니까."라고 그의 아버지가 말했다. "기억이 뭔데요?" Wilfrid가 물었다. "그건 네가 기억하는 무언가란다."라고 그의 아버지가 말했다.

Wilfrid는 더 알고 싶었다. 그래서 그의 이웃에게 갔다. Jordan 씨가 햇볕을 즐기고 있었다. "기억이 뭐예요?" 그가 물었다. "아주 따뜻한 거란다, 꼬마야." Jordan 씨가 말했다.

4 해설 | Wilfrid가 아버지에게 '왜 Cooper 씨가 불쌍한 사람인지' 물었고, 아버지가 그에 대한 대답을 해 주고 있으므로 이유를 나타내는 접속사 because(since)가 적절하다.

5 해설 | 선행사가 -thing으로 끝나는 대명사일 때는 관계대명사 that을 쓴다.

6 해설 | 의문사(what)가 있는 의문문을 간접 의문문으로 만들 때는 「의문사+주어+동사」 형태로 쓴다.

2⁴일 교과서 대표 전략 ❶ pp. 58~61

1 who 2 ③ 3 that(which) 4 who, which
5 what he wants 6 ② 7 (1) that you'll do well on the exam (2) that autumn is a season of fruit (3) whether she wants to come with us 8 ① 9 Do you know if(whether) the Atacama is the driest desert on Earth? 10 (1) If I hurry (2) Before the movie starts 11 Both Jongha and Minji enjoy
12 (W)hen 13 Do you know how long the mountain range is?

1 해설 | 관계사절 "[____] was wearing a beautiful dress"에서 주어 역할을 하는 주격 관계대명사 who가 알맞다.

해석 | 2017년 6월 7일에 우리는 라오스에 도착했다. 우리는 아름다운 드레스를 입고 있는 소녀를 만났다.

어휘 | arrive 도착하다

2 해설 | 선행사 giraffe의 소유격을 나타내는 giraffe's 대신 소유격 관계대명사가 필요하다. 빈칸 뒤에 명사가 왔고, giraffe와 neck이 소유 관계이므로 whose가 적절하다.

해석 | • 기린이 보이니? • 기린의 목은 아주 길다 → 너는 목이 아주 긴 저 기린이 보이니?

어휘 | giraffe 기린

3 해설 | 두 문장 모두 관계사절에서 동사의 목적어 역할을 하는 목적격 관계대명사가 필요하다. 선행사가 사물이고, 빈칸 뒤에 「주어+동사」가 왔으므로 that 또는 which가 적절하다.

해석 | • 그는 그저 그 소녀가 했던 말을 따라한다.
• 그는 그녀가 손에 들고 있는 축구공을 가리킨다.

어휘 | repeat 따라하다 point to ~를 가리키다 hold 잡다

4 해설 | 첫 번째 문장은 선행사가 사람이고, 빈칸 뒤에 동사가 있으므로 주격 관계대명사 who가 적절하다. 두 번째 문장은 선행사가 사물이고, 빈칸 뒤에 「주어+동사」가 이어지며, 동사의 목적어 자리가 비어 있으므로 목적격 관계대명사 which가 적절하다.

해석 | • 만화가는 만화를 만드는 사람이다. • 이것들은 내가 즐겨했던 게임이다.

어휘 | cartoonist 만화가 cartoon 만화

5 해설 | 선행사가 없고 '~하는 것'으로 해석되므로, 관계대명사 what을 사용해야 한다. what이 이끄는 절이 동사 get의 목적어로 쓰였다.

6 해설 | 첫 번째 문장은 things가 선행사이므로 that을 써야 한다. 두 번째 문장은 선행사 없이 동사 뒤에 바로 빈칸이 나오므로 선행사를 포함하는 관계대명사 what이 적절하다. 여기서 what은 the thing that으로 바꿔 쓸 수 있다.

해석 | • 개는 10 km 떨어진 곳에서 냄새를 맡을 수 있다.
• 이것은 내가 원하는 것이 아니다.

어휘 | away 떨어져

7 해설 | (1), (2) 명사절 접속사 that이 동사 hope와 shows 뒤에서 목적어절을 이끈다. 접속사 뒤에는 「주어+동사」 순서의 절이 온다. (3) 명사절 접속사 whether가 동사 ask의 직접목적어절을 이끌도록 쓴다. 마찬가지로 접속사 뒤에는 「주어+동사」 순서의 절이 온다.

어휘 | autumn 가을 season 계절

8 해설 | 소진이가 조별 과제에서 자신의 할 일을 하지 않아서 Tommy가 화난 것이므로 '~ 때문에'라는 의미의 이유를 나타

내는 접속사 because가 적절하다.

해석 | Tommy는 소진이가 조별 과제에서 자기가 맡은 부분을 하고 있지 않아서 화가 난다.

어휘 | upset 화 난

9 해설 | 의문사가 없는 의문문의 간접의문문은 「if/whether+주어+동사」 형태로 쓴다.

해석 | ·…을 아니? ·아타카마 사막이 지구에서 가장 건조한 사막이니? → 아타카마 사막이 지구에서 가장 건조한 사막인지 (아닌지) 아니?

어휘 | dry 건조한 desert 사막 Earth 지구

10 해설 | '만약 ~하면'이라는 의미의 접속사 if와 '~ 전에'라는 의미의 접속사 before를 사용하여 문장을 완성하면 된다. 시간·조건의 접속사가 이끄는 절은 현재시제가 미래시제를 대신하므로 will hurry 대신 hurry를, will start 대신 starts를 쓰는 것에 주의한다.

어휘 | hurry 서두르다 ad 광고

11 해설 | 'A와 B 둘 다'는 「both A and B」로 쓴다. 「both A and B」가 주어로 쓰일 때는 항상 복수 취급한다.

해석 | ·종하는 롤러코스터를 즐겼다. ·민지도 롤러코스터를 즐겼다. → 종하와 민지 둘 다 롤러코스터를 즐겼다.

12 해설 | Sheila가 자신의 집 근처를 '걸어가고 있을 때' 잃어버린 고양이에 대한 포스터를 봤고, Ryan이 '초인종 소리를 들었을 때' 문으로 달려갔다고 해야 자연스럽다. 따라서 '~할 때'라는 의미의 접속사 When이 빈칸에 공통으로 알맞다.

해석 | Sheila가 자신의 집 근처를 걸어가고 있을 때, 그녀는 잃어버린 고양이에 대한 포스터를 봤다. 그녀는 포스터를 자세히 읽었다. "이 고양이는 Max랑 똑같이 생겼잖아." 그녀는 서둘러 집으로 갔다. "이리 와, Max! 가자!" 그녀는 Max를 포스터에 있는 주소로 데리고 갔다. "딩동" Ryan이 초인종 소리를 들었을 때, 그는 달려가서 문을 열었다. "Bear, 돌아왔구나!" Ryan은 울음을 터뜨렸다.

어휘 | exactly 정확히 hurry 서두르다 address 주소 doorbell 초인종

13 해설 | 의문사가 있는 의문문의 간접의문문은 「의문사+주어+동사」 형태로 쓴다.

해석 | 안데스는 세계에서 가장 긴 산맥이다. 이 산맥이 얼마나 긴지 아는가? 이 산맥은 길이가 7,000 km나 된다! 또한, 안데스 산맥에는 아시아 이외의 지역에서 가장 높은 산들이 있다. 남아메리카에 사는 사람의 약 3분의 1이 안데스에 산다. 많은 독특한 동물들도 거기에 산다.

어휘 | mountain range 산맥 contain 포함하다 unique 독특한

2주 4일 교과서 대표 전략 ❷ pp. 62~63

---

1 We rode a hot air balloon which(that) looked like an elephant. **2** ① **3** showed me what he had **4** ② **5** that / 좋은 것은 이 웹사이트가 편리하다는 것이다. **6** ④ **7** while, before, because **8** ④

---

1 해설 | (A)의 a hot air balloon과 (B)의 It이 같은 대상을 가리키므로 a hot air balloon을 선행사로 하고 looked like an elephant가 뒤에서 꾸며 주는 형태로 써야 한다. 이때, 선행사가 사물이고, 동사 looked의 주어가 필요하므로 주격 관계대명사 which(that)를 이용한다.

해석 | 2017년 5월 21일

우리는 터키에 갔다. 우리는 열기구를 탔다. 그것은 코끼리처럼 생겼다. 나는 그 경험을 절대 잊지 못할 것이다. → 우리는 코끼리처럼 생긴 열기구를 탔다.

어휘 | ride 타다 (-rode-ridden) hot air balloon 열기구 experience 경험

2 해설 | 두 문장 모두 관계사절에서 주어가 필요하다. 두 문장 모두 선행사가 사람인 것으로 보아 who가 공통으로 알맞다.

해석 | ·나는 오빠가 세 명 있는 친구가 있다. ·나는 무거운 상자를 나르는 남자를 보았다.

3 해설 | 동사 showed의 직접목적어로 쓰여야 하고 선행사를 포함하므로 '가지고 있던 것'은 what he had로 쓸 수 있다. 4형식 「주어+수여동사+간접목적어+직접목적어」의 순서로 showed(보여 주었다)+me(내게)+what he had(그가 가지고 있던 것)+in his pocket(그의 주머니에)으로 쓴다.

어휘 | pocket 주머니

4 해설 | 접속사 that이 동사 think의 목적어절을 이끄는 형태가 되어야 한다.

해석 | 나는 사람들이 바다에 더 신경을 많이 써야 한다고 생각해.

어휘 | care 관심을 가지다 ocean 바다

5 해설 | 명사절을 이끄는 접속사 that을 넣어 빈칸 뒤의 문장이 주어(The good thing)를 보충 설명하는 보어로 쓰이도록 해야 한다. that절이 보어로 쓰일 때는 '~하는 것이다'로 해석한다.

어휘 | convenient 편리한

6 해설 | "Do you know ...?"와 "What do scientists do in such a dry place?"가 합쳐진 문장이다. 의문사가 있는 의문문을 간접의문문으로 만들 때는 「의문사+주어+동사」 형태가 되므로 Do you know what scientists do in such a dry place?가 알맞다. 그러므로 네 번째 올 말은 do이다.

어휘 | scientist 과학자

7 해설 | while은 '~하는 동안', before는 '~ 전에'라는 뜻으로 시간을 나타낸다. because는 '~ 때문에'라는 뜻으로 이유를 나타낸다.

해석 | •엄마가 설거지를 하는 동안 나는 빨래를 갰다. •외출하기 전에 전등을 꺼라. •그들이 항상 나에게 잘해 주기 때문에 나는 그들과 함께 시간을 보내는 것을 좋아한다.

어휘 | fold 접다, 개다 laundry 빨래 do the dishes 설거지하다

8 해설 | 오리와 펭귄 둘 다 날고 있지 않다고 해야 하므로 「neither A nor B」를 사용한 ④가 적절하다.

해석 | ① 오리와 펭귄 둘 다 날고 있다. ② 오리와 펭귄 둘 중 하나는 날고 있다. ③, ⑤ 오리뿐만 아니라 펭귄도 날고 있다. ④ 오리와 펭귄 둘 다 날고 있지 않다.

2주 누구나 합격 전략

pp. 64~65

1 (1) who (2) that 2 wallet which(that) I bought
3 whose / 하마는 입이 큰 동물이다. 4 ③ 5 if
(whether) 6 ② 7 ③ 8 Both, and 9 Do
you know how old the building is? 10 If you
practice hard, you can win the contest.

1 해설 | (1) 선행사가 kids로 사람이고, 관계사절에서 주어 역할을 하는 관계대명사가 필요하므로 who가 알맞다. whom

은 목적격 관계대명사이다.

(2) 선행사가 an animal로 동물이고, 관계사절에서 주어 역할을 하는 관계대명사가 필요하므로 that이 적절하다. 관계대명사 what은 선행사가 없을 때 사용한다.

해석 | (1) 태권도를 배우고 있는 두 명의 아이들을 봐. (2) 거북은 100년 이상 살 수 있는 동물이다.

2 해설 | 두 문장에 공통되는 wallet이 선행사이고, 관계사절의 동사 bought의 목적어 역할을 할 수 있는 관계대명사 which(that)를 쓴다.

해석 | •나는 그에게 지갑을 사 주었다. •그는 그 지갑을 잃어버렸다. → 그는 내가 그에게 사 준 지갑을 잃어버렸다.

어휘 | wallet 지갑

3 해설 | 선행사(an animal)와 빈칸 뒤의 명사(mouth)가 소유의 관계이므로 소유격 관계대명사를 쓴다.

어휘 | hippo 하마

4 해설 | 빈칸에는 선행사를 포함하는 관계대명사 what을 이용해 what my mom said가 와야 한다. 관계대명사 what이 이끄는 절이 동사 hear의 목적어로 쓰였다.

5 해설 | '~인지 (아닌지)'는 명사절을 이끄는 접속사 if (whether)를 사용해 표현한다. 두 문장 모두 if(whether)가 동사(know, tell)의 목적어절을 이끄는 형태이다.

6 해설 | 점심을 먹은 것이 공항에 간 것보다 먼저 일어난 일이므로 점심을 먹은 후에 공항에 갔다고 하는 것이 적절하다.

해석 | 우리는 공항에 가기 전에 점심을 먹었다. = 우리는 점심을 먹은 후에 공항에 갔다.

어휘 | airport 공항

7 해설 | '~임에도 (불구하고), ~이지만'은 양보의 접속사 although, though, even though, even if 등으로 표현할 수 있다.

해석 | 그녀가 무례했지만 Cassie 씨는 침착하려고 노력했다.

어휘 | calm 침착한 rude 무례한

8 해설 | 'A와 B 둘 다'는 상관접속사를 사용하여 「both A and B」로 쓴다. 「both A and B」가 주어로 쓰일 때는 복수 동사가 온다.

해석 | •벌은 곤충이다. •나비는 곤충이다. → 벌과 나비는 둘 다 곤충이다.

어휘 | insect 곤충

9 해설 | "Do you know …?"와 "How old is the building?"이 합쳐진 문장이다. 의문사가 있는 의문문의 간접의문문은 「의문사+주어+동사」 형태로 쓴다.

10 해설 | '~하면 …할 것이다'는 조건을 나타내는 접속사 if를 써서 표현할 수 있다. 따라서 '열심히 연습하면'은 if you practice hard로 쓴다.

해석 | 엄마: 우리 동네에서 열리는 노래 대회에 참가할 예정인데, 긴장이 되는구나.

Dave: 걱정하지 마세요. 열심히 연습하면, 대회에서 우승하실 수 있을 거예요.

엄마: 그렇게 말해 주니 고맙구나.

어휘 | enter 출전하다, 참가하다 contest 대회 nervous 긴장한, 불안해 하는 practice 연습하다

2주 창의·융합·코딩 전략 ❶, ❷   pp. 66~69

A 1 Zubin   2 Elena
B 1 I don't know if〔whether〕I should bring an umbrella.   2 Could you tell me if〔whether〕she is a famous singer?   3 I'm not sure how much sugar we need.   4 Do you know when the bus leaves?
C 1 when   2 before   2 If   4 Though
D 1 that I didn't do my homework.   2 that they are serious problems.   3 if we're making the right decision.

A 해설 | 1. 두 문장에 공통되는 fish를 선행사로 쓰면 되는데, 선행사가 동물이고 관계사절에서 주어 역할을 하므로 주격 관계대명사 which나 that을 쓰는 것이 적절하다.

2. 두 문장에 공통되는 painting(it)이 선행사가 되는데, 선행사가 사물이고 관계사절에서 목적어 역할을 하므로 목적격 관계대명사 which나 that을 쓰는 것이 적절하다. 관계대명사절의 목적격 관계대명사가 목적어 역할을 하므로, 목적어 it을 또 쓰지 않도록 주의한다.

해석 | 1. • 아마존강은 몇몇의 아주 큰 뱀과 물고기들의 서식지이다. • 그 물고기들은 고기를 먹는다. / 아마존강은 몇몇의 아주 큰 뱀과 고기를 먹는 물고기들의 서식지이다.

2. • 이것은 그림이다.
 • 우리는 이 그림을 시장에서 샀다. / 이것은 우리가 시장에서 산 그림이다.

B 해설 | 1. 의문사가 없는 의문문이므로 if나 whether를 쓴다. 조동사 should는 그대로 동사 앞에 두고 「의문사+주어+조동사+동사」의 순서로 쓴다.

2. 의문사가 없는 의문문이므로 if나 whether를 쓴다.

3. 의문사 how much가 있는 의문문이다. how much는 하나의 덩어리로 취급하는 의문사이므로, 「how much+주어+동사」의 순서로 쓴다는 것에 유의한다.

4. 일반동사가 쓰인 의문문은 간접의문문으로 쓸 때 조동사 do(es)를 없애고 「의문사+주어+동사」로 쓴다는 것에 유의한다.

해석 | 1. 나는 우산을 가져가야 할지 모르겠어.

2. 그녀가 유명한 가수인지 말해 줄래?

3. 우리가 얼마나 많은 설탕이 필요한지 확실하지 않아.

4. 언제 버스가 떠나는지 알고 있니?

C 해설 | 1. 7살 때 뉴욕으로 이사했다고 하는 것이 자연스러우므로 시간을 나타내는 접속사 when이 적절하다.

2. 손을 씻는 것과 밥을 먹는 것을 시간의 순서로 표현하는 것이 자연스러우므로 before가 적절하다.

3. 공부를 열심히 하는 것이 시험을 통과하는 조건이 되므로 if가 알맞다.

4. 피곤했던 것과 미소를 지으려고 노력한 것이 상반되는 내용이므로 양보를 나타내는 접속사 though가 알맞다.

해석 | 1. 그들은 7살 때 뉴욕으로 이사했다.

2. 먹기 전에 손을 씻어라.

3. 더 열심히 공부하면, 너는 시험을 통과할 수 있을 거야.

4. 그녀는 매우 피곤했음에도 불구하고 웃으려고 노력했다.

어휘 | pass 통과하다

D 해설 | 1, 2 접속사 that이 이끄는 절은 문장에서 주어, 목적어, 보어로 쓰이며 '~하는 것, ~하기'로 해석한다. 접속사 뒤에는 「주어+동사」 형태의 절이 이어진다.

3. 접속사 if는 '~인지 아닌지'로 해석하며 목적어절을 이끈다. 접속사 뒤에는 「주어+동사」 형태의 절이 이어진다.

어휘 | serious 심각한 problem 문제 decision 결정

1 (1) My father was shocked by the news. (2) Riding a roller coaster is very exciting.   2 (1) leaving for Los Angeles / Los Angeles로 떠나는 항공편이 3시 40분에 있다. (2) hidden / Helen은 마침내 그녀의 숨겨진 재능을 발견했다. (3) used / 벼룩시장은 중고 물건들로 가득 차 있다.   3 (1) to study (2) surfing (3) to keep
4 (1) This hat is so big that he can't wear it. (2) My mouth is so big that I can eat the whole apple. (3) I ran so fast that I could catch the bus.
5 (1) We saw a rock which looked like a queen's head. (2) A woman whom Ms. Gambini invited walks in. (3) I won't forget what I learned today.
6 (1) that / 중요한 것은 우리가 환경을 보호해야 한다는 것이다. (2) if / 나는 내가 문을 잠갔는지 잠그지 않았는지 기억나지 않는다. (3) whether / 그는 그것이 진짜 다이아몬드인지 아닌지 물었다.   7 (1) Don't take selfies while you are walking. (2) If I get to the train station on time, I will catch the train. (3) You can choose either milk or orange juice.   8 (1) where the museum is (2) if(whether) this building is taller than that building (3) what it means

1 **해설** | 〈예시〉 주어가 감정을 불러일으키는 원인이므로 감정의 동사 interest의 현재분사형을 써야 한다.
(1) 주어가 감정을 느끼게 되는 주체이므로 감정의 동사 shock의 과거분사형을 써야 한다.
(2) 주어가 '롤러코스터를 타는 것'으로, 감정을 불러일으키는 원인이므로 감정의 동사 excite의 현재분사형이 적절하다.
해석 | 〈예시〉 그 영화는 정말 흥미로웠다.
(1) 나의 아버지는 그 뉴스에 충격을 받으셨다.
(2) 롤러코스터를 타는 것은 신이 난다.
2 **해설** | 〈예시〉 명사 the girl을 수식하는 현재분사 singing 뒤에 전치사구 beside the piano가 이어졌으므로 명사 뒤에서 수식한다.
(1) 명사 a flight를 수식하는 현재분사 leaving이 단독으로 오지 않고 현재분사구로 와서 명사 뒤에서 수식하고 있다.
(2) 명사 talents를 수식하는 말은 바로 앞에 온 과거분사 hidden으로, 단독으로 왔으며 '숨겨진'의 수동의 의미를 가진다.
(3) 과거분사 used가 단독으로 명사 items를 앞에서 수식하

고 있다. '사용된 물건' 즉 '중고 물건'을 뜻한다.
어휘 | talent 재능   be full of ~으로 가득 차다
3 **해설** | (1) 동사 decide는 to부정사를 목적어로 쓴다. 수학 시험을 위해 공부하기로 결심했다고 해야 적절하므로 study를 to study로 쓴다.
(2) 동사 enjoy는 동명사를 목적어로 쓴다. 인터넷 검색하는 것을 즐기는 것이므로, enjoy surfing the Internet으로 써야 적절하다.
(3) 동사 promise는 to부정사를 목적어로 쓴다. '비밀을 지키다'는 keep a secret이다.
해석 | (1) Matthew는 수학 시험을 위해 공부하기로 결심했다.
(2) 나는 인터넷 검색하는 것을 아주 좋아한다.
(3) Tom은 비밀을 지키겠다고 약속했지만, 나는 그를 믿을 수 없다.
어휘 | surf 항해하다; 검색하다
keep a secret 비밀을 지키다
trust 믿다, 신뢰하다

4 **해설** | 〈예시〉, (1) 「too+형용사/부사+for+의미상의 주어+to부정사」는 「so+형용사/부사+that+주어+can't+동사원형」으로 바꿔 쓸 수 있으며, '너무 ~해서 …할 수 없다'는 의미이다. that절에 목적어가 있어야 한다는 것에 주의한다.
(2), (3) 「형용사/부사+enough+to부정사」는 「so+형용사/부사+that+주어+can+동사원형」으로 바꿔 쓸 수 있으며, '…할 만큼 충분히 ~하다'는 의미이다.
해석 | 〈예시〉 이 문제는 내가 풀기에는 너무 어렵다. = 이 문제는 너무 어려워서 내가 풀 수 없다.
(1) 이 모자는 그가 쓰기에는 너무 크다. = 이 모자는 너무 커서 그가 쓸 수 없다.
(2) 내 입은 사과 전체를 먹을 만큼 충분히 크다. = 내 입은 아주 커서 사과 전체를 먹을 수 있다.
(3) 나는 버스를 잡을 만큼 빠르게 달렸다. = 나는 아주 빠르게 달려서 버스를 잡을 수 있었다.
어휘 | wear 입다   whole 전체의
5 **해설** | 〈예시〉 '~하는 것'은 관계대명사 what 또는 the thing(s) that(which)으로 쓸 수 있다.
(1) "We saw a rock."과 "The rock looked like a queen's head."가 합쳐진 문장으로, 관계대명사절이 선행사인 a rock을 뒤에서 꾸며 주는 형태가 되어야 한다. 관계대명사가 관계

사절에서 주어 역할을 하므로 주격 관계대명사가 쓰였다.

(2) "A woman walks in."과 "Ms.Gambini invited the woman."이 합쳐진 문장으로, 관계대명사절이 선행사인 a woman을 뒤에서 꾸며 주는 형태가 되어야 한다. 관계대명사가 동사 invited의 목적어 역할을 하므로 목적격 관계대명사가 쓰였다.

(3) '~하는 것'으로 해석되는 관계대명사 what이 쓰였다. what은 선행사를 포함하므로 동사 forget 바로 뒤에서 목적어 역할을 하도록 배열해야 한다.

6 **해설** | 〈예시〉 접속사 that이 동사 learned의 목적어절을 이끈다. that절은 '~하는 것을'로 해석한다.

(1) 접속사 that이 동사 is 뒤에서 보어절을 이끈다. that절은 '~하는 것이다'로 해석한다.

(2) 접속사 if가 동사 remember의 목적어절을 이끈다. 명사절을 이끄는 접속사 if는 '~인지 아닌지'로 해석한다.

(3) 접속사 whether가 동사 asked의 목적어절을 이끈다. 명사절을 이끄는 whether는 '~인지 아닌지'로 해석한다.

7 **해설** | 〈예시〉 시간을 나타내는 접속사 when은 '~할 때'라는 뜻이다.

(1) 시간을 나타내는 접속사 while은 '~하는 동안'이라는 뜻이다.

(2) 조건을 나타내는 접속사 if는 '만약 ~하면'이라는 뜻이다. 접속사가 이끄는 절이 문장 앞에 오면 ,(콤마)를 넣는다. 시간, 조건의 부사절에서는 미래 상황을 말할 때 현재시제로 쓴다.

(3) 「either A or B」는 'A 또는 B 둘 중 하나'라는 뜻이다.

해석 | 〈예시〉 그가 길을 걸어갈 때, 한 여자가 그에게 말을 걸었다.

(1) 걸으면서 셀카를 찍지 마라.

(2) 제 시간에 기차역에 도착하면, 나는 기차를 탈 수 있을 것이다.

(3) 당신은 우유 또는 오렌지 주스 둘 중 하나를 고를 수 있다.

8 **해설** | (1) "Do you know ...?"와 "Where is the museum?"이 합쳐진 문장으로, 의문사가 있는 의문문을 간접의문문으로 만들 때는 「의문사+주어+동사」 순서로 쓴다.

(2) "I wonder ...."와 "Is this building taller than that building?"이 합쳐진 문장으로, 의문사가 없는 의문문을 간접의문문으로 만들 때는 「if〔whether〕+주어+동사」 순서로 쓴다.

(3) "I don't understand ...."와 "What does it mean?"이 합쳐진 문장으로, 의문사가 있는 의문문을 간접의문문으로 만들 때는 「의문사+주어+동사」 순서로 쓴다.

해석 | (1) 박물관이 어디에 있는지 아시나요?

(2) 나는 이 건물이 저 건물보다 높은지 궁금하다.

(3) 나는 그것이 무슨 의미인지 모르겠다.

적중 예상 전략 | ❶
pp. 76~79

1 ②, ④ 2 ③ 3 ⑤ 4 ⑤ 5 ⑤ 6 ②
7 ①, ③ 8 ④ 9 The man called Superman will save us. 10 떠나기 전에 전등 끄는 것을 잊지 마.
11 go → going / to work → working / 동사 avoid와 enjoy는 둘 다 동명사를 목적어로 쓴다. 12 bright that we couldn't look at it directly. 13 I don't know when to start the race. 14 (A) surprising (B) surprised 15 ⓒ Baking → Baked 16 I don't know how to use the oven 17 (A) texting〔text〕 (B) surprised (C) to be 18 누구도 무엇을 해야 할지 우리에게 말할 권리를 가지고 있지 않다

1 **해설** | to go가 이어지는 것으로 보아, 빈칸에 to부정사를 목적어로 취하는 동사가 와야 한다. enjoy, keep, give up은 동명사를 목적어로 취하는 동사이므로 올 수 없다.

해석 | 나는 가족들과 함께 캠핑하러 가고 싶다.

2 **해설** | ① 보어로 쓰인 동명사이다. ② 주어로 쓰인 동명사이다. ③ 과거진행형을 나타내는 현재분사이다. ④ 용도를 나타내는 동명사로, sleeping bag은 '침낭'이라는 뜻이다. ⑤ 목적을 나타내는 동명사로, smoking area는 '흡연 구역'이라는 뜻이다.

해석 | ① 그녀의 취미는 채소 기르기이다. ② 너무 많이 먹는 것은 위에 좋지 않다. ③ 네가 전화했을 때 나는 TV를 보고 있었어. ④ 그는 침낭을 싸고 있다. ⑤ 당신은 흡연 구역에서 담배를 필 수 있다.

어휘 | vegetable 채소 stomach 위 pack 싸다, 포장하다 smoke 담배를 피다 area 구역, 지역

3 해설 | '어디에서 만날지'는 「의문사+to부정사」를 사용하여 where to meet으로 표현하거나 where we (should) meet으로 표현할 수 있다. 그러므로 필요 없는 것은 동명사 형태인 meeting이다. → Let me know where to meet (where we (should) meet) tomorrow.

4 해설 | 「형용사/부사+enough+to부정사」는 '…할 만큼 충분히 ~한'의 뜻으로 「so+형용사/부사+that+주어+can+동사원형」으로 바꿔 쓸 수 있다.
해석 | 그는 천장에 닿을 만큼 충분히 키가 크다. = 그는 아주 키가 커서 천장에 닿을 수 있다.
어휘 | reach ~에 이르다, 닿다 ceiling 천장

5 해설 | 첫 번째 문장은 명사 news를 수식하는 형용사가 필요하고, news는 감정을 불러일으키는 원인이므로 현재분사 surprising이 적절하다. 두 번째 문장은 The customers가 주어로, 감정을 느끼게 되는 주체이므로 과거분사 satisfied가 적절하다. be satisfied with는 '~에 만족하다'의 의미가 된다.
해석 | • 나는 교수님으로부터 놀라운 소식을 들었다. • 고객들은 우리의 상품에 만족한다.
어휘 | professor 교수 customer 고객 be satisfied with ~에 만족하다 product 상품, 생산품

6 해설 | ⓐ 떨어지고 있는 나뭇잎을 잡을 수 있는 것이므로, fallen leaves(낙엽)가 아닌 falling leaves가 알맞다. ⓑ '재미있는 책'의 의미가 되어야 하므로 an interested book이 아니라 an interesting book이 되어야 한다. ⓒ '개에게 물린'의 수동의 의미여야 하므로 biting을 bitten으로 고쳐야 한다. ⓓ '문 옆에 서 있는'의 능동의 의미이므로 standing이 알맞다. ⓔ '나무를 심고 있는'의 진행을 나타내는 현재분사 planting이 오는 것이 알맞다. 그러므로 옳은 문장은 ⓐ, ⓓ 2개이다.
해석 | ⓐ 나는 떨어지는 나뭇잎을 잡을 수 있다. ⓑ 나는 재미

있는 책을 읽는 것을 좋아한다. ⓒ 개에게 물린 소녀는 Judy이다. ⓓ 나는 문 옆에 서있는 소년을 알지 못한다. ⓔ 나무 한 그루를 심고 있는 아이들은 내 딸들이다.
어휘 | bite 물다 daughter 딸

7 해설 | 「too+형용사/부사+for+의미상의 주어+to부정사」는 「so+형용사/부사+that+주어+cannot+동사원형」으로 바꿔 쓸 수 있고 '…할 수 없을 정도로 너무 ~한 / 너무 ~해서 …할 수 없다'로 해석한다.
어휘 | shy 수줍어하는, 부끄러워하는

8 해설 | 〈보기〉와 ④는 지각동사의 목적격 보어로 쓰인 현재분사이다. ① 동사 enjoys의 목적어로 쓰인 동명사이다. ② 전치사 of의 목적어로 쓰인 동명사이다. ③ 동사 mind의 목적어로 쓰인 동명사이다. ⑤ 보어로 쓰인 동명사이다.
해석 | 〈보기〉 그녀는 그녀의 아기가 울고 있는 소리를 들었다. ① 그녀는 동물 사진 찍는 것을 즐긴다. ② 그는 줄 서서 기다리는 것에 지쳤다. ③ 라디오를 꺼도 될까요? ④ 나는 개가 바다로 뛰어드는 것을 보았다. ⑤ 심각한 문제는 옳은 방법을 모른다는 것이다.
어휘 | hear 듣다 be tired of ~에 지치다 in line 줄을 선 turn off 끄다 serious 심각한 method 방법

9 해설 | '~로 불리는'은 수동형이므로, 현재분사 calling은 필요 없다. '슈퍼맨이라 불리는 남자'는 과거분사 뒤에 수식어구가 이어지므로 명사 the man 뒤에 called Superman이 와야 한다.

10 해설 | forget의 목적어로 to부정사가 오면 '(미래에) ~하는 것을 잊다'의 의미이다.
어휘 | turn off (전등 등을) 끄다

11 해설 | 동사 avoid와 enjoy는 둘 다 동명사를 목적어로 쓰므로, avoid 다음의 go는 going으로, enjoyed 다음의 to work는 working으로 고쳐 써야 한다.
해석 | 그 판매원은 새로운 분야로 가는 것을 피하지 않았다. 그는 일하는 것을 즐겼다.
어휘 | salespersen 판매 사원

12 해설 | 「too+형용사/부사+to부정사」는 「so+형용사/부사+that+주어+cannot+동사원형」으로 바꿔 쓸 수 있다. that 이하의 절에서는 목적어가 있어야 하므로 sunshine을 받는 대명사 it을 넣고 시제는 과거이므로 couldn't를 사용한다.

해석 | 햇빛이 너무 밝아서 직접 볼 수가 없었다.

어휘 | sunshine 햇빛 bright 밝은 directly 직접

13 해설 | I don't know가 주어와 동사이고, 「의문사+to부정 사」가 know의 목적어로 쓰인 문장이다. when to start는 '언제 출발해야 할지'의 의미가 된다.

해석 | 나는 언제 경주를 시작해야 할지 모르겠다.

어휘 | race 경주

14 해설 | present는 '놀라게 하는' 것으로 감정을 일으키는 원인이므로 현재분사 surprising의 수식을 받는 것이 알맞다. She는 선물로 인해 놀라게 되는 주체이므로 과거분사 surprised가 알맞다.

해석 | 부모님은 여동생에게 놀라운 선물을 줄 준비가 되었다. 그녀는 그 선물에 깜짝 놀랄 것이다.

어휘 | be ready to ~할 준비가 되다

[15~16] 해석 | A: 무엇을 하고 있니?

B: 뭘 먹을지 생각하는 중이야.

A: 오븐에 감자를 굽는 건 어때?

B: 구운 감자는 내가 가장 좋아하는 음식이야. 하지만 나는 오븐을 사용하는 법을 몰라.

A: 간단해. 이 버튼을 누르고, 다이얼을 180도로 설정해.

B: 사용하기 쉽구나. 알려줘서 고마워.

어휘 | bake 굽다 press 누르다 degree (온도의) 도

15 해설 | 구운 감자는 이미 '구워진' 것이므로 과거분사를 써서 baked potatoes로 표현한다.

16 해설 | I don't know가 주어와 동사이고, 목적어 '사용하는 방법'은 「의문사+to부정사」를 써서 how to use가 되도록 배열한다.

[17~18] 해석 | A: 횡단보도에서 문자를 보내는 소년을 봤어. 교통사고가 날 뻔해서 깜짝 놀랐어. 길을 건너면서 문자를 보내는 것은 안전하지 않아. 우리는 조심해야 해. 나는 이것을 불법으로 만들어야 한다고 생각해. 안전은 매우 중요해.

B: 나는 네 말에 동의하지 않아. 누구도 무엇을 해야 할지 우리에게 말할 권리를 가지고 있지 않다고 생각해. 여긴 자유로운 나라야. 사람들은 다른 사람들에게 피해를 주지 않는다면

그들이 원하는 것은 무엇이든 할 수 있어.

어휘 | text 문자를 보내다 crosswalk 횡단보도 traffic accident 교통사고 safe 안전한 careful 조심하는 illegal 불법의 safety 안전 nobody 아무도 ~ 않다 right 권리 country 나라 whatever 무엇이든

17 해설 | (A) 지각동사 뒤의 목적격 보어 자리에는 동사원형이나 현재분사가 올 수 있으며 '~가 …하는 것을 보다'의 의미가 된다. (B) 감정을 느끼게 되는 주체 I가 주어이므로 과거분사 surprised가 오는 것이 적절하다. (C) need는 to부정사를 목적어로 쓰는 동사이므로 to be가 적절하다.

18 해설 | 주어는 nobody인데, 그 자체로 '아무도 ~ 않다'의 부정의 의미가 있다는 것에 유의한다. the right to tell은 '말할 권리'로 해석하며 to tell이 형용사처럼 the right을 수식하는 형용사적 용법으로 쓰였다. 「tell+간접목적어(us)+직접목적어(what to do)」의 4형식 문장이다. 목적어로 쓰인 what to do는 「의문사+to부정사」의 형태로 쓰여 '무엇을 할지'의 의미이다.

적중 예상 전략 | ❷ pp. 80~83

1 ②, ④   2 ②   3 ③   4 ②   5 ③   6 ④
7 ⑤   8 ④   9 a father who wants to share his experience   10 if(whether)   11 find a place to lay eggs since beaches are too bright   12 Where is the highest waterfall in the world?   13 I know that you love me   14 Do you know what the capital of Peru is?   15 (A) (W)hen (C) (I)f
16 I know that it is a waste of time.   17 that
18 because

1 해설 | 사물인 선행사 festival을 꾸며 주고, 관계사절에서 주어 역할을 할 수 있는 관계대명사는 which와 that이다.

해석 | 이번 주 토요일은 Diwali라고 불리는 인도의 축제일이다.

어휘 | festival 축제

2 해설 | 선행사(products)가 사물이고, 관계대명사가 관계사절에서 동사 use의 목적어 역할을 해야 하므로 which 또는 that을 쓴다. 관계대명사가 목적어 역할을 대신하기 때문에 ③과 같이 them을 쓰는 것은 적절하지 않다.

어휘 | product 상품, 생산품 anybody 누구라도 safely 안전하게

3 해설 | (A) 이하의 문장에 주어가 없으므로, (A)에는 주격 관계대명사가 필요하며, 선행사 a friend가 사람이므로 who나 that이 적절하다. (B) 앞에 선행사가 없고, 동사 understand의 목적어가 필요하므로 (B)에는 선행사를 포함한 관계대명사 what이 와야 한다. 세 번째 문장의 선행사 a novel이 사물이고, (C) 이하의 문장에 주어가 없으므로 주격 관계대명사 which나 that이 적절하다.
해석 | ・나는 쌍둥이 형제가 있는 친구가 있다. ・내가 말한 것을 이해하니? ・이것은 한국인 작가가 쓴 소설이다.
어휘 | twin 쌍둥이 novel 소설 author 작가

4 해설 | wonder의 목적어로 쓰이는 명사절이 와야 하므로 「의문사+주어+동사」 형태의 간접의문문이 되도록 '언제'라는 뜻의 when을 쓰는 것이 알맞다. 나머지는 부사절을 이끄는 접속사이므로 알맞지 않다.
해석 | 나는 언제 무지개를 볼 수 있을지 궁금하다.

5 해설 | 동사 realized 뒤에 '영어책을 가져오지 않았다는 것을'에 해당하는 목적어가 필요하다. 접속사 that이 목적어절을 이끌어 that I didn't bring my English book 순서가 되어야 한다. '~인지 아닌지'라는 의미의 접속사 if는 필요 없다.
어휘 | realize 깨닫다

6 해설 | ⓑ와 ⓓ의 빈칸에는 but이 들어가야 한다. ⓐ both A and B ⓑ not only A but also B ⓒ either A or B ⓓ not A but B
해석 | ⓐ Maddie는 가수이자 배우이다. ⓑ Alex는 스페인어뿐만 아니라 프랑스어도 할 줄 안다. ⓒ 너는 걸어가거나 버스를 타고 갈 수 있다. ⓓ 한국에서 가장 큰 도시는 부산이 아니라 서울이다.
어휘 | actress 여배우

7 해설 | 첫 번째 문장은 주절(전화하는 것)과 종속절(도착하는

것)의 내용을 시간의 순서로 연결하는 것이 자연스러우므로 시간의 접속사 when(~할 때) 또는 as soon as(~하자마자)를 쓰는 것이 알맞다. 두 번째 문장은 파티에 초대했으나 갈 수 없었다는 내용으로 주절과 종속절의 의미가 반대이므로, 양보의 접속사 Though나 Although가 알맞다.
해석 | ・도착하자마자 내게 전화하는 것을 잊지 마라. ・그가 나를 생일 파티에 초대했지만, 나는 갈 수 없었다.
어휘 | arrive 도착하다 invite 초대하다

8 해설 | 'A가 아니라 B'는 「not A but B」로 표현할 수 있다.
해석 | ① 내가 가장 좋아하는 계절은 봄도 아니고 여름도 아니다. ② 내가 가장 좋아하는 계절은 봄과 여름 둘 다이다. ③ 내가 가장 좋아하는 계절은 봄 또는 여름 둘 중 하나이다. ④ 내가 가장 좋아하는 계절은 여름이 아니라 봄이다. ⑤ 나는 여름뿐만 아니라 봄도 좋아한다.

9 해설 | 선행사인 a father를 관계대명사절이 뒤에서 꾸며주는 형태가 되어야 한다. father 뒤에는 관계사절의 동사 wants의 주어 역할을 하는 주격 관계대명사 who가 필요하므로 who wants to share his experience 순서로 쓴다.
어휘 | share 나누다 experience 경험

10 해설 | I'm not sure와 I wonder의 목적어절을 이끄는 접속사가 필요하다. 문맥상 '~인지 아닌지'라는 의미의 명사절을 이끄는 접속사 if 또는 whether가 적절하다.
해석 | ・마스크를 벗어도 되는지 잘 모르겠다. ・그 가게가 문을 열었는지 안 열었는지 궁금하다.

11 해설 | '바다거북들은 알을 낳을 곳을 쉽게 찾지 못한다'와 '밤에 해변이 너무 밝기 때문이다'의 두 문장을 이유를 나타내는 접속사 since(~때문에)를 이용해 한 문장으로 만든다. '알을 낳을 곳'은 a place 뒤에 형용사적 용법의 to부정사를 써서 a place to lay eggs로 쓴다.
어휘 | lay eggs 알을 낳다 bright 밝은

12 해설 | 간접의문문(의문사+주어+동사)으로 바뀐 (C)의 형태로 보아, (B)에는 「의문사+동사+주어 ~?」 형태의 의문문이 와야 한다.
해석 | (A) 나는 궁금하다. (B) 세계에서 가장 높은 폭포는 어디일까? (C) 나는 세계에서 가장 높은 폭포가 어디 있는지 궁금하다.
어휘 | waterfall 폭포

13 해설 | 주절은 I know이고, 명사절을 이끄는 접속사 that이 know의 목적어절이 되도록 해야 한다. 접속사 that 뒤에는

「주어+동사」 형태가 온다.

해석 | 나는 엄마께 "저는 엄마가 저를 사랑하신다는 것을 알아요. 하지만 저는 더이상 아기가 아니에요."라고 말하고 싶다.

14 해설 | "Do you know ...?"와 "What is the capital of Peru?"가 합쳐진 문장이다. 의문사가 있는 의문문을 간접의문문으로 만들 때는 「의문사+주어+동사」 순서로 쓴다.

해석 | A: 페루의 수도가 어딘지 아니?

B: 모르겠어. 어디야?

A: 리마야.

어휘 | capital 수도

[15~16] 해석 | 나는 내 핸드폰 사용 습관을 바꾸고 싶다. 나는 지루할 때 핸드폰을 사용한다. 나는 핸드폰으로 친구들에게 메시지를 보내거나 게임을 한다. 나는 그것이 시간 낭비라는 것을 안다. 지금부터, 나는 이 습관을 고치기 위해 두 가지를 할 것이다. 나는 밤 10시 이후에는 핸드폰을 꺼 놓을 것이다. 그리고 나는 핸드폰을 덜 사용하기 위해 사용 제한 앱을 다운받을 것이다. 지루함을 느끼면, 나는 가족들과 이야기를 하거나 만화책을 읽을 것이다.

어휘 | habit 습관 from now on 지금부터 turn off 끄다 control 통제

15 해설 | (A) '내가 지루할 때, 나는 핸드폰을 사용한다.'가 자연스러우므로 '~할 때'라는 의미의 시간을 나타내는 접속사 when이 적절하다. (C) 조건을 나타내는 접속사이면서 I로 시작하는 If가 적절하다. 이어지는 주절이 미래시제일 때 시간, 조건의 부사절은 현재형이 미래시제를 대신한다는 것에 주의한다.

16 해설 | 주어는 I, 동사는 know이고, 접속사 that이 know의 목적어절을 이끄는 형태가 되어야 한다. '시간 낭비'는 a waste of time으로 쓴다.

[17~18] 해석 | 최근 보고에 따르면, 세계 인구의 약 80%가 밤에 충분히 어둡지 않은 곳에 산다. 특히, 대도시에서 사람들은 종종 별이 반짝이는 밤하늘을 볼 수 없다. 또한 인공조명에 의해 낮과 밤의 자연적인 리듬이 흐트러져서 사람들이 수면 문제를 겪기도 한다.

어휘 | according to ~에 따르면 recent 최근의 population 인구 especially 특히 starry 별이 반짝이는 suffer from ~으로 고통받다 rhythm 리듬 disturb 방해하다 artificial 인공적인

17 해설 | 관계대명사 that은 선행사가 있을 때 사용하고, 관계대명사 what은 선행사를 포함한다. skies가 선행사인 것으로 보아 that이 알맞다.

18 해설 | '인공조명에 의해 낮과 밤의 리듬이 흐트러진다.'와 '사람들이 수면 문제를 겪는다.'가 원인과 결과의 관계이므로 이유의 접속사 because가 적절하다.

BOOK 2 정답과 해설

1주 현재완료 / 비교

해석 | 1 여: 저녁으로 뭐 먹고 싶은지 정했어?
남: 아직. 라자냐 어때? 우리 라자냐 안 먹은 지 오래됐잖아.
2 남: 나 지난번보다 훨씬 잘하고 있는 거 같아. 어떻게 생각해?
여: 파도 조심해! 지난 것보다 훨씬 더 큰 파도야!
3 남: 치킨랩 하나 주세요.
여: 양상추는 얼마나 넣어드릴까요?
남: 많을수록 좋아요. 채소를 먹는 게 젊은 사람들 사이에서 점점 인기가 많아지고 있거든요.
4 남: 저기 판다 보여? 이 동물원에서 가장 인기 있는 동물 중 하나야.
여: 내가 지금까지 본 동물 중에 제일 귀여워!

1주 1일 개념 돌파 전략 ❶
pp. 8~11

개념 1 Quiz 해설 | '~해 왔다'는 '계속'의 의미이고, 동사의 형태가 「have+과거분사」이므로 현재완료 시제임을 알 수 있다.
어휘 | Chinese 중국어; 중국의

개념 2 Quiz 해설 | 현재완료의 부정문에서 not은 have〔has〕 뒤에 쓴다.
해석 | 나는 전에 무지개를 본 적이 있다〔→ 없다〕.
어휘 | rainbow 무지개

개념 3 Quiz 해설 | '… 이후 계속 ~해 왔다'라는 의미는 현재완료 시제를 써서 나타낼 수 있다. 주어가 3인칭 단수이므로 「has+과거분사」를 쓴다.

1-2 been 2-2 Have you finished 3-2 for two weeks

1-1 해석 | 나는 전에 이 영화를 본 적이 있다.
1-2 해설 | 빈칸 앞에 have가 있으므로 과거분사를 넣어 '경험'을 나타내는 현재완료 문장으로 쓰는 것이 자연스럽다. / have〔has〕 been to: ~에 가 본 적이 있다
해석 | 나는 가족들과 이탈리아에 가 본 적이 있다.
어휘 | Italy 이탈리아
2-2 해설 | 현재완료의 의문문은 「Have〔Has〕+주어+과거분사 ~?」의 형태로 쓴다.
3-2 해설 | 현재완료와 함께 '… 동안'의 기간을 나타내려면 「for+기간」을 쓴다. '… 동안 계속 ~해 왔다'라는 의미가 된다.
어휘 | stay (~에) 머물다

개념 4 Quiz 해설 | 뒤에 비교급 bigger가 있으므로 much를 써서 강조해야 한다.
해석 | 그 소녀는 그녀의 남동생보다 훨씬 더 덩치가 크다.

개념 5 Quiz 해설 | 「The+비교급 ~, the+비교급 …」은 '~하면 할수록, 더욱더 …하다'의 의미이다.

개념 6 Quiz 해설 | '~한 것 중에 가장 …한'의 의미이므로 빈칸에는 최상급이 알맞다.

4-2 ② 5-2 The more, the healthier 6-2 one of the most expensive bags

4-1 해석 | 그들은 전보다 지금 훨씬 더 행복하다고 느낀다.
4-2 해설 | better가 부사 well의 비교급이므로 앞에 much, a lot, far, even, still 등을 써서 강조한다. very는 원급을 강조한다.
해석 | 소민이는 그녀의 친구들보다 훨씬 더 노래를 잘 부른다.
5-1 해석 | 날씨가 더울수록, 나는 더욱더 게으르다.
5-2 해설 | much와 healthy가 각 절의 앞에 쓰였고, 문맥상 '~하면 할수록, 더욱더 …하다'의 의미가 되어야 하므로 「The+비교급 ~, the+비교급 …」의 형태가 알맞다.
해석 | 네가 운동을 많이 하면 할수록, 너는 더욱더 건강해질 것이다.
6-2 해설 | '가장 ~한 것들 중의 하나'라는 의미이므로 「one of the+최상급+복수 명사」로 표현한다. expensive는 most를 붙여서 최상급을 만든다.
어휘 | expensive (값이) 비싼

1주 1일 개념 돌파 전략 ❷　　　　pp. 12~13

1 (1) have been (2) have met　**2** (1) haven't seen 또는 have not seen (2) Have you ever heard
3 (1) has finished, already (2) have stayed, for
4 (1) 지하철이 버스보다 훨씬 더 빠르다. (2) 그는 내가 원했던 것보다 훨씬 더 많은 친구들을 초대했다.　**5** (1) more, stronger (2) The longer, the angrier　**6** (1) Jimin is one of the tallest students in this class. (2) He is one of the most famous comedians in Korea.

1 해설 | 현재완료는 「have(has)+과거분사」의 형태로 경험, 계속 등의 의미로 쓰인다.
해석 | (1) James와 Kate는 10년간 친구로 지내왔다.
(2) 나는 이 극장에서 유명한 배우를 만난 적이 있다.

2 해설 | (1) 현재완료의 부정문은 not을 have(has) 뒤에 써야 한다.
(2) 현재완료의 의문문은 Have 또는 Has가 주어 앞에 온다.

3 해설 | (1) 부사 already는 '이미'라는 뜻으로, 완료의 의미를 나타내는 현재완료 시제와 함께 쓰인다. 과거분사 앞이나 문장의 끝에 올 수 있다.
(2) 「for+기간」은 '~ 동안'이라는 뜻으로, 계속의 의미를 나타내는 현재완료 시제와 함께 쓰인다.

4 해설 | 비교급을 강조하는 말인 much, far, a lot, even, still 등은 '훨씬'의 의미이다.

5 해설 | 「The+비교급(+주어+동사) ~, the+비교급(+주어+동사) …」은 '~하면 할수록, 더욱더 …하다'의 의미이다.

6 해설 | '가장 ~한 것들 중 하나'는 「one of the+최상급+복수명사」로 표현한다.

1주 2일 필수 체크 전략 ❶　　　　pp. 14~17

전략 1　필수 예제

해설 | (1) 경험을 나타내는 현재완료 문장으로 have 뒤에 과거분사가 필요하다.
(2) 완료의 의미를 나타내는 현재완료가 되는 것이 자연스러우며, 주어가 3인칭 단수인 He이므로 has가 알맞다.
(3) 경험을 나타내는 현재완료 문장으로 have been to는 '~에

가 보았다'의 의미가 된다. several times는 '여러 번, 여러 차례'의 뜻이다.
(4) 현재분사는 「for+기간」과 함께 쓰여 계속의 의미를 나타낸다.
해석 | (1) 나는 다른 사람들 앞에서 노래를 한 적이 있다.
(2) 그는 지금 막 동생과 함께 연을 만들었다.
(3) 그들은 인도에 여러 번 가 본 적이 있다.
(4) 그녀는 10년 동안 영어를 가르쳐 왔다.
어휘 | in front of ~의 앞에서　kite 연　several 몇몇의

확인 문제

1 (1) have eaten (2) has watched (3) has been　**2** ②

1 해설 | (1) 현재완료는 「have+과거분사」로 쓴다. ate는 eat의 과거형이므로 과거분사 eaten으로 고쳐 쓴다.
(2) 주어가 3인칭 단수인 My brother이므로 have 대신 has를 써야 한다.
(3) be는 be동사의 원형이므로 과거분사 been으로 고쳐 쓴다.
해석 | (1) 나는 전에 달팽이 요리를 먹어 본 적이 있다.
(2) 내 남동생은 3시간 동안 텔레비전을 보고 있다.
(3) 날씨는 지난 일요일 이후로 죽 좋았다.
어휘 | snail dishes 달팽이 요리

2 해설 | 문장에 has와 just가 있으므로 과거분사 sent를 써서 현재완료 시제를 만드는 것이 자연스럽다.
해석 | 그녀는 친구들에게 지금 막 이메일을 보냈다.

전략 2　필수 예제

해설 | (1), (2) 현재완료의 부정은 부정어 not을 have(has)와 과거분사 사이에 쓴다.
(3), (4) 현재완료의 의문문은 「Have(Has)+주어+과거분사 ~?」의 순서로 쓴다.
해석 | (1) 나는 하루 종일 아무것도 하지 않았다.
(2) Jessy는 아직 차를 사지 않았다.
(3) John이 이미 역에 도착했니?
(4) 너는 Megan을 전에 만난 적이 있니?

1 해설 | (1) 현재완료의 부정은 「have(has)+not+과거분사」의 형태로 쓴다.

(2) '~해 본 적이 있니?'는 경험을 나타내는 현재완료의 의문문으로 「Have(Has)+주어+과거분사 ~?」로 쓴다.

2 해설 | 뒤에 directed가 있고 경험을 묻고 있으므로, 현재완료의 의문문으로 표현한다. 현재완료의 의문문은 「Have(Has)+주어+과거분사 ~?」로 쓴다.

어휘 | direct 감독하다, 연출하다

전략 3 (필수 예제)

해설 | (1) 현재완료 문장과 함께 써서 '지금 막'이라는 의미를 나타내는 부사는 just이다.

(2) before는 현재완료와 함께 써서 '전에' 해 본 적이 있다는 경험을 나타낸다. ago는 '~ 전에'의 뜻으로 과거시제와 함께 쓴다.

1 해설 | (1) '한 번도 ~않다'라는 의미로 never를 써야 한다.

(2) '~동안'의 뜻으로 기간을 나타내는 전치사인 for가 와야 한다.

해석 | (1) A: 너는 크리켓을 해 본 적이 있니? (2) A: 이 탑은 아주 오래되어 보여.

2 해설 | '~해 본 적이 있니?'라는 의미의 현재완료의 의문문이다. 현재완료 의문문은 「Have(Has)+주어+과거분사 ~?」로 표현한다. / ④ reading → read

해석 | 너는 알라딘에 관한 이야기를 읽어 본 적이 있니?

전략 4 (필수 예제)

해설 | (1) '~ 전에'라는 의미로 특정한 과거 시점을 나타내는 ago는 현재완료 시제와 함께 쓸 수 없다.

(2) 현재완료와 부사구 「for+기간」을 함께 쓰면 계속의 의미를 나타낸다.

(3) have(has) been to는 '~에 가 본 적이 있다'라는 의미로 경험을 나타내는 현재완료 표현이다.

(4) have(has) gone to는 '~에 가 버리고 없다'라는 의미이므로 I를 주어로 쓸 수 없다.

해석 | (2) Jennifer는 이 회사에서 11년간 일해 왔다.

(3) James는 파리에 두 번 가 본 적이 있다.

1 해설 | 과거의 특정 시점인 2019년부터 계속되어 온 일이므로 현재완료 「have(has)+과거분사」를 써야 한다.

2 해설 | 'He has gone to Spain.'이 되어야 하므로 세 번째에 오는 것은 gone이다. has gone to는 '~에 가고 없다'는 의미이다.

주2일 필수 체크 전략 ❷   pp. 18~19

1 해설 | (A) 앞에 has가 있고 부사 already(이미)가 있으므로 현재완료 시제를 만드는 과거분사를 고른다.

(B) '아직 ~하지 못했다'는 의미로 현재완료의 부정문이 되어야 하므로 hasn't가 알맞다.

해석 | 민호는 이미 야생화 꽃 사진을 찍었다. 그리고 그는 인터넷에서 정보도 찾았다. 하지만 아직 보고서를 쓰지 못했다.

2 해설 | ③ 특정한 과거 시점을 나타내는 부사 last Sunday는 현재완료와 같이 쓸 수 없다.

해석 | ① 나는 이미 우리 새 선생님을 만났다. ② 그는 오늘 아직 아무것도 먹지 않았다. ④ 그녀는 (지금까지) 2시간 동안 피아노를 쳤다. ⑤ 나는 공포 영화를 본 이후로 잠을 잘 자지 못했다.

3 해설 | (1) 영화를 좋아한다고 했으므로 여러 번 보았다는 내용이 이어지는 것이 자연스럽다.

(2) 필통을 잃어버려서 못 찾았다는 내용이 이어지는 것이 자연스럽다.

(3) 티켓을 예약했으므로 콘서트에 갈 예정이라는 말이 오는 것이 자연스럽다.

(4) 그녀는 인도에 대해 많이 안다고 했으므로 거기에 여러 번

가 본 적이 있다는 말과 어울린다.

해석 | (1) 세호는 그 영화를 정말 좋아한다. 그는 그것을 세 번 봤다.

(2) 나는 필통을 잃어버렸다. 나는 어디에서도 그것을 찾을 수가 없다.

(3) 나는 티켓을 예약했다. 우리는 콘서트에 갈 예정이다.

(4) 그녀는 인도에 대해 많이 안다. 그녀는 거기에 여러 번 가 본 적이 있다.

[4~5] 해석 | 저는 우리가 더 나은 학교생활을 하기 위해 셀피를 사용할 수 있다고 생각합니다. 우리는 학교에서 선행을 하고 셀피를 찍을 수 있습니다. 그러고 나서 우리는 그 사진들을 학교의 웹사이트에 올릴 수 있습니다. 저는 한 달 동안 학교에서 식물과 꽃에 물을 주었습니다. 또한 학교 도서관에서 여러 번 선생님을 도와 드렸습니다. 그러한 것들을 담은 저의 셀피들을 보세요. 더 나은 학교 생활을 만들기 위해 저와 함께하는 것은 어떠세요?

4 해설 | '한 달 동안 물을 주어 왔다'는 계속의 의미를 나타내는 현재완료 시제로 표현할 수 있다. 현재완료는 「have〔has〕+과거분사」의 형태로 쓴다.

5 해설 | 뒤에 '여러 번'이라는 의미의 many times가 있고, 앞에 I have를 줄인 I've가 있으므로 '경험'을 나타내는 현재완료가 적절하다. 현재완료는 「have〔has〕+과거분사」의 형태로 써야 하므로 help의 과거분사인 helped로 고쳐 쓴다.

1주 3일 필수 체크 전략 ❶
pp. 20~23

전략 1 필수 예제

해설 | (1) 이어지는 than으로 보아 비교급 better가 적절하다. far가 비교급을 강조하고 있다.

(2) 비교급 smarter 앞에 강조의 부사 much가 올 수 있다. very는 형용사나 부사의 원급 앞에 온다.

(3) 형용사 cold가 원급으로 쓰였으므로 부사 very를 써서 강조한다.

(4) 비교급 more money than이 이어지므로 비교급을 강조하는 부사 even이 적절하다.

해석 | (1) 세호는 작년보다 훨씬 더 춤을 잘 춘다.

(2) 다미는 그의 오빠보다 훨씬 더 똑똑하다.

(3) 서울은 2월에 매우 춥다.

(4) 그녀는 그가 버는 것보다 훨씬 더 많은 돈을 번다.

확인 문제

1 (1) much〔even / a lot / far / still〕safer (2) a lot harder   **2** ⑤

1 해설 | '훨씬 더 ~한〔하게〕'의 의미이므로 「much/even/a lot/far/still+비교급」으로 쓴다.

2 해설 | 비교급을 강조하는 말은 much, even, a lot, far, still 등이며, '훨씬'의 의미이다. very는 원급을 강조할 때 사용한다.

전략 2 필수 예제

해설 | (1) 순서와 표현에 유의한다. '많이 나누다'는 share much, '행복해지다'는 become happy인데 '~하면 할수록, 더욱더 …하다'의 의미가 되려면 'The more we share, the happier we become.'의 어순으로 쓴다.

(2) '어두워지고 있다'는 is getting dark인데 '점점 더 어두워지고 있다'로 써야 하므로 「비교급+and+비교급」을 써서 is getting darker and darker로 쓸 수 있다.

확인 문제

1 ②   **2** warmer, warmer

1 해설 | 「The+비교급(+주어+동사) ~, the+비교급(+주어+동사) …」이 되어야 하므로 빈칸에는 young과 easy의 비교급이 알맞다.

2 해설 | 「비교급+and+비교급」의 형태로 '점점 더 ~한'의 뜻이 되게 하는 것이 자연스럽다.

해석 | A: 오늘 매우 따뜻하네, 그렇지? B: 응, 그래. 요즘 점점 더 따뜻해지고 있어.

전략 3 필수 예제

해설 | (1), (3) 「one of the+최상급+복수 명사」로 써야 한다.

(2), (4) 「the+최상급+단수 명사+that+주어+have+ever+과거분사」로 써야 한다.

해석 (1) 런던은 세계에서 가장 바쁜 도시 중 하나이다.

(2) 로마는 내가 가 본 곳 중에 가장 아름다운 도시이다.

(3) 모나코는 세계에서 가장 작은 나라 중 하나이다.

(4) 〈반지의 제왕〉은 내가 본 영화 중에 가장 신나는 영화이다.

[확인 문제]

1 ③   **2** most important

1 해설 | 「the+최상급+단수 명사(+that)+주어+have(has)(+ever)+과거분사」는 '지금까지 ~한 것 중에 가장 …한 명사'의 의미이다.

2 해설 | 앞에 one of the가 있으므로 important의 최상급을 넣어 '가장 중요한 문제들 중의 하나'라는 의미가 되도록 하는 것이 자연스럽다.
해석 | 대기오염은 한국에서 가장 중요한 문제 중 하나이다.

전략 4   [필수 예제]

해설 | (1) 배수 표현을 써야 하므로 three times가 알맞다.
(2) 비교 대상은 의미상 동등해야 하므로 '나의 스카프'와 '너의 스카프', 즉 '너의 것'을 비교하는 것이 자연스럽다.
해석 | (1) 이 뱀은 저것보다 세 배 더 길다.
(2) 내 스카프는 너의 것보다 더 아름답다.

[확인 문제]

1 twice as, as   **2** is much faster than that one

1 해설 | '두 배 더 ~한'은 「twice+as+원급+as」, 혹은 「twice+비교급+than」으로 쓸 수 있다. 문장에 원급 large가 있으므로 twice as large as로 써야 한다.

2 해설 | 비교 대상을 쓸 때 단수 명사는 반복을 피하기 위해 부정대명사 one으로 대신할 수 있으므로, This car와 that one을 비교할 수 있다. much는 비교급 앞에서 강조의 의미를 나타낸다.
해석 | 이 차는 저것(= 저 차)보다 훨씬 더 빠르다.

1주 3일 | 필수 체크 전략 ❷   pp. 24~25

1 ①, ③, ④   **2** ③   **3** The more you get to know Jinsu, the more you'll like him.   **4** driest   **5** one of the best places on Earth

1 해설 | 비교급 better를 강조하는 '훨씬'의 의미가 되어야 하므로 much, far, a lot 등을 써야 한다.

2 해설 | ①, ②, ④, ⑤는 모두 비교급을 강조하는 '훨씬'이라는 의미이고, ③은 '심지어'라는 의미이다.
해석 | ① 그는 너보다 그것을 훨씬 더 잘했다. ② 어제보다

훨씬 더 춥다. ③ 거기는 심지어 여름에도 추웠다. ④ 그녀는 그녀의 언니보다 훨씬 더 똑똑하다. ⑤ 그 영화는 내가 기대했던 것보다 훨씬 더 재미있다.

3 해설 | '더 ~하면, 더 …할 것이다'의 의미이므로, 「The+비교급 ~, the+비교급 …」으로 바꿀 수 있다.
해석 | 〈예시〉 네가 더 열심히 연습하면, 너는 더 잘할 것이다. → 네가 더 열심히 연습하면 할수록, 더욱더 잘할 것이다. / 네가 진수를 더 알게 되면, 너는 진수를 더 좋아할 것이다. → 네가 진수를 많이 알게 되면 될수록, 너는 그를 더 많이 좋아할 것이다.

[4~5] 해석 | 아타카마 사막은 지구에서 가장 건조한 사막입니다. 몇몇 지역은 비가 거의 오지 않아서 연간 강수량이 1~3밀리미터에 그칩니다! 어떤 지역의 토양은 너무 건조해서 어떤 식물도 자랄 수가 없습니다. 이처럼 건조한 곳에서 과학자들이 무슨 일을 하는지 알고 있나요? 이 사막의 토양은 화성의 토양과 아주 비슷해서, 그들은 우주로의 여행을 준비합니다. 또한 아타카마 사막은 지구상에서 별을 관측하기에 가장 좋은 장소 중 하나입니다.

4 해설 | 앞에 the가 있고 '가장 더운'의 의미이므로 최상급이 되는 것이 알맞다.

5 해설 | '가장 ~한 것들 중 하나'는 「one of the+최상급+복수 명사」의 형태이므로 good의 최상급인 best를 쓰고, 복수 명사인 places를 쓴다.

1주 4일 | 교과서 대표 전략 ❶   pp. 26~29

1 been   **2** more, the better   **3** three times taller   **4** have not met   **5** hasn't, gone   **6** ③
7 (예시 답안) (1) Yes, I have. I have seen the movie once(before). / No, I haven't. I have not(never) seen the movie. (2) Yes, I have. I have lost my wallet once(before). / No, I haven't. I have not(never) lost my wallet.   **8** ②   **9** studied, studied   **10** The polar bear is one of the most dangerous animals in the world.   **11** ④   **12** ③ one of the most visited natural wonder → one of the most visited natural wonders   **13** you will feel even better than before

1 **해설 |** 가 본 적이 있는지 경험을 묻는 현재완료 의문문이므로 be동사의 과거분사인 been이 와야 한다.
해석 | A: 나는 전주에서 비빔밥을 먹어본 적이 있어. 너는 거기 가 본 적이 있니? B: 아니, 없어.

2 **해설 |** '더 많이 연습하면, 더 잘할 것이다'라는 의미이므로 「The+비교급+주어+동사 ~, the+비교급+주어+동사 …」로 바꿔 쓸 수 있다.
해석 네가 더 많이 연습하면, 너는 더 잘할 것이다. = 더 많이 연습하면 할수록, 너는 더욱더 잘할 것이다.

3 **해설 |** 밑줄 친 부분 뒤의 than으로 보아 비교급을 활용한 배수 표현을 써야 하므로, 「배수 표현+비교급+than」으로 고쳐 쓴다. '세 배'이므로 three times taller로 쓰는 것이 적절하다.
해석 | A: 이 건물은 얼마나 높은지! B: 그래. 이 건물은 저 건물보다 세 배 더 높아.

4 **해설 |** '아직 만나지 못했다'는 현재완료의 부정문으로 쓴다. 동사 meet의 과거분사형은 met이므로 have not met이 적절하다.

5 **해설 |** Jessy를 본 적이 있는지 묻고 답하고 내용의 대화이다. Jessy를 본 적이 없으며 빈칸 뒤에 seen이 있으므로 현재완료 부정문이 자연스럽다. / have(has) gone to ~에 가버렸다
해석 | Andy: 나는 Jessy를 찾을 수가 없어. 너는 요즘 그녀를 본 적이 있니? 수민: 아니, 없어. 그녀는 지금 뉴욕에 있어.
→ Andy는 Jessy가 뉴욕에 가버렸기 때문에 요즘 그녀를 본 적이 없다.

6 **해설 |** 도움이 필요한지 묻는 말에 대한 답을 찾아야 한다. 이어지는 말에서 이미 했다고 했으므로, 사양하는 의미의 'No, thanks.'가 들어가는 것이 자연스럽다.
해석 | A: 숙제하는 데 도움이 필요하니? B: 고맙지만 괜찮아. 이미 끝냈어.

7 **해설 |** 현재완료의 의문문에 대한 응답은 「Yes, 주어+have(has).」 또는 「No, 주어+haven't(hasn't).」로 한다. 자신의 상황에 맞게 Yes 또는 No로 답하면 된다.
해석 | 〈예시〉 Q: 너는 유명한 가수에게 말을 걸어 본 적이 있니? A: 응, 나는 유명한 가수에게 한 번(전에) 말을 걸어 본 적이 있어. / 아니, 나는 유명한 가수에게 말을 걸어 본 적이 없어.
(1) Q: 너는 영화 〈겨울왕국〉을 본 적이 있니? A: 응, 나는 그 영화를 한 번(전에) 본 적이 있어. / 아니, 나는 그 영화를 본 적이 없어.
(2) Q: 너는 지갑을 잃어버린 적이 있니? A: 응, 나는 한 번(전에) 지갑을 잃어버린 적이 있어. / 아니, 나는 지갑을 잃어버린 적이 없어.

8 **해설 |** far는 비교급 앞에서 강조하는 역할을 하므로 much, even, still, a lot 등과 바꿔 쓸 수 있다. very는 원급 앞에 쓰인다.
해석 | 물이 보이는 것보다 훨씬 더 깊다.

9 **해설 |** 우리말로 보아 과거부터 계속되어 온 일을 나타내는 현재완료 문장이 되어야 하므로 빈칸에는 study의 과거분사 studied가 와야 한다.

10 **해설 |** '가장 ~한 것 중의 하나'의 의미이므로 「one of the+최상급+복수 명사」가 되어야 한다. dangerous의 최상급은 most dangerous로 쓴다.
어휘 | polar bear 북극곰

11 **해설 |** ④ '점점 더 ~한'의 의미를 나타낼 때, more를 앞에 붙여 비교급을 만드는 형용사/부사의 경우에는 「more and more +원급」으로 쓴다. 따라서 much는 more가 되어야 한다.
해석 | ① 그의 점수가 내 점수보다 훨씬 더 높다. ② 지민이는 민준이보다 훨씬 더 재미있다. ③ 그것은 가벼우면 가벼울수록, 더욱더 비싸다. ④ 여행 비용이 점점 더 비싸지고 있다. ⑤ 이것은 올해 가장 인기 있는 영화 중 하나이다.

12 **해설 |** ③ '가장 ~한 것 중의 하나'는 「one of the+최상급+복수 명사」로 써야 한다.

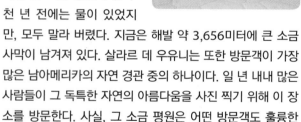

해석 | 볼리비아에 있는 살라르 데 우유니는 세계에서 가장 큰 소금 평원이다. 수천 년 전에는 물이 있었지만, 모두 말라 버렸다. 지금은 해발 약 3,656미터에 큰 소금 사막이 남겨져 있다. 살라르 데 우유니는 또한 방문객이 가장 많은 남아메리카의 자연 경관 중의 하나이다. 일 년 내내 많은 사람들이 그 독특한 자연의 아름다움을 사진 찍기 위해 이 장소를 방문한다. 사실, 그 소금 평원은 어떤 방문객도 훌륭한 사진작가로 만든다. 살라르 데 우유니에서 당신이 찍은 모든 사진은 아름다운 예술 작품이 될 것이다!

13 **해설 |** 비교급 앞에 부사 even을 써서 '훨씬'이라는 강조의 의미를 나타낸다.
해석 | 바꾸기 쉬운 것 / 여러분의 친구_ 여러분은 친구를 바꿀 수 있습니다. 이상하게 들리죠? 여러분은 아마도 완벽한 수의 친구들이 있다고 생각할지 모릅니다. 그러나 만약 여러분이 명단에 새 친구 한 명을 추가하면, 여러분은 전보다 훨씬 더 기분이 좋아질 것입니다.
여러분의 마음_ 여러분은 처음에는 이런 것을 생각했고 지금은 다른 것을 생각합니다. 괜찮습니다. "만약 여러분이 자신의 마음을 바꿀 수 있다면, 여러분은 자신의 인생을 바꿀 수 있습니다."라고 누군가 말한 것처럼요.

1 ②, ③ 2 ② 3 ④ 4 ③ 5 even more exciting
6 ⑤ 7 (1) much〔even / still / far / a lot〕 cheaper
than (2) one of the biggest melons 8 the most
convenient invention (that) I have (ever) used

1 **해설 |** last week와 yesterday는 명확한 과거를 나타내는 부사(구)이므로 현재완료와 같이 쓸 수 없다.
   해석 | 나는 ① 최근에 / ④ 한 달 동안 / ⑤ 지난주부터 James를 보지 못했다.

2 **해설 |** '~하면 할수록 더욱더 …하다'는 「The+비교급 ~, the+비교급 …」으로 표현할 수 있다.

3 **해설 |** 현재완료의 의문문에 대한 응답은 have〔has〕를 사용하여 한다.
   해석 | A: 너는 설거지를 다 했니? B: 응, 그래.

4 **해설 |** 현재까지 영향을 미치는 과거는 현재완료로 나타낸다. 현재완료는 「have〔has〕+과거분사」로 쓴다.
   해석 | 우리 오빠가 거실을 청소했다. 거실은 아직 깨끗하다. → 우리 오빠가 거실을 청소했다.

5 **해설 |** 부사 even은 비교급 앞에서 '훨씬'의 의미로 비교급을 강조한다. exciting의 비교급은 앞에 more를 붙여 쓴다.
   해석 | 미래에는 새로운 형태의 만화가 나타날지도 모른다. 그것은 지금과는 다르고 훨씬 더 흥미진진하겠지만, 한 가지는 같을 것이다: 그것은 우리가 웃고, 쉬고, 배우도록 도와줄 것이다.
   어휘 | form 형태, 형식 appear 나타나다 remain 남다 relax 쉬다, 휴식을 취하다

6 **해설 |** ⑤ 현재완료 문장이므로 become의 과거분사인 become을 써서 has become이 되어야 한다.
   해석 | ① 나는 의자 밑에서 동전을 하나 발견했다. ② 그녀는 이미 그 소식에 대해 들었다. ③ 나는 전에 프랑스 음식을 먹어 본 적이 없다. ④ 너는 끔찍한 꿈을 꾼 적이 있니? ⑤ 그는 학급 회장이 되었던 적이 한 번 있다.

7 **해설 |** (1) '훨씬 싼'으로 쓰려면 비교급 cheaper를 강조하는 말을 사용해야 하므로 cheaper 앞에 much, even, still, far, a lot 등을 쓴다. (2) '가장 큰 멜론 중의 하나'는 one of the biggest melons로 쓴다.

8 **해설 |** '가장 편리한 발명품'은 최상급을 사용하여 the most convenient invention, '내가 사용했던'은 현재완료로 I have (ever) used로 쓴다.
   어휘 | convenient 편리한 invention 발명품

1 그는 2007년부터 죽 수학을 가르쳐 왔다. 2 have you, 너는 어디에 있었니? 3 ① 4 ⑤ 5 ①
6 ① 7 ④ 8 the most delicious melon that I have 9 Buses are much slower than trains.
10 (1) one of the most beautiful mountains (2) The darker, the colder

1 **해설 |** since는 '~ 이후로'의 의미이므로 현재완료를 계속의 의미로 해석하면 자연스럽다.

2 **해설 |** 뒤에 과거분사 been이 쓰였으므로 현재완료 시제가 되어야 한다.
   해석 | A: 나는 하루 종일 너를 찾고 있었어. 너는 어디에 있었니? B: 나는 도서관에 있었어.

3 **해설 |** 기간을 나타내는 부사구 「for+기간」이 이어지므로 ①은 '계속'의 의미인 현재완료로 쓰는 것이 자연스럽다. / was lived → has lived
   해석 | 그는 2년간 이탈리아에서 살았지만 이탈리아어를 아주 잘하지는 못한다.

4 **해설 |** 그림의 상황과 접속사 but으로 보아, 영화가 곧 시작하는데 친구가 아직 도착하지 않은 상황이 되는 것이 자연스럽다. 부사 yet과 현재완료 부정이 같이 쓰이면 '아직 ~하지 않았다'라는 의미이다.

   해석 | 영화는 곧 시작할 텐데, 내 친구는 아직 도착하지 않았다.

5 **해설 |** 「more and more+형용사/부사」는 '점점 더 ~한'의 의미이다. 「배수 표현+as+원급+as」 혹은 「배수 표현+비교급+than」은 '몇 배 더 ~한'의 의미이다.
   해석 | • 그 사람들은 점점 더 흥분하고 있었다.
   • 그의 차는 내 것보다 두 배 더 비싸다.

6 **해설 |** ① 비교급 앞에 '훨씬'의 의미인 much를 써서 강조했으므로 맞는 표현이다. ② 뒤에 than이 이어지므로 late는 비교급 later로 고쳐 써야 한다. even이 비교급을 강조하고 있다. ③ 뒤에 than이 있으므로 최상급 happiest는 비교급 happier가 되어야 한다. ④ fast는 원급이므로 much를 very로 고쳐야 한다. ⑤ 비교급 better를 강조하려면 lots

of가 아니라 a lot이 되어야 한다.

해석 | ① 너는 내가 기대했던 것보다 훨씬 더 잘했다.

7 해설 | 비교급 앞에서 '훨씬'이라는 의미로 비교급을 강조할 때 much, even, still, far, a lot 등을 쓸 수 있다. very는 원급을 강조한다.

해석 | 이 방은 내가 생각했던 것보다 훨씬 더 작다.

8 해설 | '지금까지 ~한 것 중 가장 …한 명사'의 의미이므로 「the+최상급+단수 명사(+that)+주어+have(has)(+ever)+과거분사」로 쓴다.

해석 | A: 이 멜론 정말 맛있다. B: 그래, 그것은 내가 먹어 본 것 중 가장 맛있는 멜론이야.

9 해설 | 형용사 slow를 비교급으로 바꾼 뒤, 비교급을 강조하는 much를 그 앞에 쓴다.

10 해설 | (1) '가장 ~한 것들 중의 하나'의 의미이므로 「one of the+최상급+복수 명사」로 써야 한다.

(2) '~하면 할수록, 더욱더 …하다'는 「The+비교급 ~, the+비교급 …」으로 쓴다.

해석 | A: 이곳은 한국에서 가장 아름다운 산들 중 하나야. B: 정말? 그런데, 나 추워. 따뜻한 재킷을 입어야겠어. A: 어두워질수록 더 추워져. 모닥불을 피우자. B: 좋아.

어휘 | put on (옷을) 입다 bonfire 모닥불

1주 창의·융합·코딩 전략 ❶, ❷   pp. 34~37

A (차례대로) **1** Kate: have had, haven't(have not) finished, have been to
2 Ted: haven't(have not) had, have finished, have been to
B 1 The earlier, the sooner
2 The hungrier, the louder
3 The longer, the shorter
C 1 the saddest story I have ever read
2 the most interesting game I have ever played
3 the prettiest shoes I have ever worn
D 1 You are one of the best boy groups.
2 Have you met your fans many times?
3 We have met them at our concerts since last year.

A 해설 | 표의 내용과 일치하도록 현재완료의 긍정문과 부정문을 만든다. Kate는 아침 식사를 해 왔으므로 have had breakfast, Ted는 아침 식사를 하지 않았으므로 have not

had breakfast로 쓴다. Kate는 아직 한국사 보고서를 쓰지 않았으므로 have not finished로 쓰고, Ted는 이미 썼으므로 have finished로 쓴다. 둘 다 영국에 다녀온 경험이 있으므로 have been to로 쓸 수 있다. have gone to는 '가고 없다'는 의미이므로 혼동하지 않도록 주의한다.

해석 | Kate: 나는 월요일부터 아침 식사를 해 왔다. 나는 아직 한국사 보고서를 못 썼다. 나는 가족들과 함께 영국에 가 본 적이 있다.

Ted: 나는 월요일 이후로 아침 식사를 못 해 왔다. 나는 이미 한국사 보고서를 썼다. 나는 영국에 여러 번 가 본 적이 있다.

B 해설 | '~하면 할수록, 더욱더 …하다'는 「The+비교급 ~, the+비교급 …」으로 쓸 수 있다. 그림의 내용과 문맥에 맞도록 〈A〉, 〈B〉에서 알맞은 단어를 골라 「the+비교급」 형태로 고쳐 쓴다.

해석 | 〈예시〉 그는 나이가 들수록, 더 현명해졌다.

1. 네가 빨리 출발할수록, 더 일찍 그곳에 도착할 것이다.
2. 그 아기는 배가 고플수록, 더 크게 울었다.
3. 낮이 길어질수록, 밤은 더 짧아진다.

C 해설 | '내가 지금까지 ~한 것 중 가장 …한 명사'의 의미가 되도록 두 표현을 이어 문장을 완성한다. 그림을 참고하여 「the+최상급+단수 명사」와 「주어+have(has)+ever+과거분사」의 표현을 찾아 문장을 만들면 된다.

해석 | 1. 우리 이모가 지난주에 나에게 이야기책을 보내 주셨어. 그것은 내가 읽은 것 중에 가장 슬픈 이야기야.

2. 나는 어제 새로운 음악 게임 앱을 다운로드했어. 그것은 내가 해 본 것 중 가장 재미있는 게임이야.

3. 우리 엄마가 내 생일에 신발을 사주셨어. 내가 여태 신었던 신발 중에 가장 예쁜 신발이야.

어휘 | aunt 이모, 고모 download 다운로드하다 a pair of 한 켤레의 wear 신다 (-wore-worn)

D 해설 | 1. 「one of the+최상급+복수 명사」는 '가장 ~한 것들 중 하나'의 의미이다.

2. 현재완료의 의문문은 「Have(Has)+주어+과거분사 ~?」의 형태로 쓴다.

3. 현재완료는 「since+과거 시점」, 「for+기간」 등 기간을 나타내는 부사구와 함께 쓰일 때 '죽 ~해 왔다'라는 계속의 의미를 나타낸다.

2주 수동태 / 가정법

해석 | 1 남: 요즘 어딜 가나 이 노래가 나와.

여: 나 이 노래 좋아해. 이거 원래 영국 가수가 불렀는데, 가수 이름이 생각 안 나.

2 여: 나는 BTS에 관심이 많아. 다음 달에 그들의 콘서트에 갈 거야.

남: 그래서 네 방의 벽이 BTS 사진으로 가득하구나.

3 여: 엄마께 드릴 꽃을 좀 사려고 해. 여기 있는 꽃은 전부 다 아주 아름답지만 다 살 수는 없어.

남: 내가 너라면, 엄마가 좋아하시는 꽃만 고를 거야.

4 남: 핀란드에 산타클로스 마을이 있다고 들었어!

여: 진짜? 내가 그곳에 가서 산타 할아버지를 만날 수 있다면 좋을 텐데.

2주 1일 개념 돌파 전략 ❶

pp. 40~43

개념 1 Quiz 해설 | 행위의 대상인 상자(the box)가 주어로 오고 「be동사+과거분사」가 이어지는 ①이 수동태 문장이다.

해석 | ① 그 상자는 그녀의 아들에 의해 들렸다.

② 그녀의 아들이 그 상자를 들고 있었다.

개념 2 Quiz 해설 | 수동태 앞에 조동사가 오면 be동사는 원형으로 쓴다는 점에 유의한다.

해석 | 그 박물관은 한 주 동안 닫힐 것이다.

개념 3 Quiz 해설 | be covered with는 '~으로 덮여 있다'라는 의미로 by 대신에 with를 쓴다.

해석 | 그 땅은 얼음으로 덮여 있다.

1-2 was written, 쓰였다 2-2 ② 3-2 at

1-1 어휘 | magazine 잡지

1-2 해설 | 〈햄릿〉은 과거에 쓰인 작품이므로, be동사를 과거형으로 쓴 was written이 수동태 동사이다.

어휘 | Shakespeare 셰익스피어(영국의 극작가)

around (시간 등) 경, 즈음

2-1 해석 | 그 과학자는 영원히 기억될 것이다.

어휘 | forever 영원히

2-2 해설 | 조동사가 있는 수동태는 「조동사+be+과거분사」로 쓴다.

해석 | 그 차는 저기에 주차해야 한다.

어휘 | park 주차하다

3-1 해설 | be interested in은 by 이외의 전치사를 쓰는 수동태로, '~에 관심이 있다'의 뜻이다.

3-2 해설 | by 대신 다른 전치사를 쓰는 수동태는 관용어구로 외워두는 것이 좋다. '~에 놀라다'는 be surprised at으로 쓴다.

개념 4 Quiz 해설 | 가정법 과거는 「If+주어+동사의 과거형 ~, 주어+조동사의 과거형+동사원형 …」으로 쓴다.

해석 | ① 내가 키가 크면, 난 농구팀에 들어갈 수 있어.

② 내가 키가 크다면, 난 농구팀에 들어갈 수 있을 텐데.

개념 5 Quiz 해설 | if절 안에 동사의 현재형 visit가 쓰였고, 내용상 단순한 조건을 나타내는 문장이므로, 주절에도 조동사의 현재형을 쓰면 된다.

개념 6 Quiz 해설 | 현재 사실과 반대되는 일을 소망하는 표현이므로 「I wish+가정법 과거」의 표현이 되어야 한다.

해석 | 나는 나의 언니보다 키가 크지 않아서 유감이다. → 내가 나의 언니보다 키가 크면 좋을 텐데.

4-2 did 5-2 If I pass the exam 6-2 I were

4-1 해석 | Ted가 그의 사무실에 있다면, 전화를 받을 텐데.

4-2 해설 | 주절의 동사 형태가 「조동사의 과거형+동사원형」인 것으로 보아 가정법 과거 문장이므로 if절에는 동사의 과거형을 써야 한다.

해석 | 네가 운동을 더 많이 하면, 기분이 더 좋아질 텐데.

어휘 | exercise 운동; 운동하다

5-1 해석 | 비가 오면, 나는 집에 있을 것이다.

5-2 해설 | 단순한 조건을 나타내는 if절에는 동사의 현재형을 써야 한다.

6-2 해설 | 현재 이루지 못한 소망을 나타내는 'I'm sorry that ~' 문장을 「I wish+가정법 과거」 문장으로 쓸 수 있다. 가정법 과거의 동사는 과거형을 쓰되, be동사의 경우에는 인칭이나 수에 관계없이 were를 쓴다.

어휘 | be good at ~을 잘하다

2주 1일 개념 돌파 전략 ❷　pp. 44~45

> 1 (1) were made (2) were sent　2 (1) be written
> (2) will be　3 (1) to (2) at (3) in　4 (1) told (2)
> would　5 (1) if it does not rain (2) it will take 20
> minutes　6 (1) 우리가 나가서 놀 수 있다면 좋을 텐데.
> (2) 우리가 지금 방학 중이라면 좋을 텐데.

1 해설 | 행위의 대상이 주어 자리에 온 문장이므로 동사를 수동태 「be동사+과거분사」로 고쳐 쓴다. 시제가 과거이므로 be동사를 과거형으로 써야 한다.
해석 | (1) 이 컵 홀더들은 재활용 종이로 만들어졌다.
(2) 많은 편지가 어제 너에게 왔다.
어휘 | cup holder 컵 홀더　recycled paper 재활용 종이

2 해설 | 조동사가 있는 수동태는 「조동사+be+과거분사」의 형태로 쓴다.
어휘 | report 보고서　serve 음식을 차려 내다

3 해설 | by 대신 다른 전치사를 쓰는 수동태는 관용어구로 외워두는 것이 좋다.　be known to (~에게 알려지다) / be surprised at (~에 놀라다) / be interested in (~에 관심이 있다) 등이 있다.
해석 | (1) 그 노래는 모든 사람들에게 알려져 있다.
(2) 우리는 그의 나쁜 예절에 놀랐다.
(3) 나는 간호사가 되는 데에 관심이 있다.
어휘 | surprise 놀라게 하다　manners 예절

4 해설 | 가정법 과거 문장은 「If+주어+동사의 과거형 ~, 주어+조동사의 과거형+동사원형 …」의 형태로 쓴다.
어휘 | problem 문제

5 해설 | 단순한 조건을 나타내는 조건절 문장에서는 if절에 동사의 현재형을 쓰고 주절에 조동사의 현재형이 온다.
어휘 | go for a walk 산책하다　take (시간이) 걸리다

6 해설 | 「I wish+가정법 과거」의 문장으로, 현재 이루지 못한 소망을 나타낸다.
어휘 | on vacation 방학 중인

2주 2일 필수 체크 전략 ❶　pp. 46~49

전략 1　필수 예제

해설 | (1) 차가 '파는' 것이 아니라 '팔리는' 것이므로 수동태가 필요하다.
(2) 아기들이 '사랑을 받는' 것이고 뒤에 「by+목적격」이 있으므로 수동태가 필요하다.
(3) 주어인 Everybody가 그의 별명을 '잊은' 것이므로 능동태가 필요하다.
해석 | (1) 그 파란 차는 비싼 값에 팔렸다.
(2) 아기들은 그들의 부모로부터 사랑을 받는다.
(3) 모든 사람들이 그의 별명을 잊었다.

확인 문제

> 1 (1) is loved by many boys (2) was watched by
> over ten million people
> 2 The picnic was canceled because of the rain. /
> Because of the rain, the picnic was canceled.

1 해설 | 원래 문장의 목적어를 주어로 바꾼 문장이므로 수동태 문장이 되어야 한다.
해석 | (1) 많은 소년들이 그 노래를 좋아한다. → 그 노래는 많은 소년들에 의해 사랑받는다.
(2) 천만 명이 넘는 사람들이 그 영화를 보았다. → 그 영화는 천만 명이 넘는 사람들에 의해 관람되었다.
어휘 | million 백만　ten million 천만

2 해설 | 소풍이 '취소된' 것이므로 동사의 형태는 수동태가 적절하다. because of the rain은 문장 앞이나 뒤에 모두 올 수 있다.
해석 | 비 때문에 소풍이 취소되었다.
어휘 | cancel 취소하다　because of ~ 때문에

전략 2　필수 예제

해설 | 선물이 '포장되는' 것이므로 첫 번째 네모에서는 과거분사를 골라 수동태 의문문이 되도록 해야 한다. 수동태의 부정문은

「be동사+not+과거분사」의 순서로 쓰므로 두 번째 네모에서는 were not을 골라야 한다.

해석 | A: 선물은 포장되었나요? B: 아니요, 그것들은 전혀 포장되지 않았어요.

1 didn't → wasn't〔was not〕　　**2** ④

1 해설 | 수동태의 부정문은 「be동사+not+과거분사」로 쓰며, 주어가 3인칭 단수이고 시제가 과거형이므로 wasn't로 쓴다.
해석 | 자유의 여신상은 미국인들에 의해 만들어지지 않았다.
어휘 | Statue of Liberty 자유의 여신상

2 해설 | 동사 hold는 '개최하다'의 뜻이며, The first Olympic Games가 주어이므로 '개최되었다'의 의미인 수동태가 되어야 한다. 수동태는 「be동사+과거분사」이고, 시제는 과거이므로 be동사는 과거형으로 쓴다.
어휘 | hold 개최하다, 열다 (–held–held)

전략 3　필수 예제

해설 | (1) 주어가 The windows로 '수리되는' 대상이므로 수동태가 필요하다. 조동사 must 뒤에 수동태 「be동사+과거분사」가 오게 한다. 조동사 뒤에는 동사원형이 오므로 be동사는 항상 be로 쓰인다는 것에 유의한다.
(2) 도서관이 '발견될 수 있다'는 의미가 되어야 하므로 조동사 can 뒤에 수동태 「be동사+과거분사」가 와야 한다.
(3) 당근이 '보관되어야' 하는지 묻는 것이므로 조동사의 수동태 의문문인 「조동사+주어+be+과거분사 ~?」 형태가 되어야 한다. 따라서 첫 번째 네모에서는 be kept가 알맞다. 의문문에 조동사가 쓰이면 응답할 때에도 조동사를 사용해 답하므로 두 번째 네모에서는 should가 알맞다.
해석 | (1) 그 창문들은 지금 당장 수리되어야 한다.
(2) 그 도서관은 도심에서 쉽게 발견될 수 있다.
(3) A: 당근은 냉장고에 보관되어야 하니? B: 응, 그래야 해.
어휘 | downtown 시내에

1 (1) must be painted (2) cannot be downloaded
2 ③

1 해설 | (1) 조동사 must가 있으므로 「must+be+과거분사」로 쓴다.

---

(2) 조동사가 있는 수동태의 부정문은 「조동사+not+be+과거분사」로 써야 하므로 cannot be 뒤에 download의 과거분사 downloaded를 쓴다.
어휘 | download 다운로드하다

2 해설 | 조동사가 있는 수동태는 「조동사+be+과거분사」 형태가 되어야 하므로 ③ will build는 will be built가 되어야 한다.
해석 | 빨간 지붕이 있는 새 집이 우리 집 옆에 지어질 것이다.

전략 4　필수 예제

해설 | (1) '~으로 가득 차다'는 be filled with로 쓴다.
(2) '~에 흥미가 있다'는 be interested in으로 쓴다.
(3) '~에 놀라다'는 be surprised at으로 쓴다.
해석 | (1) 그 방은 아주 많은 책들로 가득 차 있다.
(2) 아이들은 온라인 게임을 하는 것에 흥미가 있다.
(3) 그곳의 많은 사람들은 그 광경에 놀랐다.
어휘 | sight 광경, 봄

1 was made of　**2** to → with / 나는 내 점수에 만족한다.

1 해설 | be made of는 by 대신 다른 전치사를 쓰는 수동태로, '~으로 만들어지다'의 뜻이다.
어휘 | cotton 면

2 해설 | be satisfied with는 by 대신 다른 전치사를 쓰는 수동태로, '~에 만족하다'의 뜻이다.

2주 2일　필수 체크 전략 ❷　　pp. 50~51

1 (A) created (B) look　**2** ④　**3** ①　**4** ⓓ made by → were made by　**5** were not wrapped at all

BOOK 2 정답과 해설

1 해설 | (A) 주어 It은 앞 문장의 this beautiful painting을 가리키므로, '창조되었다(그려졌다)'는 수동의 의미가 되어야 한다. 따라서 과거분사를 써야 한다. (B) 주어인 '거의 모든 사람들'이 '볼 수 있었다'는 능동의 의미이므로 조동사 뒤에 동사원형인 look이 와야 한다.

해석 | 이 아름다운 그림을 보아라. 그것은 1889년에 유명한 네덜란드 화가 빈센트 반 고흐에 의해 그려졌다. 반 고흐의 시대에는 거의 모든 사람들이 별이 빛나는 멋진 밤하늘을 올려다 볼 수 있었다.

2 해설 | 조동사가 있는 수동태는 「조동사+be+과거분사」로 쓰고, 부정문은 조동사 뒤에 not을 써야 하므로 ④의 can be not solved는 cannot be solved가 되어야 한다.

해석 | ① 그 옷은 곧 세탁되어야 한다. ② 고기는 냉장고에 보관되어야 한다. ③ 그 선물은 지금 당장 보내져야 하나요? ④ 그 문제는 우리에 의해 해결될 수 없다. ⑤ 그 고장 난 컴퓨터는 방과 후에 수리될까요?

3 해설 | by 대신 다른 전치사를 쓰는 수동태는 관용어구로 외워두는 것이 좋다. / be covered with: ~으로 덮여 있다

해석 | ① 그 땅은 녹색의 풀로 덮여 있다. ② 공기는 친환경 타워에 의해 깨끗해진다. ③ 그 돼지는 나이 많은 여자에 의해 길러졌다. ④ 이 셔츠는 내 여동생에 의해 디자인되었다. ⑤ 〈절규〉는 에드바르 뭉크에 의해 그려졌다.

[4~5] 해석 | 기자: 여러분은 학급 생일 파티를 열었지만, 쓰레기가 많이 나오지 않았어요. 비결이 무엇입니까?

민수: 우선, 우리는 몇몇 포장지가 쉽게 재활용되지 않기 때문에 선물을 포장하지 않는 것에 동의했습니다. 그래서 우리는 전혀 포장되어 있지 않은 곰 인형, 열쇠고리, 머리핀과 같은 선물을 가져왔습니다.

기자: 쓰레기를 더 줄이기 위해 그 외에 무엇을 했나요?

지은: 우리는 천 냅킨을 사용했어요. 아시다시피, 종이 냅킨은 여러분의 피부에 안 좋잖아요.

기자: 하지만 천 냅킨을 어디서 구했나요?

지은: 그것들은 민지가 만들었어요. 그녀가 우리에게 몇 개를 만들어 주기 위해 자신의 낡은 면 셔츠를 잘랐어요. 그녀의 귀여운 냅킨을 모두가 좋아했어요.

4 해설 | 천 냅킨이 '만들어지는' 것이므로 수동태가 필요하다. 수동태는 「be동사+과거분사」의 형태로 쓰고 이때 be동사는 주어의 인칭과 수에 맞춘다.

5 해설 | 관계대명사 that이 이끄는 절을 완성해야 하므로 선행

사가 무엇인지 먼저 파악한다. 선행사는 gifts ~ hairpins로 복수이며, '포장되지 않았던' 것이므로 과거시제의 수동태 부정문으로 써야 한다. 따라서 were not wrapped로 쓰고 부사구 at all을 뒤에 써서 '전혀 ~ 아닌'의 의미를 나타내도록 한다.

2주 3일 필수 체크 전략 ❶   pp. 52~55

전략 1 필수 예제

해설 | 가정법 과거의 문장이므로 if절의 동사와 주절의 조동사는 과거형으로 써야 한다.

해석 | (1) 내게 지도가 있다면, 너에게 도서관 가는 길을 알려줄 수 있을 텐데.

(2) 그가 좀 더 천천히 말하면, 우리가 더 잘 알아들을 수 있을 텐데.

확인 문제

1 ④   **2** were, could buy

1 해설 | 현재 사실의 반대를 나타내는 가정법 과거의 문장이므로 주절에는 「조동사의 과거형+동사원형」을 써야 한다.

해석 | 나는 초대장이 없어서 그 파티에 갈 수 없다. → 내가 초대장이 있다면, 그 파티에 갈 수 있을 텐데.

어휘 | invitation card 초대장

2 해설 | 현재 사실의 반대를 나타내는 가정법 과거의 문장이므로 if절에 동사의 과거형을 써야 한다. be동사는 주어의 인칭과 수에 관계없이 were를 쓰면 된다. 주절에는 가능의 의미가 있는 조동사 can의 과거형 could를 이용해 could buy로 쓰는 것이 적절하다.

전략 2 필수 예제

해설 | 단순한 조건을 나타내는 조건절일 때, if절에서는 동사의 현재형이 미래시제를 대신한다.

1 (1) went (2) feel **2** ②

1 해설 | (1) 이어지는 주절의 would spend로 보아 가정법 문장이다. 가정법 과거 문장은 현재 사실과 반대되는 가정을 하는 것으로, if절의 동사는 과거형으로 쓴다.
(2) 단순한 현재의 조건을 나타내는 문장에서는 if절에 동사의 현재형을 쓰고, 주절에 조동사의 현재형을 쓴다.
해석 | (1) 만일 그가 그 섬에 간다면, 그는 하루 종일 낚시를 하며 보낼 텐데.
(2) 네가 더우면, 에어컨을 켜도 된다.

2 해설 | 첫 번째 문장은 단순한 조건을 나타내는 문장이므로 if절에 동사의 현재형을 써야 한다. 두 번째 문장은 주절에 조동사의 과거형이 쓰였으므로 가정법 과거 문장이다. 가정법 과거에서는 if절에 동사의 과거형이 온다.
해석 | • 그가 늦는다면, 그녀는 화가 날 것이다. • 만일 네가 붓을 사용한다면, 그림이 더 좋아질 텐데.

전략 3 　필수 예제

해설 | 「I wish+가정법 과거」의 문장으로 현재 이루지 못한 소망이나 아쉬움을 나타낸다. 가정법 과거에서 동사는 과거형을 써야 한다.

1 ③　**2** didn't snow

1 해설 | 「I wish+가정법 과거」 문장으로 현재 사실에 대한 유감을 나타낼 수 있다.
2 해설 | 「I'm sorry+직설법 현재」는 현재의 실현 불가능한 소망을 나타내는 「I wish+가정법 과거」 문장으로 바꿔 쓸 수 있다.
해석 | 눈이 많이 와서 유감이야. → 눈이 많이 오지 않으면 좋을 텐데.

전략 4 　필수 예제

해설 | (1) 내용상 현재 이룰 수 없는 일을 소망하는 가정법 과거의 문장이 되는 것이 자연스러우므로, I wish 뒤에 과거시제를 써야 한다.
(2) 주절에 will이 쓰인 것으로 보아 단순한 조건을 나타내는 직설법 문장이므로 if절의 동사는 현재시제로 써야 한다.

(3) 주절에 조동사의 과거형이 쓰인 것으로 보아 가정법 과거 문장이므로 if절에는 동사의 과거형을 사용한다. 따라서 didn't가 알맞다.
해석 | (1) 내 강아지가 말을 할 수 있으면 좋을 텐데.
(2) 내일 날씨가 좋으면, 우리는 외출할 것이다.
(3) 만약 그녀가 David를 좋아하지 않는다면, 그와 어울리지 않을 텐데.

1 ④　**2** will buy, go

1 해설 | 가정법 과거 문장이므로 주절에는 조동사의 과거형을 써야 한다.
어휘 | be good at ~을 잘하다　solve 해결하다, 풀다
2 해설 | 막연하게 '나중에 가게에 가면'이라는 의미의 단순한 조건을 나타내는 문장이므로 직설법으로 써야 하고, if절에는 미래시제 대신 현재형을 써야 한다.
해석 | A: 빨간 색연필이 하나 필요해. B: 음, 내가 나중에 가게에 가게 되면 하나 사다 줄게.
어휘 | later 나중에

2주 3일 필수 체크 전략 ❷ 　　pp. 56~57

1 live so far away, would visit you　**2** ③　**3** ①, ③　**4** 우리는 자신만의 발명품을 만들라는 말을 들었다
5 If I had a long fly swatter, I could easily kill flies.

1 해설 | 주어진 문장은 직설법으로 '네가 아주 멀리 살아서 자주 방문을 못 한다'라는 의미이므로, 가정법으로 바꾸면 '네가 아주 멀리 살지 않는다면, 자주 방문할 텐데.'의 의미가 되어야 한다.
해석 | 우리는 네가 너무 멀리 떨어져 살기 때문에 자주 방문하지 않는다. → 만약 네가 너무 멀리 떨어져 살지 않는다면, 우리는 너를 자주 방문할 텐데.

2 해설 | ③은 가정법 과거의 문장이므로 주절에 조동사의 과거형인 could를 써야 한다. ②는 직설법 현재 문장이다. ⑤는 단순한 조건을 나타내는 직설법 문장이므로 if절에서 미래시제 대신 현재시제가 바르게 쓰였다.

해석 | ① 내가 우리 아들을 좀 더 자주 볼 수 있다면 좋을 텐데. ② 나는 숙제가 너무 많아서 유감이다. ③ 날씨가 화창하다면, 그녀는 현장 학습을 갈 수 있을 텐데. ④ 내가 너라면, 나는 그의 초대를 받아들일 텐데. ⑤ 내일 비가 오지 않으면, 우리는 도보 여행을 갈 것이다.

3 해설 | 현재 사실의 반대를 가정할 때 가정법 과거 문장으로 쓴다. 형태는 「If+주어+동사의 과거형 ~, 주어+조동사의 과거형+동사원형 …」이다. 직설법 현재 문장은 의미가 반대여야 한다.

[4~5] 해석 | 오후 과학 시간에, 우리는 자신만의 발명품을 만들라는 말을 들었다. "만약 내가 긴 파리채를 가지고 있다면, 나는 쉽게 파리를 죽일 수 있을 텐데"라고 나는 생각했다. 그래서 나는 그것을 만들기로 결심했다. 나는 안이 빈 막대기 세 개를 준비했다. 그것들은 크기가 달랐기 때문에 작은 것을 큰 것 안에 넣을 수 있었고, 그렇게 계속했다. 내가 그것들을 공중에 던졌을 때, 그것들은 긴 막대기가 되었다. 막대기 끝에는 파리채를 붙였다. 하지만, 내가 내 발명품을 반 친구들에게 보여 주었을 때, 그것은 작동하지 않았다.

4 해설 | 「be동사+과거분사」로 이루어진 수동태이므로, 말을 '한' 것이 아니라 말을 '들었다'고 해석하는 것이 자연스럽다.

5 해설 | 현재 사실과 반대되는 상황을 가정하고 있으므로 가정법 과거의 문장 「If+주어+동사의 과거형 ~, 주어+조동사의 과거형+동사원형 …」으로 쓴다.

2주 4일 교과서 대표 전략 ❶   pp. 58~61

1 recycle, recycled   **2** ②   **3** ④   **4** be protected   **5** had, could enter   **6** ⓐ made by → made of   **7** (1) were not washed by (2) were given (3) can be used   **8** ⑤   **9** ②   **10** I could stay here for another week   **11** ④   **12** (A) disturbed (B) is   **13** had two cows, would be richer

1 해설 | 첫 번째 빈칸에 들어갈 말은 앞의 be going to에 이어지는 것이므로 동사원형 recycle이 알맞다. 두 번째 빈칸이

있는 문장의 주어 It은 the wrapping paper를 가리키므로, 재활용하는 행위의 대상이다. 따라서 수동태를 만드는 과거분사 recycled가 알맞다.

해석 | A: 너는 그 포장지를 재활용할 거니? B: 아니. 이건 쉽게 재활용되지 않아.

2 해설 | 직설법 현재와 가정법 과거의 내용은 서로 반대이므로 부정의 내용을 긍정으로 고쳐 쓴다.

해석 | 네가 나를 도와준다면, 나는 숙제를 끝낼 수 있을 텐데. → 네가 나를 도와주지 않아서, 나는 숙제를 끝낼 수가 없어.

3 해설 | 「I wish+가정법 과거」의 문장으로, 현재 이루지 못한 소망을 나타낸다. I wish가 이끄는 절의 동사는 과거형을 써야 하고 be동사의 경우에는 인칭이나 수에 관계없이 were를 쓴다.

4 해설 | 피부는 '보호되어야 한다'는 수동의 의미가 자연스러운데, 조동사 should가 있으므로 「조동사+be+과거분사」의 형태로 써야 한다.

해석 | 여러분의 피부는 햇빛으로부터 보호되어야 합니다.

5 해설 | 직설법 현재 문장을 가정법 과거 문장으로 전환하는 문제이다. 직설법과 가정법은 내용상 반대가 되므로 부정어 not은 쓰지 않고 동사와 조동사는 과거형으로 쓴다.

해석 | 그는 열쇠가 없어서 집에 들어갈 수 없다. → 그에게 열쇠가 있다면, 그는 집에 들어갈 수 있을 텐데.

6 해설 | '~으로 만들어지다'라는 수동의 의미를 나타낼 때 be made of를 쓴다. 단, 화학적 변화로 만들어질 때에는 be made from을 쓰는 것에 유의한다.

해석 | 이것은 손 인형입니다. 그것은 제 오래된 양말로 만들어졌습니다. 이것을 만드는 데는 시간이 조금 걸렸을 뿐입니다. 양말 인형을 몇 개 더 만들어서 함께 멋진 인형 쇼를 합시다.

어휘 | puppet 인형, 꼭두각시

7 해설 | (1) 수동태의 부정문이 되어야 하므로 「be동사+not+과거분사」 형태로 쓴다.

(2) 꽃이 '보내진' 것이므로 수동태 「be동사+과거분사」로 쓴다.

(3) 조동사 can이 있으므로 「조동사+be+과거분사」 형태가

되도록 쓴다.

해석 | 〈예시〉 A: 그들은 그 보이그룹을 환영했니? B: 응. 그 보이그룹은 그들에게 환영받았어.

(1) A: 유진이가 설거지를 했네? B: 아니. 그 그릇들은 유진이에 의해서 설거지 된 것이 아니야. 내가 했어.

(2) A: Jack이 누구에게 꽃을 주었니? B: 그 꽃들은 Amy에게 주어졌어.

(3) A: 우리가 숙제를 하기 위해 인터넷을 사용할 수 있니? B: 그래. 인터넷은 우리의 숙제를 위해 사용될 수 있어.

8 해설 | If I were you로 보아 현재 실현 불가능한 일을 가정하는 상황이므로 가정법 과거로 써서 '내가 너라면 이상한 냄새가 나는 음식을 먹지 않을 텐데'라고 말하는 것이 자연스러우므로 ⑤ wouldn't eat이 알맞다.

해석 | 내가 너라면, 이상한 냄새가 나는 음식을 먹지 않을 텐데.

9 해설 | 주절의 시제로 보아 현재의 단순 조건절 문장이므로, if절의 동사는 현재형으로 써서 미래시제를 대신한다.

해석 | 그녀가 집에 오면, 그녀에게 메시지를 전할게요.

10 해설 | 현재 사실에 대한 유감을 나타내는 'I'm sorry that ~'은 '~라면 좋을 텐데'라는 의미의 「I wish+가정법 과거」로 바꿔 쓸 수 있다.

해석 | 나는 여기에 한 주 더 머물지 못해 아쉽다. → 내가 여기에 한 주 더 머물 수 있으면 좋을 텐데.

11 해설 | '~라 불리다'와 '동력을 공급받다'라는 수동의 의미가 되는 것이 자연스럽다. 문장에 be동사가 있으므로 과거분사가 이어지면 된다.

해석 | A: 이 버스는 뭐라고 불리나요? B: 이것은 친환경 버스라고 불립니다. A: 이 버스는 뭐가 특별한가요? B: 친환경 버스는 쓰레기에서 동력을 공급받습니다.

12 해설 | (A)와 (B) 모두 수동의 의미가 되어야 하므로 수동태를 써야 한다. 수동태는 「be동사+과거분사」의 형태로 나타내며, '~되다, ~당하다, ~받다'의 뜻이다.

해석 | 최근 보고서에 따르면, 세계 인구의 약 80%는 밤에 충분히 어둡지 않은 하늘 아래서 살고 있다. 특히 대도시에서, 사람들은 종종 별이 빛나는 밤하늘을 볼 수가 없다. 그들은 또한 밤낮의 자연스런 리듬이 인공적인 빛에 의해 방해받아서 수면 문제로 고생할 수 있다.

야생 동물도 또한 빛 공해로 위협을 받는다. 밤에 이동하거나 사냥을 하는 새들은 그들의 길을 자연적인 빛으로 찾지만, 대도시에서의 빛은 그들이 경로를 이탈하여 헤매게 할 수 있다. 매년 수백만 마리의 새들이 밝은 빛이 있는 건물에 부딪쳐서 죽는다.

어휘 | according to ~에 따라서 recent 최근의 population 인구 especially 특히 suffer from ~으로 고통 받다 natural 자연스러운 disturb 방해하다 artificial 인공의 wildlife 야생 동물 threaten 위협하다 light pollution 빛 공해 migrate 이동하다, 이주하다 wander 헤매다, 돌아다니다 off 벗어나서

13 해설 | 조동사의 과거형인 would가 있고, 글의 내용상 현재 사실의 반대를 상상하고 있으므로 가정법 과거 문장이 되도록 배열한다.

해석 | 모두가 그 풀밭을 사용하도록 허락받았다. 그러므로, 그것은 '공유지'라고 불렸다. 전통에 따라 각 가구는 단지 한 마리의 소를 가질 수 있었고, 그래서 그 마을의 소들이 충분히 먹을 풀을 찾는 것은 쉬운 일이었다. 공유지의 풀은 여름 내내 푸르렀다. 하지만 어느날 한 마을 사람이 그 규칙을 깼다.

"내게 두 마리의 소가 있다면, 나는 더 부유할 텐데. 아무도 그걸 알아채지 못할 거야."

어휘 | allow 허락하다 grassland 풀밭, 초원 therefore 그래서 common 공유지 tradition 전통 rule 규칙

2주 4일 교과서 대표 전략 ❷   pp. 62~63

1 ③   2 ②   3 ③   4 ⑤   5 (1) were a duck (2) had wings, would fly   6 ③   7 (1) is sunny, will play (2) is rainy, will bake (3) is windy, will fly
8 wish he would talk

1 해설 | ③ 주어가 elephants로 복수이므로 빈칸에 were가 들어가야 한다. 나머지는 모두 was가 알맞다.

해석 | ① 그 창문은 어제 아이들에 의해 깨졌다. ② 그 학교는 50년 전에 지어졌다. ③ 과거에 코끼리는 식용으로 사냥되었다. ④ 나는 어젯밤에 시끄러운 소리에 잠이 깼다. ⑤ 그 도둑은 몇 시간 전에 경찰관에 의해 잡혔다.

어휘 | hunt 사냥하다 wake 깨다, 깨우다 (-woke-woken) loud 시끄러운

2 해설 | by 이외의 전치사를 쓰는 be interested in은 '~에 관심이 있다'의 뜻이다.

해석 | A: 너는 K-pop에 관심이 있니? B: 응, 그래. 나는 그 것을 매우 좋아해.

3 해설 | ③은 조동사가 있는 수동태로 조동사 뒤에는 be동사 의 원형인 be가 와야 한다.

해석 | ① 〈괴물〉은 봉준호에 의해 감독되었다. ② 많은 나무 가 종이를 만들기 위해 베어진다. ③ 네 숙제는 내일까지 끝내 야 한다. ④ 아주 많은 의견이 '지구 수호자 동호회'에 의해 제 시되었다. ⑤ 새 시장이 다음 달에 선출될 것이다.

어휘 | present 제시하다 mayor 시장 elect 선출하다

4 해설 | 동작의 대상이 주어일 때 수동태를 써야 하고, 부정의 의미가 되어야 하므로 「be동사+not+과거분사」로 쓴다. 주어 가 복수이고 시제가 과거이므로 be동사는 weren't가 되어야 한다.

해석 | 우리 엄마가 그 쿠키를 굽지 않았다. → 그 쿠키들은 우 리 엄마에 의해 구워진 것이 아니었다.

5 해설 | 현재 실현할 수 없는 일을 가정하는 내용이므로 가정법 과거로 나타내야 한다. 가정을 나타내는 if절의 be동사는 were를 쓴다.

해석 | (1) 남: 네가 오리라면, 너는 무엇을 하겠니? 여: 내가 오리라면, 나는 연못에서 헤엄칠 거야.

(2) 남: 네가 날개가 있다면, 무엇을 하겠니? 여: 내가 날개가 있다면, 나는 하늘을 날 거야.

6 해설 | 제주도에 가는 것은 현재 사실의 반대나 실현 불가능한 일이 아닌 단순한 조건이므로, 직설법으로 쓴다. 조건을 나타 내는 if절에서는 현재형을 써서 미래시제를 나타내므로 첫 번 째 빈칸에는 visit가 알맞고, 두 번째 빈칸에는 will climb이 적절하다.

해석 | 나는 휴가 때 제주도에 가고 싶다. 그곳에 가면, 나는 한라산을 오를 것이다.

7 해설 | 단순 조건절 문장이므로 if절에 동사의 현재형을 써야 한다. 비인칭주어 it이 있으므로 be동사의 현재형인 is를 쓴다.

해석 | (1) 날이 화창하면, 나는 축구를 할 것이다.

(2) 비가 오면, 나는 집에서 사과 파이를 구울 것이다.

(3) 바람이 불면, 나는 공원에서 연을 날릴 것이다.

8 해설 | 「I wish+가정법 과거」의 문장으로 현재의 사실과 반대 되는 소망을 나타낼 수 있다.

2주 **누구나 합격 전략** pp. 64~65

1 ② **2** can be planted / 이 꽃들은 정원에 심어질 수 있다. **3** was invented by **4** ⑤ **5** (1) (A) filled (B) with (2) (A) made (B) of **6** ③ **7** ④ **8** were, would eat **9** I wish John were(was) here. **10** (1) If you want to take a nice break (2) If he doesn't miss it

1 해설 | 차가 '보관되는' 것이 자연스러우므로 수동태를 써야 한다. 현재시제이고 주어 The car가 단수이므로 is가 알맞다.

해석 | A: 자동차가 어디에 있니? B: 자동차는 차고에 보관되 어 있어.

어휘 | garage 차고, 주차장

2 해설 | 내용상 꽃이 '심어지는' 대상이므로 수동태가 필요하 다. 조동사가 있는 수동태는 「조동사+be+과거분사」의 형태 로 나타낸다.

3 해설 | 과거시제의 수동태는 「was/were+과거분사」로 쓰며, 행위의 대상인 3인칭 단수 Hangeul이 주어 자리에 오므로 be동사는 was로 쓴다.

해석 | 세종대왕이 1443년에 한글을 발명하였다. → 한글은 1443년에 세종대왕에 의해 발명되었다.

4 해설 | 행위의 대상인 this poem이 주어가 되면 동사는 수 동태로 써야 한다. 주어진 문장의 시제가 과거이고, 행위의 주 체는 he이므로 과거시제의 수동태 「was/were+과거분사」를 쓰고 행위자는 by him으로 나타내는 것이 적절하다.

해석 | 그는 이 시를 쓰지 않았다. / 이 시는 그에 의해서 쓰이 지 않았다.

5 해설 | 수동태로 쓸 때 by 이외의 전치사를 쓰는 것들이 있다. (1) be filled with: ~으로 가득 차다 (2) be made of: ~으 로 만들어지다

6 해설 | ③ 가정법 과거의 문장이므로 주절에 「조동사의 과거 형+동사원형」이 바르게 쓰였다. ①, ②, ④, ⑤도 if절의 동사 가 과거형인 것으로 보아 가정법 과거 문장이 되어야 한다. / ① can fly → could fly ② will go → would go ④ can be → could be ⑤ can finish → could finish

해석 | ① 내가 날개가 있다면, 나는 학교에 날아갈 텐데. ② 비가 오고 있지 않다면, 나는 산책하러 갈 텐데. ③ 내가 너라 면, 나는 그 신발을 사지 않을 텐데. ④ 그가 키가 더 크다면,

그는 농구선수가 될 수 있을 텐데. ⑤ 그녀가 피곤하지 않다면, 그녀는 일을 끝낼 수 있을 텐데.

7 해설 | 「I wish+가정법 과거」의 문장으로 현재의 사실과 반대되는 소망을 나타낼 수 있다. 내용상 '갈 수 있다면'이 되어야 하므로 조동사 could가 자연스럽다.

해석 | 내가 그 파티에 갈 수 있으면 좋으련만, 갈 수 없다.

8 해설 | 현재 사실의 반대를 나타내는 가정법 과거의 문장이므로, if절에는 동사의 과거형을 쓰고 주절에는 「조동사의 과거형+동사원형」을 써야 한다. 가정법 과거의 if절에서 be동사는 보통 were를 쓴다.

해석 | 배가 고프지 않기 때문에 나는 그 피자를 먹지 않을 것이다. → 내가 배가 고프다면, 그 피자를 먹을 텐데.

9 해설 | 「I wish+가정법 과거」의 문장으로 현재의 사실과 반대되는 소망을 나타낸다. be동사는 가정법에서 주로 were를 쓰나 구어에서는 was도 가능하다.

10 해설 | 밑줄 친 부분이 있는 문장은 주절에 각각 명령형과 will이 있는 것으로 보아, 단순한 조건을 나타내는 직설법 현재 문장이다. 따라서 조건을 나타내는 if절에는 현재시제를 써야 한다.

해석 | (1) 학교 근처에 작지만 아름다운 공원이 있습니다. 만일 여러분이 기분 좋은 휴식을 취하기를 원한다면, 그곳을 방문하세요. 나무에서 새들이 노래하는 것을 들을 수 있습니다.
(2) 기차는 30분 후에 출발한다. 만일 그가 서두른다면, 그는 기차를 탈 것이다. 만일 그가 그것을 놓치지 않는다면, 그는 늦지 않을 것이다.

2주 창의·융합·코딩 전략 ❶, ❷   pp. 66~69

A Paul, Chris
B 1 the exam were easy.   2 I could solve more problems.   3 is filled with difficult problems.
4 anybody would tell me the answers.
C 1 If you want to be healthy, you should exercise.
2 If my back didn't hurt, I could play tennis with you.
3 If Ted had enough time, he would take a walk every morning.
D 1 The dirty clothes will be washed by Cinderella.
2 House chores should be done by Cinderella.
3 The cows were fed by Cinderella.

A 해설 | Paul의 말에서 주어가 The Great Wall of China이므로 동사는 '건설되었다'는 의미의 수동태가 되어야 한다. 따라서 built는 was built가 되어야 한다. Chris의 말에서 '~에 놀라다'라는 뜻이 되려면 be surprised 뒤에는 전치사 at이 와야 한다.

be surprised at: ~에 놀라다

해석 | Eric: 전구는 에디슨에 의해 발명되었어.
Miju: 맞아. TV는 누가 발명했지?
Jenny: TV는 John Baird에 의해 발명되었어.
Paul: 만리장성은 기원전 221년에 건설되었어.
Chirs: 맞아. 많은 사람들이 그것에 놀라.
Emily: 누구에 의해 〈해바라기〉가 그려졌지?

B 해설 | 1, 4. 현재 실현할 수 없는 소망이나 현재 사실에 대한 유감을 나타낼 때 「I wish+가정법 과거」를 쓸 수 있다. 가정법 과거를 쓸 때 be동사는 일반적으로 were로 쓴다.
2. 시험 시간은 정해져 있으므로 현재 사실과 반대 상황을 가정하는 가정법 과거를 써야 한다. if절의 동사와 주절의 조동사 모두 과거형으로 써야 하므로 could solve가 적절하다.
3. '~으로 가득 차다'는 be filled with로 쓴다.

해석 | 1. 시험이 쉬우면 좋을 텐데.
2. 내게 충분한 시간이 있다면, 문제를 더 풀 수 있을 텐데.
3. 수학 시험은 어려운 문제들로 가득 차 있구나.
4. 누구든 내게 답을 말해 주면 좋을 텐데.

C 해설 | if절과 주절의 주어, 동사를 확인하고 문장의 뜻이 자연스럽게 이어지도록 카드를 연결한다.
1. if절에 동사가 현재시제로 쓰인 단순 조건절을 쓸 수 있다. should는 충고할 때 쓰는 조동사로 '~해야 한다'는 의무를 나타낸다.
2, 3. if절에 동사의 과거형이 있고, 이어지는 카드의 could play, would take a walk로 보아 현재 사실과는 반대의 상황이나 현재 불가능한 일을 나타내는 가정법 과거 문장으로 써야 한다.

D 해설 | 조동사의 수동태는 「조동사+be+과거분사」로 쓴다. 수동태 문장에서 행위의 주체는 대개 「by+목적격」으로 나타낸다.

해석 | 1. 더러운 옷들은 신데렐라에 의해 세탁될 것이다.

2. 집안일은 신데렐라에 의해 되어야 한다.

3. 소들은 신데렐라에 의해 먹이가 주어졌다.

어휘 | chore (집안)일 feed 먹이를 주다 (–fed–fed)

신유형·신경향·서술형 **전략**
pp. 72~75

1 (1) I've been around the world / 현재완료 / 나는 전 세계를 여행해 봤어요 (2) she will be loved / 수동태 / 그녀는 사랑받을 거예요

2 (1) The shorter my hair is, the better I feel. / 내 머리가 짧을수록, 나는 더 기분이 좋다. (2) The happier I feel, the more I smile. / 내가 더 행복할수록, 나는 더 많이 웃는다. (3) The earlier I get up, the longer the day is. / 내가 더 일찍 일어날수록, 하루가 더 길어진다.

3 (1) packed / last night은 과거의 특정 시점을 나타내므로 과거시제를 쓴다. (2) been / 주어가 you일 때 gone을 쓰면 '가 버리고 없다'는 의미가 되므로, been을 써서 경험을 묻는다.

4 (1) That's the strangest story I've ever heard. (2) You are one of the most talented students in the class.

5 (1) ⓑ / 주절의 조동사가 과거형인 것으로 보아 가정법 과거로 쓰는 것이 적절하므로 if절의 동사는 과거형이어야 한다. (2) ⓐ / 조동사 뒤에는 동사원형이 온다.

6 (1) The promise may not be kept by Sam. (2) Was your performance loved by many people?

7 (1) faster and faster (2) the more disappointed

8 (1) I wish he were here. (2) If I were rich, I would travel around the world.

1 **해설 |** 〈예시〉 조동사 will과 not이 앞에 온 조동사 수동태의 부정문(조동사+not+be+과거분사)이다.

(1) 현재완료는 「have(has)+과거분사」로 쓴다. 여기에서는 경험의 의미로 쓰였다.

(2) 조동사가 들어간 수동태는 「조동사+be+과거분사」 형태이다.

2 **해설 |** 〈예시〉 「The+비교급 ~, the+비교급 …」은 '~하면 할수록, 더욱더 …하다'의 의미이다. 최상급인 the farthest는 적절하지 않으므로 the farther로 고친다.

(1) 「The+비교급 ~, the+비교급 …」 구문이 되려면 원급 short를 비교급 shorter로 고쳐야 한다.

(2) 「The+비교급 ~, the+비교급 …」이 되도록 원급 much는 비교급 more로 고쳐 쓴다.

(3) 「The+비교급 ~, the+비교급 …」 문장으로 이미 비교급 earlier와 longer가 쓰였으므로, 각각 앞의 more를 삭제한다.

3 **해석 |** 〈예시〉 나는 지난 성탄절 이후로 사촌 동생을 보지 못했다.

(1) Emma는 어젯밤에 여행 가방을 쌌다.

(2) 너는 하와이에 가 본 적이 있니?

4 **해설 |** 〈예시〉 「one of the+최상급+복수 명사」는 '가장 ~한 …들 중의 하나'라는 뜻이다.

(1) 「the+최상급+단수 명사(+that)+주어+have(has) (+ever)+과거분사」는 '지금까지 ~한 것에 중 가장 …한 명사'의 뜻이다.

(2) 「one of the+최상급+복수 명사」는 '가장 ~한 …들 중의 하나'라는 뜻이다.

해석 | 〈예시〉 그것은 아시아에서 가장 높은 산들 중의 하나이다.

(1) 그것은 내가 지금까지 들은 것 중 가장 이상한 이야기이다.

(2) 너는 반에서 가장 재능 있는 학생 중 한 명이다.

5 **해석 |** 〈예시〉 내가 너라면, 그의 말을 들을 텐데.

(1) 그가 그것을 듣는다면, 화를 낼 텐데.

(2) 이 책이 비싸지 않다면, 나는 그것을 살 텐데.

6 **해설 |** 〈예시〉 행위의 대상을 주어로 하여 수동태 「be동사+과거분사」를 쓰고, 뒤에 「by+행위자」를 쓴다.

(1) The promise가 주어가 되므로 수동태로 써야 하고 가능의 의미가 있는 조동사 may를 포함하는 부정문이므로 「may+not+be+과거분사」 형태로 쓰면 된다. don't는 필요 없다.

(2) 수동태 과거 의문문으로 써서 「Be동사+주어+과거분사 ~?」의 형태가 되어야 하므로 did는 필요 없다.

7 **해설 |** 〈예시〉 「비교급+and+비교급」이 '점점 더 ~한'의 의미를 나타내므로 앞의 원급도 비교급으로 바꿔야 한다.

(1) '점점 더 ~하게'의 의미가 되도록 원급을 모두 비교급으로 바꿔야 한다.

(2) 「The+비교급 ~, the+비교급 …」은 '~하면 할수록, 더욱더 …하다'의 의미이다. disappointed의 비교급은 more disappointed이므로 much를 more로 고쳐야 한다.

8 해설 | 〈예시〉 I wish와 were가 있으므로 가정법 과거의 문장을 만들면 된다. I wish 가정법은 이루지 못한 소망에 대한 유감을 나타내므로 '~라면 좋을 텐데' 혹은 '~라면 좋으련만'으로 해석할 수 있다.

(1) I wish 다음에 가정법 과거가 오도록 배열한다. 가정법 과거에서 be동사는 인칭과 수에 상관없이 were를 쓴다.

(2) If와 조동사의 과거형 would로 보아 가정법 과거 문장임을 알 수 있다. If절에는 동사의 과거형, 주절에는 「조동사의 과거형+동사원형」을 쓴다.

해석 | 〈예시〉 나는 내가 대학생이면 좋으련만.

(1) 그가 여기 있으면 좋을 텐데.

(2) 내가 부자라면, 나는 세계 일주를 할 텐데.

적중 예상 전략 | ❶
pp. 76~79

1 ③ **2** ③ **3** ② **4** ③ **5** ① **6** ③ **7** ④
8 ③, ④ **9** have discovered → discovered **10** it gets bigger and bigger **11** (1) the lesson has lasted so long (2) our concert has been a success
12 (1) less / 공부를 더 적게 할수록, 너의 성적은 더 나빠진다. (2) less / 세호는 Jennie보다 덜 먹는다. **13** This is one of the biggest museums in the world. **14** (A) most delicious (B) eaten **15** (A) been (B) used
16 You have probably seen **17** has become a global symbol of excellent design **18** one of the most famous design awards worldwide

1 해설 | '과거부터 현재까지 죽 병원에 있다'는 의미가 되는 것이 자연스러우므로 현재완료를 쓴다.

해석 A: 민수에게 무슨 일이 일어났니? B: 그는 지난주에 교통사고를 당했어. 그 이후로 죽 병원에 입원해 있어.

2 해설 | ③ 부사구 for three years(3년 동안)로 보아 계속의 의미를 지닌 현재완료로 쓰는 것이 자연스러우므로 studying을 studied로 고쳐야 한다.

해석 ① 나는 이미 그 영화를 보았다. ② 날씨가 최근에 매우 더웠다. ③ 지민이는 3년 동안 스페인어를 공부해 왔다. ④ 우리는 오랫동안 서로 보지 못했다. ⑤ 너의 어머니는 수학 선생님으로 얼마나 오랫동안 근무하셨니?

3 해설 | better는 비교급이므로 비교급을 강조하는 much, even, still, far, a lot 등이 빈칸에 올 수 있다. ② very는 원급을 강조하는 표현이다.

해석 그녀는 어제보다 훨씬 더 좋아 보였다.

4 해설 | 첫 번째 문장에는 now가 있으므로 현재진행을 만드는 현재분사가 필요하다. Chris는 파리에 가서 지금도 그곳에 머무르고 있는 상태이므로 두 번째 문장에는 현재는 여기 없다는 의미의 has gone to가 와야 한다.

해석 Chris는 파리에 갔고 지금 거기에 머물고 있다. → Chris는 파리에 가고 없다.

5 해설 | 「the+최상급+단수 명사(+that)+주어+have(has)(+ever)+과거분사」는 '현재까지 ~한 것 중 가장 …한 명사'의 의미이다.

6 해설 | 비교급 앞에 even, much, a lot, still, far 등을 써서 '훨씬'의 의미로 비교급을 강조한다. confident의 비교급은 more confident로 쓴다.

7 해설 | 둘 다 현재완료의 문장이므로 「have(has)+과거분사」의 형태가 되어야 한다. 따라서 빈칸에는 각각 과거분사가 들어가야 한다.

해석 | • 나는 이 신발을 몇 년 동안 신어왔다. • 민호는 이미 점심을 먹었다.

어휘 | wear (신발을) 신다 (-wore-worn)

8 해설 | 〈보기〉의 문장은 '~해 본 적 있다'는 경험의 의미로 쓰였다. ① 완료 ② 결과 ③, ④ 경험 ⑤ 계속의 의미로 쓰였다.

해석 | 〈보기〉 나는 저 책을 전에 읽어 본 적이 있다. ① 그녀는 막 설거지를 끝냈다. ② 그들은 뉴욕에 가고 없다. ③ 너는 뱀을 만져 본 적이 있니? ④ 나는 저 영화를 세 번 본 적이 있다. ⑤ 우리 삼촌은 일본에서 10년간 살아 왔다.

9 해설 | last weekend는 과거의 특정 시점을 나타내는 부사구로, 현재완료와 함께 쓰지 않는다. 현재완료는 recently(최근에), lately(최근에), already, before, ever 등과 함께 쓸 수 있다.

해석 | 두 과학자가 지난 주말에 새로운 행성을 발견했다.

10 해설 | 형용사 big이 두 개 있고 and가 있는 것으로 보아 「비교급+and+비교급」을 써서 '점점 더 커진다'의 뜻인 문장을 만들면 된다.

해석 | 풍선을 불면, 그것은 점점 더 커진다.

11 해설 | 현재완료는 과거의 일이 현재까지 영향을 미칠 때 사용한다. (1) 지루한 상태에 영향을 준 일을 찾는다. (2) 우리가 기쁜 이유를 찾는다.

해석 | (1) 수업이 너무 길게 계속되어서 그는 지루하다. (2) 우리는 우리의 콘서트가 성공적이라서 매우 기쁘다.

12 해설 | (1)의 「the+비교급 ~, the+비교급 …」은 '~하면 할수록, 더욱더 …하다'의 의미이고 (2)의 than 앞에는 비교급이 와야 하므로 두 문장의 빈칸에는 모두 비교급이 필요하다. little의 비교급은 less이고 최상급은 least이다.

13 해설 | 「one of the+최상급+복수 명사」는 '가장 ~한 …들 중의 하나'의 의미로, one 앞에 the는 필요하지 않으며 비교급 bigger는 최상급 biggest로 고쳐야 한다. 단수 명사로 쓰인 museum은 복수 명사 museums로 고친다.

해석 | 이곳은 세계에서 가장 큰 박물관 중 하나이다.

14 해설 | 「the+최상급+단수 명사(+that)+주어+have〔has〕(+ever)+과거분사」는 '지금까지 ~한 것 중 가장 …한 명사'의 의미이다.

해석 | A: 네가 가장 좋아하는 음식은 뭐니? B: 갈비찜이야. 그것은 내가 먹어 본 음식 중에 가장 맛있는 음식이야.

[15~16] 해설 | 몇 개의 만화 그림이 합쳐져서 이야기가 되면 연재만화가 된다. 만화는 수 년 동안 신문에 존재해 왔다. 그것들은 종종 그냥 재미있는 이야기이다. 사람들은 또한 만화를 교육을 위해 사용해 왔다. 만화는 정보를 더 명확하고 배우기에 더 쉽게 해준다. 여러분은 아마도 만화 역사책이나 과학책을 본 적이 있을 것이다.

어휘 | several 몇몇의 cartoon 카툰, 만화 comic strip 연재만화 amusing 놀라운 education 교육 clear 명확한, 명쾌한

15 해설 | (A)는 '계속해서 ~해 왔다'는 의미를 나타내고, (B)는 '~한 적이 있다'는 경험의 의미로 쓰는 것이 자연스러우므로 둘 다 현재완료 형태로 쓰면 된다. 현재완료는 「have〔has〕+과거

분사」로 쓴다.

16 해설 | '본 적이 있다'는 경험을 나타내는 현재완료가 되어야 하므로 see를 과거분사형 seen으로 바꿔 have 뒤에 쓴다. probably는 보통 조동사 뒤에 쓰므로 have 뒤에 쓰면 된다.

[17~18] 해석 | 1953년 Die Gute Industrieform e.V.로 설립된 iF Design은 그 이후 특히 전 세계적으로 가장 유명한 디자인상 중 하나인 iF DESIGN AWARD와 함께 우수한 디자인의 세계적인 상징이 되었습니다.

다양한 분야에서 수상자들의 최고의 디자인을 발견하시도록 여러분을 초대합니다. 자세한 내용은 잡지를 참조하십시오. 유명 디자이너와 제조업체의 이야기와 인터뷰를 읽고 국제적인 디자인 세계에 대해 알아보십시오.

어휘 | found 설립하다, 세우다 global 세계적인 symbol 상징 excellent 우수한 award 상 worldwide 전 세계적으로 discover 발견하다 various 다양한 field 분야 manufacturer 제조업자 international 국제적인

17 해설 | 1953년부터 현재까지 계속되어 온 일이므로 현재완료로 쓰였다. become의 과거분사는 become으로 형태가 같다.

18 해설 | '가장 ~한 …들 중의 하나'의 의미이므로 「one of the+최상급+복수 명사」가 되도록 고친다. more를 most로, 단수 명사 award를 복수 명사 awards로 고친다.

적중 예상 전략 | ❷ pp. 80~83

1 ③ 2 ① 3 ⑤ 4 ② 5 ① 6 ⑤ 7 ①

8 ② 9 The roof of the house was damaged a few days ago. 10 I was hit by the soccer ball.

11 practiced, could pass 12 I wish I knew how to swim. 13 could buy, don't have 14 If this room were〔was〕 tidy 15 you trusted me 16 if he gets enough rest 17 find → be found

18 The characters were painted with a soft brush.

1 **해설 |** 주어 They가 앞에 나온 my sneakers를 가리키고, 뒤에 kept가 있으므로 '보관되어 있다'는 의미의 수동태가 되어야 한다. 주어가 3인칭 복수이므로 be동사 are가 적절하다.

해석 | A: 제 운동화 어디에 있어요? B: 그것들은 신발 상자에 보관되어 있어.

2 **해설 |** ① 천 년 전(a thousand years ago)은 과거이므로 수동태 과거인 「was/were+과거분사」가 되어야 한다. / is → was ② 수동태 과거 부정문 ③ 수동태 현재 ④ 수동태 현재 ⑤ 미래의 조동사 will이 쓰인 수동태 「조동사+be+과거분사」

해석 | ① 그 절은 천 년 전에 지어졌다. ② 이 책은 내가 가장 좋아하는 작가에 의해 쓰이지 않았다. ③ 많은 사고들은 위험한 운전에 의해 비롯된다. ④ 그 공원 문들은 매일 저녁 6시에 잠긴다. ⑤ 새 박물관이 다음 달에 열릴 것이다.

3 **해설 |** ⓒ 수동태 과거 문장으로 was written이 바르게 쓰였다. ⓓ 수동태 과거 문장으로 was destroyed가 바르게 쓰였다. / ⓐ 가정법 과거이므로 can을 could로 써야 한다. ⓑ 의문사가 있는 수동태의 의문문으로, 「의문사+be동사+과거분사 ~?」의 형태가 되어야 하므로 did 대신에 was가 적절하다. ⓔ 가정법 과거의 문장이 되려면 if절의 are를 were로 써야 한다. 또는 are는 그대로 두고 주절의 would를 will로 고쳐 조건을 나타내는 직설법 문장으로 쓸 수 있다.

해석 | ⓐ 내가 차가 있다면, 너를 집에 운전해서 데려다 줄 수 있을 텐데. ⓑ 아이스크림은 어떻게 제공되었나요? ⓒ 〈찰리와 초콜릿 공장〉은 Roald Dahl에 의해 쓰였다. ⓓ 그 집은 산불에 의해 파괴되었다. ⓔ 만약 네가 정직하다면, 그들은 너를 믿을 텐데. / 네가 정직하면, 그들은 널 믿을 거야.

4 **해설 |** 「I wish+가정법 과거」는 현재의 실현 불가능한 소망이나 사실에 대한 유감을 나타내며, '~해서 유감이다'라는 I'm sorry의 직설법 문장으로 바꿀 때는 반대 내용의 현재형으로 쓴다.

해석 | 그가 내게 진실을 말한다면 좋을 텐데. → 그가 내게 진실을 말하지 않아서 유감이다.

5 **해설 |** 단순한 조건을 나타내는 직설법 문장이 되도록 쓴다. 이때 조건절에서는 현재시제가 미래시제를 대신한다는 것에 유의한다.

6 **해설 |** ⑤ 조동사가 있는 수동태는 「조동사+be+과거분사」로 쓴다. solve → solved / ① 수동태 과거 의문문 ② 수동태 현재 부정문 ③ by 이외의 전치사를 쓰는 수동태 ④ 수동태 과거

해석 | ① 이 수프가 우리 아빠에 의해 요리되었니? ② 이 거리는 매일 청소되지 않는다. ③ 산이 눈으로 뒤덮여 있다. ④ 이 노래들은 Jina에 의해 쓰였다. ⑤ 그 문제는 우리 어머니에 의해 풀릴 것이다.

7 **해설 |** by 이외의 전치사를 쓰는 수동태는 숙어처럼 외우고 익혀두는 것이 좋다. be worried about: ~에 대해 걱정하다 / be pleased with: ~에 기뻐하다

해석 | • 미라는 안색이 좋아 보이지 않는다. 나는 그녀가 걱정된다. • 우리 아빠는 내가 그에게 드린 선물에 기뻐하셨다.

8 **해설 |** 글의 흐름으로 보아 단순한 조건을 나타내는 직설법 문장이므로, 주절의 동사나 조동사도 현재형으로 써야 하고, 의미상 주절은 긍정문이 이어져야 한다.

해석 | 분명히, 빛 공해는 다른 형태의 공해만큼 심각합니다. 우리는 그 문제를 해결할 방법들을 찾아야 합니다. 만일 우리가 그렇게 하지 않으면, 우리는 별들을 오직 우리의 꿈속이나 그림에서만 볼 수 있을지도 모릅니다.

어휘 | clearly 분명히, 명백히 pollution 공해 serious 심각한 form 형태

9 **해설 |** 수동태로 쓰려면 행위의 대상이 주어로 와야 한다. '그 집의 지붕'은 소유의 of를 써서 The roof of the house로 쓸 수 있다. 과거시제이므로 동사는 was damaged로 쓴다. 무엇에 의해 손상되었는지는 나오지 않으므로 「by+행위자」는 쓰지 않고, 과거를 나타내는 시간 표현 a few days ago를 이어서 쓰면 된다.

10 **해설 |** '(~에 의해) 맞았다'는 것이므로 hit을 사용하여 수동태 문장을 만들어야 한다. hit(치다)은 동사 변화가 hit-hit-hit이다.

해석 | A: 무슨 일이니? B: 나는 축구공에 맞았어.

11 **해설 |** 현재 사실에 반대되는 내용의 가정법 과거 문장이므로 if절의 동사는 과거형, 주절의 동사는 「조동사의 과거형+동사원형」으로 쓰면 된다. '할 수 있을 텐데'는 조동사를 could로

쓰는 것이 적절하다.

12 해설 | 현재 수영할 줄 모르므로 '수영하는 법을 안다면'하고 소망하는 I wish 가정법으로 표현하는 것이 적절하다.

해석 | 나는 수영할 줄 모른다. 내가 수영하는 법을 안다면 좋을 텐데.

13 해설 | 가정법 과거는 현재 사실과 반대이므로 직설법 현재 문장은 가정법 문장의 내용과 반대로 쓰면 된다. 직설법에서 동사는 현재형으로 쓴다는 것에 유의한다.

해석 | 만일 내가 돈이 충분하다면, 그에게 선물을 사 줄 수 있을 텐데. → 난 돈이 충분히 없어서 그에게 선물을 사 줄 수가 없다.

14 해설 | 그림의 내용으로 보아, 현재 정리가 되어 있지 않은 상황이고, 주절에 조동사의 과거형이 있으므로 가정법 과거 문장이 되어야 한다. 가정법 과거 문장의 if절에서 be동사는 were를 쓰지만 구어체에서는 was도 쓸 수 있다.

해석 | 이 방이 정돈되어 있다면, 나는 물건들을 쉽게 찾을 수 있을 텐데.

어휘 | tidy 깔끔한, 잘 정돈된

15 해설 | I'm sorry로 아쉬움을 나타내는 문장은 I wish 가정법을 이용해 바꿔 쓸 수 있다. 단, 가정법은 사실과 반대되거나 가능성이 낮은 일을 나타낼 때 쓰므로, 직설법 문장과 내용이 반대가 되도록 해야 한다.

해석 | 나는 네가 나를 믿지 않아서 유감이야. → 네가 나를 믿으면 좋을 텐데.

16 해설 | 단순한 조건을 나타내는 if절에서는 현재형으로 미래시제를 나타낸다. 동사 get은 3인칭 단수 he에 맞게 gets로 쓰면 된다.

해석 | 어느 날, Sheila는 Max가 책상 아래에 앉아 있는 것을 보았다. 그는 이상한 소리를 내고 있었다. "무슨 일이니?" Sheila가 물었다. 그녀는 그를 가까이 보고 다리에 있는 심한 상처를 보았다. 그녀는 그를 동물 병원으로 데려갔다. 의사가 말했다, "충분히 쉬면 그는 나을 거야. 한 주간 그를 안에다 두렴."

어휘 | get enough rest 충분히 쉬다

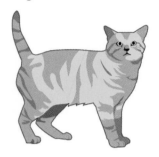

[17~18] 해석 | 캘리그래피는 새로운 것이 아니다. 오래전부터 있었던 많은 종류의 캘리그래피 작품들이 전 세계에서 찾아질 수 있다. 아래에 있는 한국과 영국의 두 가지 예를 보아라. 차이점을 알 수 있는가? 왼쪽의 것은 조선왕조 시대에 추사에 의해 제작되었다. 그 글자들은 부드러운 붓으로 칠해졌다.

어휘 | calligraphy 캘리그래피, 서예 example 예, 예시 below 아래에 difference 차이점 period 시대, 시기 dynasty 왕조 character 글자

17 해설 | 의미상 '찾아질 수 있다'로 수동태이고 조동사 can이 있으므로 「조동사+be+과거분사」의 형태인 can be found 가 되어야 한다.

18 해설 | 과거 수동태이므로 동사를 were painted로 쓰고 도구를 나타내는 전치사 with 뒤에 a soft brush를 쓴다.